フォーカシング指向アートセラピー

Focusing-Oriented Art Therapy: Accessing the Body's Wisdom and Creative Intelligence

「からだの知恵と創造性が出会うとき」

ローリー・ラパポート 著
Laury Rappaport

池見 陽　三宅麻希 監訳
Akira Ikemi/Maki Miyake

誠信書房

Copyright © 2009 by Laury Rappaport
Foreword copyright © 2009 Judith A. Rubin
Japanese translation rights arranged with Jessica Kingsley Publishers Ltd.
through Japan UNI Agency, Inc., Tokyo.

日本の読者の方々へ

『フォーカシング指向アートセラピー：からだの知恵と創造性が出会うとき』の日本語版が出版されて光栄です。次の方々に感謝したいと思います。日本にこの本を紹介したいと心から願い，ご尽力くださった池見陽先生。池見先生と一緒にフォーカシングとコラージュやアートセラピーの交わりの理解を深めようと研究している三宅麻希先生。そして，私のフォーカシングとアートセラピーのワークを最初に通訳してくださった日笠摩子先生。

この豊かな交流の種は，2005年，カナダ・トロントで行われたフォーカシング国際会議で，フォーカシングとアートセラピーのワークショップを行ったときに始まりました。このワークショップには，日本人のフォーカサーと北米のフォーカサーが，ほぼ同数参加していました。ワークショップが始まると，日笠摩子さん（日本のフォーカシング・コーディネーターの一人で大学教授）が，私の英語を日本語に通訳し始めました。私は，その声の感じ，言葉の響き，通訳を介すことによって自然にゆっくりと待ちながら話すようになることが気に入りました。私は，アートをどのように用いてフェルトセンスを表現するかを紹介しました。アートを通じて感じられた体験は視覚的なコミュニケーションとなり，それは世界共通の言語になって，言語の壁をなくし，感じられた体験が直接，共感的に理解できるようになりました（この体験については第12章に描写されています）。このワークショップでの体験が，私とたくさんの日本のフォーカサーの間の温かい協同感覚をもたらしました。

また，池見陽，三宅麻希，矢野キエ，松岡成行による，フォーカシングのコラージュへの応用，体験過程流コラージュワーク（ECW）の先駆的な研究を知り，共有する機会があったことをうれしく思います。この研究は，フォー

カシングとアートを組み合わせた実践であることに加えて，コラージュでフォーカシングのプロセスを言い表すものです。私のところでコラージュを研究している大学院生に，池見陽氏をはじめ日本のフォーカサーの方々から，彼らの体験や理解について教えてもらってはどうかと提案したときにも，さらに豊かな交流がありました。他の日本のフォーカサーによるアートを用いたフォーカシングの文献（村山・弓場，1988；土江，2003）にも感謝しています。

　この日本語版は，次の方々が翻訳に従事してくださったお陰でできあがりました。池見陽博士，三宅麻希博士，矢野キエさん，青木剛さん，大貴絵莉さん，河﨑俊博さん，平野智子さん，藤井雄一さん，星光子さん。彼らの知恵やフォーカシングとアートの経験が，私のそれと融合することになったことに大変感謝しています。

　私はこの本によって，他の表現アート（ダンス，ミュージック，ドラマ，ライティングなど）の探求をともないながら，フォーカシングとアートの統合の開けと応用が続くことを願っています。このような豊かな意見交換や交流を楽しみにしています。

　どうぞ気軽に質問や体験の感想をお寄せください。

　感謝をこめて。

ローリー・ラパポート博士
Laury Rappaport, Ph. D.
California, U. S. A.

謝　辞

　文章にすると，どうしても順番ができてしまうのですが，私はここに述べるすべての人たちに，同様に感謝の意を届けたいと思っています。フェルトセンスの名付け親である Eugene Gendlin に感謝します。彼は人生の多くの時間を執筆に宛て，フォーカシングがさまざまなものに，いかにフィットするかを探求するように教え，励ましています。彼の仕事は私の探求に対して，常に「それでいいよ」と言ってくれています。アートとフォーカシングを組み合わせるという私の関心をサポートしてくださった，Mary Hendricks-Gendlin とフォーカシング研究所（The Focusing Institute）に感謝します。熟練のフォーカシング指導者であり，コーディネーターであり，30 年来の親友である Joan Klagsbrun は，私がフォーカシングと表現セラピーを世に知らしめるためのドアを開き，この本が完成するまでのいろいろな段階で私を支持してくださいました。

　Shaun McNiff, Paolo Knill, Norma Canner, Peter Rowan の励ましと助言や友情がなければ，アートセラピスト，表現アートセラピストとしての私の今はなかったことでしょう。本書の執筆にあたって，特に Shaun は私を支えてくださり，私の疑問に答えてくださったことに感謝します。また，Lesley 大学の同僚にも感謝したいと思います。Julia Byers の思いやりと信念，Vivien Marcow-Speiser が新しいプログラムを作りフォーカシングを教えるよう私を招いてくれたこと，Susan Spaniol が本書の原案を聴き，再検討してくれたこと，Philip Speiser, Karen Estrella, Michele Forinash, Mitchell Kossak, Elizabeth McKim, Stan Strickland とのやりとりに感謝します。

　フォーカシングと表現アートの利用法を探求してきたすべてのクライエン

ト，学生，専門家に感謝します。この本はあなた方に助けられて実現したものです。Terri-Halperin-Eaton, Sophie Glikson, Shelley Cushner Gardner は，執筆の進行を指導し支え，各章の初稿を読み，計り知れない貴重なフィードバックをしてくれました。Jacob Morris は，進行について意見交換をしてくださったうえに，本書のことを考え，私を安心させ，編集についての助言をし，思いやりのある気持ちを向けてくれました。

このアートセラピー，カウンセリングと心理学，フォーカシングなどの領域への革新的なアプローチを世に送り出すために，アドバイス，フィードバック，支えとサポートをくださった同僚たち，Judy Rubin, Shaun, Michael Franklin, 池見 陽, Paolo, Cathy Malchiodi, Barbara Okun, 日笠摩子，三宅麻希に感謝します。Notre Dame de Namur 大学の新しい同僚にも感謝します。Doris Arrington, Richard Carolan, Arnell Etherington, Carolee Stabno, Gwen Sanders, そしてその他の教員の方々，学生の皆さん，管理職の皆さんは，この新しい仕事をとても歓迎してくださいました。Neil Friedman には非常に感謝しています。彼が本書のフォーカシングの部分についてサポートし，疑問を投げかけてくれることで，新しいかたちの閃(ひらめ)きにつながりました。

私の30年以上にわたる仕事を，フォーカシングとアートセラピーの統合という草分け的な本としてまとめる機会をくださった Jessica Kingsley 社に，多大な感謝を送ります。機敏な出版社としての仕事に加え，Jessica はいつも電子メールへの返信や他のやりとりにおいて，温かい心遣いと知恵をくれました。ありがとうございました！

本書は，夫である Wayne と娘の Zoe からの，日々の無条件の愛と受容と信頼があってこそ執筆できました。Wayne が何度も下書きを読んでくれたことだけでなく，彼の鋭敏な知性や優れたテクノロジーの技術や心遣いも，最終稿を挙げるのに一役買っていました。さらに Zoe の美的感覚が貢献し，私の親友であり作家である Pamela Gray と一緒に，「ドリームチーム」をつくりました。Pamela Gray は，私の意見を尊重しながらちょうどいい加筆

謝　辞

をしてくれました。細かいところで支えてくださった次の方々に非常に感謝しています。私のリサーチアシスタントである Megan Rajbanshi，フォーマットとタイムリーなフィードバックをしてくれた Marilynn Carter，そして Lisa，Helen，Jessica Kingsley 社の編集者のみなさん。

また，私の家族に感謝します。両親は私を信じ，善を世に知らしめることを教えてくれました。兄弟の Steve は執筆について助言をしてくれました。姉妹の Jodi はいつも信頼してくれました。本書の一部である他の親友たちにも感謝したいと思います。Michael Siegell と Lakshmi Mudinuri 夫妻，Trudy と Les Fagen 夫妻，Robert と Judith Gass 夫妻。そして Natalie Rogers とのシンクロナイズされたようなつながりや，一緒に山で経験した執筆の波動に感謝しています。Gurumayi と Thich Nhat Hanh に直接指導を受けるという幸運に恵まれ，偉大な先生方の思いやりに服して本書は執筆されました。

まえがき

　アートセラピーは1980年代の半ばにアメリカで急速に発展し，よく理解されないままにたくさんの理論や専門用語が使われるようになりました。そこで，私は何人かの同僚に声をかけ，それぞれが発展させてきたアートセラピーのアプローチを各章にまとめていただき，*Approaches to Art Therapy: Theory and Technique*（Rubin, 1987）を編集しました。2001年にはさらに12人の同僚を招き，章や解説を増やして第2版を出版しました（Rubin, 2001；徳田良仁監訳〈2001〉『芸術療法の理論と技法』）。この本では，ある学派で学んできたアートセラピストたちが，それぞれの考えをいかに仕事に応用しているのかを記述しています。

　最近までラパポート博士の業績について知らなかったことは残念に思いますが，この領域を概観した著書（Rubin, 1998）の改訂版である *Introduction to Art Therapy: Source & Resources*（Rubin, 2009）には，ラパポート博士の功績を参照させていただいたことをうれしく思います。種々のアプローチの章のなかでフォーカシング指向アートセラピーに言及していただいただけでなく，ラパポート博士は，彼女の面接録画の抜粋を，付属のDVDに収録することを快く許可してくださいました。

　この本が，アートセラピストや他の臨床家，特にフォーカシングをすでに仕事に活用している人たちにとって，どれほど役立つものであるかについて述べる前に，本書を歴史上の文脈に位置づけて述べるほうがいいのかもしれません。なぜなら，私はアートセラピストであり，心理士と精神分析家（小児と成人）の資格も持っているので，ラパポート博士のアートセラピーとフォーカシングの統合のさまざまな面が，異なった実践家の臨床的スキルを拡げるであろうと，私にはわかるからです。

まえがき

　アートセラピーが生まれた1940年代は，分析的な考えがメンタルヘルスの分野を支配していたため，アートセラピーの最も初期の理論は精神分析的でした。初期の理論では，無意識を意識化すること，自我を強化すること，対象関係，自己の発達と個別化などが強調されていました。検閲された無意識にあるものを安全な方法で表現するアートの力が，どのアプローチにおいても核となる考え方で，それはフロイト派かユング派の視点でした。

　ラパポート博士の方法は，すべての理論的学派に適合できるものでありながら，ヒューマニスティック・アプローチに最もよく適用され，それには現象学的，ゲシュタルト，ホリスティック，スピリチュアル（トランスパーソナル）な視点が含まれています。これらのアプローチは，人びとがそれぞれの生を担うことのできる力やアートは，人びとが自己実現と自己超越という二つのゴールを認識するための固有の力をもっている，ということに焦点を当てています。これらのアプローチにおけるアートセラピストは，転移の対象や解釈をする者としてというよりは，同伴者やガイド，観察者としてとらえられています。

　アートセラピーの心理教育的アプローチには，行動，認知，認知行動，発達的な学派があります。システミック・アプローチは，家族やグループの力動の理解をアートセラピーと統合しています。*Approaches to Art Therapy* (Rubin, 1987, 2001) には「統合的な」章もいくつかあります。セラピストの選択を扱った二つの章，異なった表現形式を扱った二つの章で，それらは「表現セラピー」と「治療的カリキュラム」です。その後に出版された書籍 (Malchiodi, 2003) では，ソリューション・フォーカスとナラティブ・アートセラピーについての考察も述べられており，そのどちらも関心が高まってきています。

　理論学派への深い理解とアートセラピーの独自の理解を統合した他の先駆者たちと同じように，ラパポート博士は非常に重要な章を加えてくださいました。ある理論とそれに関する方法論をしっかりと消化することができたときにのみ，真にそれらをアートセラピーそのものの様式と統合することがで

きるのです。経験豊富で洗練されたフォーカシングの実践家であるラパポート博士は，まさにそれを成し遂げたのです。彼女は二つの情熱から新しいものを生み出し，それをわかりやすく使いやすい方法ではっきりと述べており，これはメンタルヘルスの分野で働くすべての人びとに共感される，と私は信じています。

　私は，フォーカシングの核である静かに内に耳を傾ける方法は，アートセラピーに自然と調和するというラパポート博士の考えに賛成です。なぜなら，どちらの方法にも，内側から現れてくる考えや気持ち，イメージに立ち止まり，耳を傾け，感じ，それをよく見てから表現するようにクライエントを促す，といったことが関与しているからです。本書の二つのアプローチを"つなぐ"章は，特に思慮に富んでいます。

　フォーカシングはからだに注意を向けるように促すものであるため，からだのアウェアネスに注目する多くの心理療法と同様に，ダンス／ムーブメントやドラマセラピーにも同じように適合すると思われます。そのなかには，ウィルヘルム・ライヒ（Reich, 1961, 1980），アレクサンダー・ロウェン（Lowen, 1994），イラナ・ルーベンフェルド（Rubenfeld, 2001），アイダ・ロルフ（Rolf, 1977）といった初期の方法が含まれます。また，最近のものとしては，ロン・クルツ（Kurtz, 2007）やパット・オグデンの感覚運動心理療法（Ogden et al., 2006）などが挙げられます。（米国ボディ・サイコセラピー協会：www.usabp.org 参照）。

　クライエントとどんなことをしているのかについて，別の方向から考えてみたいと思っているセラピストは，本書から閃きがもたらされるでしょう。フォーカシングの理論と実践についてのわかりやすい解説に加えて，ラパポート博士は *Approaches to Art Therapy*（Rubin, 2001）が求めていた繊細なものをやってのけています。それは，理論をテクニックに翻訳するということです。さまざまな個人やグループと行ったワークの事例が示されているので，著者の提示することがより深く豊かに理解することができます。何事においても「早く進む」ように思える世の中にあって，本書は小休止す

ることを歓迎しています。フォーカシング指向アートセラピーの考え方と方法を，実践に活かしてほしいという繊細で有益な招待に，アートセラピストやメンタルヘルスに従事者たちが，喜んで応じてくださることを願っています。

　　　　　　　　　　　　　　　ジュディス・A・ルービン博士

目　次

日本の読者の方々へ……*i*
謝　辞……*iii*
まえがき……*vi*
エクササイズ一覧……*xii*

序　章……*1*

第Ⅰ部　フォーカシングとアートセラピー……*9*
　第1章　フォーカシング：歴史と概念……*10*
　第2章　ジェンドリンのフォーカシング法……*29*
　第3章　フォーカシング指向心理療法……*48*
　第4章　アートセラピーの歴史，概念と実践……*70*

第Ⅱ部　フォーカシング指向アートセラピー……*97*
　第5章　フォーカシングとアートセラピーをつなぐ……*98*
　第6章　フォーカシング指向アートセラピーの基礎……*102*

第Ⅲ部　臨床的アプローチ……*127*
　第7章　アートを用いたクリアリング・スペース……*128*
　第8章　フォーカシング指向アートセラピー……*145*

　◇その①：特定のグループ課題へのアプローチ……*163*
　　第9章　精神科デイケアにおけるストレス軽減……*164*

目　次

第10章　州刑務所における感情の癒しとセルフケア……*176*
第11章　内なる批評家を変容させる……*185*
第12章　文化の架け橋となるフォーカシング指向アートセラピー……*197*

◆その②：特殊な応用……*207*

第13章　健康とウェルネス：あるがん患者サポートグループ……*208*
第14章　トラウマに取り組む……*231*
第15章　スピリチュアリティと心理療法……*246*
第16章　他の表現アートへのひろがり……*262*

第Ⅳ部　フォーカシング指向アートセラピーのエクササイズ……*269*

第17章　エクササイズの教示……*270*

付録A　スーパービジョンとセルフケア……*293*
付録B　リソース（資源）……*295*
監訳者あとがき：本書，その著者に出会って……*299*
文　献……*309*
邦訳文献……*314*
人名索引……*316*
事項索引……*318*

エクササイズ一覧

- 1-1 フェルトセンスに触れるための教示…*21*
- 1-2 フェルトセンスをシンボル化するためのフォーカシングの教示…*24*
- 2-1 基本的なフォーカシングの教示（アートを用いていないもの）…*35*
- 4-1 線，形，色を探ること：アートの言語…*92*
- 4-2 アートと気持ち…*93*
- 4-3 カンバーセーション・ドローイング…*94*
- 4-4 粘土を探求する…*95*
- 6-1 受け取りと思いやり…*107*
- 6-2 ちょっと見てみるフォーカシング：「私は今，どんな感じ？」…*111*
- 6-3 アートについてのフェルトセンスを感じる…*117*
- 6-4 基本的なフォーカシング指向アートセラピーの教示…*119*
- 7-1 アートを用いたクリアリング・スペースⅠ：非指示的イメージ…*137*
- 7-2 アートを用いたクリアリング・スペースⅡ：指定イメージ（開眼または閉眼）…*140*
- 7-3 アートを用いたクリアリング・スペースⅢ：具体的イメージ（開眼）…*143*
- 9-1 ストレスをちょっと見てみるフォーカシング…*167*
- 9-2 安心できる場所と「やさしくすること」…*167*
- 9-3 緊張をほぐすエクササイズ…*170*
- 10-1 名前の描画…*180*
- 10-2 フォーカシングの教示：崇高な力や心の栄養の源…*182*
- 11-1 批評家と批評された部分との関係…*189*
- 13-1 強さの源…*212*
- 13-2 私が持ち帰りたいと思うもの…*214*
- 14-1 守ってくれるもの…*237*
- 15-1 スピリチュアルな閃きにフォーカスする…*255*
- 15-2 マインドフル座禅瞑想：10分間…*256*
- 15-3 小石瞑想…*257*
- 17-1 「私はどんな人」のコラージュ…*270*
- 17-2 私が惹かれる10のものについてのコラージュ…*271*
- 17-3 私の中/外…*271*
- 17-4 今，自分自身をどう見ているか/自分自身をどのように見たいか…*273*
- 17-5 自分自身をどう見ているか/周りの人は私をどう内側に見ているか…*274*
- 17-6 ソーシャル・アトムズ…*275*
- 17-7 今，このグループにいてどう感じているか/どうありたいか…*276*
- 17-8 資源のツールボックス…*278*
- 17-9 現在の健康状態はどうか/今後どうなりたいか…*278*
- 17-10 どのように時間を使っているか/どのように使いたいか…*280*
- 17-11 安全な空間…*281*
- 17-12 個人的境界…*282*
- 17-13 気がかりとフェルトセンスを特定する…*282*
- 17-14 マンダラ：トラウマについてどう感じているか…*283*
- 17-15 スピリチュアルな人生曲線…*284*
- 17-16 今，私がいるところ/スピリチュアルな面で私がいたいところ…*286*
- 17-17 歩行瞑想…*287*
- 17-18 現在の関係/ありたいと望む関係…*289*
- 17-19 あなたから必要としているもの/あなたに与えられるもの…*291*

序　章

　本書で紹介するアートセラピーの新しい理論的・方法論的アプローチを，フォーカシング指向アートセラピーと名付け，それを読者の皆様にご紹介できることに喜びを感じています。フォーカシング指向アートセラピーは，フォーカシングをアートセラピーの実践に統合するものです。ユージン・ジェンドリンの元々の教示法としてのフォーカシング（Gendlin, 1981 a）と，フォーカシング指向心理療法の原理が，アートセラピーの理論と実践に織り込まれています。

　フォーカシングは，からだの知恵に優しく，そして力強く触れていく一方，アートセラピーは，創造的な知性を形づくり活性化していきます。フォーカシングとアートセラピーはどちらも，自己のアウェアネス（気づき）や，成長，治療的変化を促す，完成された方法なので，この二つが婚姻のように結びつくと，豊かな錬金術が起こってきます。フォーカシング指向アートセラピーは，芸術療法家，表現アートセラピスト，フォーカシング指向心理療法家，フォーカシングをする人びと（フォーカサー）や，それぞれの領域でフォーカシングやアートを活用しようと思っておられる方々のお役に立つことでしょう。

　フォーカシングは，内面的なリスニング（傾聴），自己と共感的にいること，からだの生来の知恵に触れること（Gendlin, 1981 a, 1996）などを具現化しています。ジェンドリンの最初の著書『フォーカシング』（1981 a）は，彼がシカゴ大学でカール・ロジャーズ（Rogers, C. R.）とともに，心理療法を効果的にするのは何かについて研究したことから発展してきました。何百もの治療面接の逐語記録を検討したジェンドリンは，認知的な思考を超えて

自然に内なる体験に触れることのできるクライエントは，成功につながる変化を示すことを発見しました。ジェンドリンは**フェルトセンス**と呼ばれるこの内なる体験に触れていくにはどうすればいいのかを教えるために，6つのステップからなる**フォーカシング法**を開発しました。**フォーカシング指向心理療法**（Gendlin, 1996）は，このフォーカシングの幅広い応用を，心理療法の枠組みのなかで行うものです。

　ジェンドリンの6ステップ法とフォーカシング指向心理療法は，フォーカシング指向アートセラピーの開発の基底に流れる理論と方法になっています。フォーカシング指向アートセラピーは，パーソンセンタード・アプローチに位置づけられていますが，精神力動的，認知的，行動療法的など，すべてのオリエンテーションの心理療法に応用することができるでしょう（Gendlin, 1996 ; Purton, 2004）。

■ なぜフォーカシングとアートセラピーを組み合わせるのか

　ジェンドリンは，フォーカシングは他のものと組み合わせるべきものだ，と一貫して言っています。「フォーカシングは感じる［sensing］という重要な様式への入口である。フォーカシングを加えることにより，どんな他の方法も，さらに効果的になる」（Gendlin, 1991, p. 65）としています。フォーカシングとアートセラピーは，主にそれぞれの領域のなかで研究されてきましたが，両者の交流はほとんどありませんでした。ワークのなかにアートを取り入れるフォーカシング指向心理療法家（Ikemi et al., 2007 ; Leijssen, 1992 ; Marder, 1997 ; Murayama & Yuba, 1988 : Neagu, 1988 ; Tsuchie, 2003）や，フォーカシングをワークや研究に取り入れるアートセラピスト（Knill, 2004 ; Knill et al., 2005 ; Merkur, 1997 ; Rappaport, 1988, 1993, 1998, 2006）がいますが，この二つの領域を組み合わせることによる深さは，ほとんど探求されていません。

　私は過去30年フォーカシングとアートセラピーを行ってきた実践家として，この二つの相互統合によって，治療的変化や個人的成長の深いレベルを

観てきました。この間に開発してきたフォーカシングとアートセラピーの独特の統合の方法を，**フォーカシング指向アートセラピー**と名付けることにしました。

　アートセラピーはフォーカシングに対して，イメージ，視覚化や創造的なプロセス（過程）など奥深いものを提供することができ，フォーカシングはイメージ界にマインドフルネスやからだに感じられた体験といった側面を加えてくれます。アートセラピーは，ジェンドリンが**フェルトセンス**と名付けたものにいろいろな方法，道具，素材やイメージの治癒力といった表現を与えます。アートセラピーは言葉を超えるところ，あるいは言葉以前のところといったフェルトセンスの側面を，非言語的な様式でとらえています。フォーカシングはアートセラピーに技法以上のものを与えています——治療関係，「奥にいるその人」（Gendlin, 1996, p.287），リスニングの意義，体験過程の側面，変化のプロセスといったことを取り上げる治療的アプローチです。

■本書の編成について

　本書は，次のような多様な読者の方々に向けられているという課題をもっています。フォーカシングを取り入れるという新しいアプローチを学びたいアートセラピストや表現アートセラピスト，アートを取り入れたいフォーカサーやフォーカシング指向心理療法家，心理士，精神科医，カウンセラー，アートセラピーやフォーカシングに興味のあるメンタルヘルスや癒しのアートに取り組む人たち。

　フォーカシング指向アートセラピーの実践を深く理解するには，それぞれの領域の主な理論と方法を知る必要があります。この目的を達成するために，そして異なった読者層のニーズに応えるために，第Ⅰ部は，フォーカシングとアートセラピーそれぞれの領域の主な理論と実践概観していきます。第1章は，フォーカシングの歴史と方法を概観し，フォーカシング的態度，フェルトセンス，ハンドル表現／シンボル，フェルトシフト，生を前進させる方向性といった主な概念を取り上げます。第2章は，ジェンドリンの6ス

テップフォーカシング法を取り上げ、第3章では、フォーカシング指向心理療法の原理を取り上げます。第4章では、アートセラピーの理論と実際を解説します。フォーカシングの概説は3章にわたりますが、アートセラピーの概説は1章のみとなっています。これは、アートセラピー（芸術療法）には多くの解説書がありますが、本書はフォーカシングをアートセラピーに取り入れる初めての著作だからです（そのために多くの記述が必要でした）。アートセラピーを概観する章の主なねらいは、この領域が初めての方へ、その歴史、トレーニングと実践を紹介することです。また、経験豊かなアートセラピストには、戻ってきて確かめることができる簡潔な概説となるでしょう。第Ⅰ部では、エクササイズや事例が示され、それによってフォーカシングとアートセラピーの両者が紹介されます。どちらの分野の方々も、ご自分がよく知っているところは飛ばし読みして、知らないところを読んでパズルの欠けているピースを探してください。そして第Ⅱ部や第Ⅲ部で、どのようにフォーカシングとアートセラピーが統合されているかをたどってください。経験豊かなフォーカシングの方にもアートセラピーの方にも、何か新しい情報や知らないエクササイズがあることを願っています（アートセラピーやフォーカシングについてもっと詳細な概説を探しておられる方は、付録や参考文献を参照してください）。

　第Ⅱ部は、フォーカシング指向アートセラピーの基本的な理論と方法を記述しています。ここでは、安全を生み出す最初の基本的なステップ、リフレクション（伝え返し）の意義、アートにおけるフェルトセンスのシンボル化（象徴化）の基本的なステップ、フェルトシフトを見ること、ジェンドリンのフォーカシング法が、どのようにしてフォーカシング指向アートセラピーの三つの基本的なアプローチを生み出すのに応用されているか、が含まれています。第Ⅲ部は、フォーカシング指向アートセラピーの臨床応用で、三つの基本的アプローチに分けられています。アートを用いたクリアリング・スペースは、気がかりを特定して脇に置いて、そして生来的に完全である内なる場所を体験することを手助けします。フォーカシング指向アートセラピー

はより深いアプローチで，個人とカップルに治療の場で用いられます。テーマ別アプローチはグループで利用されます。第Ⅲ部では，健康とウェルネス，トラウマ，スピリチュアリティといった特定の課題への応用を示します。臨床例は実際に基づくもので，プライバシー保護のために，氏名や本人の特定につながる情報を変えています。事例では，似通った課題をもつ事例が，一つの事例として合体されていることもあります。これは，事例として挙げた方々の苦悩が，実際の生々しいかたちで公表されることから守るためです。「他の表現アートへの拡がり」という短い章は，他の表現アートセラピーへの，フォーカシングの統合に向けた初期的な理論的・実践的枠組みを提示しています。ガイド付きのエクササイズはどの章にも含まれ，第Ⅳ部で増強されています（ジェンダー中立な表現のために，一貫して「they（彼ら）」を単数系で使用しています）。

■ フォーカシング指向アートセラピーの個人的なルーツ

　フォーカシングとアートセラピーの組み合わせを，私がなんとなく最初に見つけたのは，十代のころでした。不安と混乱，そして人生の意味を探していた時期にあって，私は学校から帰り，自分の部屋に入りドアを閉め，スケッチブックと画用木炭を取り出したものでした。私はベッドか床に座り，目を閉じて待っていました……すると，私の内側のどこからかやってきたイメージが浮かんできました。それは視覚的なイメージというだけではありませんでした。そのイメージは，私のからだの真実の感覚と共鳴していました。私はそのイメージを描き進めました。そのイメージが，紙の上で完成したと感じられるまで，描き続けました。そこには正しい，という感覚がありました。また，呼吸にも変化がありました。楽になったという感覚をよく感じたものです。

　現れてきていたイメージは，空腹で飢えている人びとでした。その多くは発展途上国の人びとでした。なぜか，イメージが紙に立ち現れると，私は自分が楽になっていることがわかりました。彼らは私自身の空腹感，飢え，孤

立，孤独感といった，深い感覚を表現していました。ここで意味深い逆説が起こっているようでした。苦しむ人びとのイメージが紙の上で形づくられ，表現となっていくにつれて，私は自分の内側に深く命綱を投げ込んでいるかのように感じられて，本当の自己を見つけていくのでした。このような奇異なあり方を見つけていくにつれて，私は本来的な存在として，本当の私を世界で実現し始めるようになっていったのでした。

このような内なるリスニングのプロセスに導かれて，私は，人とアートをつなぐ仕事がしたいという導きと情熱に従っていきました。1970年代初めのころは，アートセラピーの大学教育課程はほとんどありませんでした。美術専攻か心理学専攻のどちらかを学ぶことはできても，その当時の伝統的な教育は，領域をまたいだ学問を推奨していませんでした。三つ目の大学学部に編入して，作業療法がアートセラピーに一番近いもののように思えたので，私はそれを研究しようとしていました。そのころのことでした。私は指導教官の研究室の外で，ふと話し声を耳にしました。「あなた，今，アートセラピーって言っていましたか」と私が尋ねると，その人は，「そうですよ」と答えました。「ここにその教育課程があるのですか」と私は聞きました。「いいえ……とういうか，そうです……あなたが自分自身の専攻をつくればいいじゃないですか」。こうして，私はアートセラピーを学ぶ道にたどり着いたのでした。

ほとんどのセラピストが，専門家になる旅路の途中でクライエントになるように，私は幸運にも十代のころにやっていた静かな内なるリスニングに，実は名前があることを発見しました——フォーカシングでした。大学院生の間，私はフォーカシングを実践に取り入れているセラピストと会っていました。私のシェアリング（分かち合い）の後，彼女は頻繁に「……内側を確かめてみて，どんなふうに感じているか見てみることはできる？」というようなことをよく言っていました。彼女が言おうとしていたことは，「ゆっくりとして，目を閉じて（もしもそれが大丈夫なら），そしてこのことの全体がどんなふうに感じられているか，あなたのからだの内側から感じてみること

はできる？」ということでした。私はちょうどそれをしていました。私は目を閉じました。沈黙のときが数秒ありました。沈黙は，プレゼンス（臨在）で満たされていました——からっぽなのではなくて。プレゼンスは支えられている感じで，忍耐強く，思いやりがありました。私は，内側からわき上がってくることの全体が，どんなふうに感じられているかということを感じるために内側に触れていると，セラピストの沈黙のプレゼンスが，私の内側で共にあることを感じました。少しの時間がたってから，イメージや言葉，言い回しが現れました。身体的な感覚が現れることもありました。

　私はこのプロセスに馴染みがありました。それは私が十代のころ，自分の部屋でしていたことでした。私は内側の，全体のフェルトセンスに耳を傾けていました。セラピストがしたことと私がしていたこととの違いは，描くことを加えたことでした。描くことやアートは，私の内なるフェルトセンスの表現の乗り物になっていました——そして，意味深い内側と外側との変換の方法となっていたのです。セラピストが，私の内なる旅の同行者であり，傍観者になることができるように，アートはそれを私自身でできるようにしてくれていました。

　表現アートセラピストとしての仕事を通して，私は臨床の仕事のさまざまな側面にフォーカシングを統合してきました。30年間の発展の後，私はフォーカシングと表現アートとの統合を，新しい一体化した理論的アプローチとして位置づけることを誇りに思います——フォーカシング指向表現アートセラピーです。本書，『フォーカシング指向アートセラピー』は，この主題での一冊目の著作になると思います。

　本書で私が願っていること，思い描いていることは，本書が情報を提供するものであるとともに実践的な本でもある，ということです。ガイド付きエクササイズは臨床で応用できるように構成されていますが，理論から実践に移行するための体験的な学びとしても利用できるでしょう。この新しい種を世界に植えたことから，いろいろな発展や研究や論文や著書が生まれ，それらが分かち合えることを楽しみにしています。

第 I 部

フォーカシングとアートセラピー

第1章

フォーカシング：歴史と概念

「フォーカシングは静かに，やさしく，からだに耳を傾けるプロセスで，内なる自己が送っているメッセージを聴くプロセスである。フォーカシングはあなたの内なる知恵を称えるプロセスであり，からだを通してあなたに語りかける知のかすかなレベルに気づいていくプロセスなのだ」

(Cornell, 1996, p. 3)

フォーカシングとは

フォーカシングは，気がかり，状況や体験していることの**フェルトセンス**を感じ取って，それと仲良くする態度を身につける，こころとからだの実践です。フェルトセンスに耳を傾けると，からだの知恵への扉が開かれます——それは成長と癒しの次のステップをもたらすのです。結論を急いだり，普段の考え方に縛られるのではなく，フォーカシングでは今この瞬間，あなたの存在全体——こころ，からだ，たましい——が，事態をどのように体験しているのか，新鮮な見方を得ることができます。理性や頭脳がすべての答えを知っていると考えがちですが，フォーカシングは，ジェンドリンが「フェルトセンス」と表現した，統合された，そして具体的に感じられた知に触れることなのです（Gendlin, 1981 a, 1996）。時間を取ってフェルトセンスに耳を傾けると，何か新しいことや，まだわかっていなかったことが見えてきます。問題解決の方向や人生を推進させる次の一歩が，明らかになって

いきます。それは，**フェルトシフト**や実際の変化をもたらすのです。

■歴　史

フォーカシング（Gendlin, 1981 a, 1996）は，ユージン・ジェンドリンが1960年代にシカゴ大学で開発しました。何が心理療法の成功を導くのかを研究していたカール・ロジャーズ（Rogers, C. R.）と共に行った一連の研究の一環として，それは生まれました。当時ジェンドリンは，生きている**体験**とそれを説明する言葉や象徴の違いに関心をもって研究していた，哲学科の大学院生でした。同じころ，カール・ロジャーズはシカゴ大学に在籍していて，クライエントの内的体験にぴったりな言語的・非言語的コミュニケーションを伝え返すという方法を含んだ，クライエント中心療法を開拓していました。ロジャーズはこのようなタイプのコミュニケーションを，「積極的」または「内省的」傾聴と呼んでいました（Rogers, 1951, 1961）。ジェンドリンはロジャーズがクライエントの内的な体験を伝え返そうとした非指示的な臨床の方法と，自分自身が研究していた「体験」を象徴化することへの関心とに，接点を見つけました。

ジェンドリンは，ロジャーズの非指示的な心理療法へのアプローチのトレーニングを受けました。そして後に，以下のような疑問を探るために企画された共同研究に参加しました。

> 「なぜ心理療法はもっと多くの場合，成功しないのか。なぜ心理療法は人の生を変化させることにしばしば失敗するのか。稀に成功するケースでは，患者とセラピストはいったい何をしているのか。たいていの患者が失敗するということは何なのか」
>
> (Gendlin, 1981 a, p. 3)

この研究は何百もの心理療法面接記録から成っていて，ジェンドリンとロジャーズは，実際の心理療法面接を録音し逐語記録を作った，最初の研究者

たちでした。この研究の結果，セラピストの理論的オリエンテーション，クライエントが語る内容やセラピストの技術と心理療法の成功の間には，相関がないことが示されました。そのかわりに，決定的な因子は人が**どのように**語るかであることを見いだしました。「内側」つまり認知的な知性を超えたところで，どんな感じかに耳を傾けることができたクライエントは，心理療法で進展が見られました。「内側を確かめる」ことをしている典型的な逐語記録は，次のようなものです。「今日私はなんだか変な感じがしています……うーん，変な感じがしていたんじゃなくて……うーん……いや……孤立したような……さみしい感じ……ああそうだ……孤立していて，さみしい感じ」。

　心理療法で成功するクライエントは，彼らの体験について，からだやこころ全体の感覚に耳を傾ける方法を知っていたのでした。彼らは，言葉や発言が彼らの内側の体験にぴったりなのか，そうでないのか，そこにどうやって耳を傾けるのかを知っていたのでした。ジェンドリンは，成功する心理療法に必要なことを自然に行っている人びとがいるということは，同じことができるように他の人にも教えることができると確信しました。ジェンドリン（1981 a）は，6 ステップ法のフォーカシング（第 2 章で解説）を開発しました。それは，内側の体験に耳を傾け，それを言い表す「ハンドル表現」やシンボル（言葉，言い回し，イメージ，ジェスチャー，音など）を見つけ，そしてぴったりくるようにシンボルと感じられた体験を響かせることを，人びとに教えるものとなりました。フォーカシングは，人がより自己受容をもって，その人自身や他の人に耳を傾けるにはどうすればよいか，体験に「留まり」，感じられた体験が何を意味しているのかを深く聴き，感じられた意味が贈ろうとしていることを受け止めるにはどうすればいいか，そんなことを学ばせてくれるのです。

　フォーカシング研究の一つとして，ジェンドリンとツィムリング（Gendlin & Zimring, 1955）は 7 段階のプロセススケールを開発し，後にそれは体験過程スケール（The Experiencing Scale）（Klein et al., 1969）に発展しました。これは，クライエントがどの程度，内なる体験に照合したかを

評定するものです。体験過程スケールを用いた量的測定により，研究者たちは2回目の面接までに，どのクライエントが心理療法で成功するかを予測することができるようになりました。体験過程レベルの高い人，つまり内側に感じられた体験に照合していた人は，心理療法でのより良い成功と相関を示していました。調査研究（Hendricks, 2001）では，低い体験過程レベルのクライエントでも，フォーカシングを学ぶと高い体験過程レベルに達し，それにともなって心理療法での成功と変化への能力を増すことが示されました。

　ジェンドリンは，セルフヘルプやセルフケアといった心理療法以外でも用いることができる方法として，フォーカシングを教えるようになりました。1970年代の初頭，ジェンドリンは人が自由に参加でき，人びとがフォーカシングとリスニング（傾聴）を互いに体験し合い，新しく訪れた人にフォーカシングを紹介する，「チェンジズ」（Changes）グループを立ち上げました。

　フォーカシングの6ステップ法（Gendlin, 1981 a）は，第3章で解説するフォーカシング指向心理療法（Gendlin, 1996）に発展しました。フォーカシング指向心理療法は，心理療法のプロセスのなかに特定のフォーカシングのステップ（詳細は第2章）がちりばめられているだけではなく，ジェンドリンのフォーカシング法そのものの完全なプロセスが含まれているものです。加えて，フォーカシング指向心理療法は，フォーカシング法を超えた心理療法のプロセスの側面を組み込んでいます。それらは，治療的な関係や，「奥にいるその人」への気づき（第3章参照），クライエント中心療法で大切にされる無条件の肯定的関心，共感，自己一致といったものです。フォーカシング法やフォーカシング指向心理療法は，クライエント中心の考えから出てきたものですが，精神分析，認知療法，行動療法，システムアプローチ，ブリーフセラピーなど，他の心理療法の学派と矛盾するわけではありません。

■今日のフォーカシング

　フォーカシングは，フォーカシング研究所の認定トレーナー，認定フォー

カシングセラピスト，認定コーディネーターによって，ほぼすべての大陸で教えられ，実践されています。フォーカシングは，心理療法やセルフヘルプに加え，医療，教育，ボディワーク，クリエイティビティ，執筆，ビジネス，コーチング，哲学，スピリチュアリティといった分野に統合されています。フォーカシングはまた，コソボ，アフガニスタン，エル＝サルバトル，イスラエル，パキスタンといった世界のさまざまな国で，平和と紛争解決のためのツールとして教えられています。日常生活でのフォーカシングをサポートするため，多くの人びとがフォーカシングとリスニングを交代で行えるように，世界各地でフォーカシングのパートナー（パートナーシップ）が組まれたり，チェンジズ・グループといったグループが行われています。

　フォーカシングは，要点 Box 1-1 にまとめているような多くの利点があります。

- こころ，からだ，たましいのつながりを促進します。
- からだの内なる知恵への道を開きます。
- 自分自身や他人に対しての受容，慈愛，思いやりを育みます。
- 創造性に触れます。
- 本来の自分に結びつけます。
- ストレスを低減します。
- 意思決定を促進します。
- 生をスピリチュアルな次元へいざないます。

要点 Box 1-1　フォーカシングの利点

フォーカシング：主要な概念

◆フォーカシング的態度〈Focusing Attitude〉
◆フェルトセンス〈felt sense〉
◆ハンドル表現（シンボル）〈handle；symbol〉
◆フェルトシフト〈felt shift〉
◆生を前進させる方向性〈life-forward Direction〉

■ フォーカシング的態度

「フェルトセンスを愛することは，それを理解することよりも重要である。理解は，それがやってくるべきときにやってくる」

(Cornell, 1996, p. 32)

フォーカシング的態度は，からだ・こころに感じられるすべての気持ち，考え，情動やフェルトセンスを，内なる自己に迎え入れる構えです。そこには悲しみの川や，涙の山，怒りの嵐，平穏の静かな湖，喜びの泉があるかもしれません。フォーカシング的態度は，フォーカシングのプロセスが開けていくのに必要な，安全で内側を抱えるような雰囲気をつくり出すものです。ジェンドリンは次のように述べています。

「セラピストが外側からそうするように，クライエントがフェルトセンスにやさしい態度をもつことが重要である……フェルトセンスからのメッセージは私たちがあまり好まないものであるかもしれないが，私たちはこのメッセンジャーにやさしくありたい。だから『それ』を批判したり攻撃したりするかわりに，クライエントはそれに対してやさしくなることや，それが訪れたこと喜ぶことを学ぶのである」

(Gendlin, 1996, p. 55)

■ フォーカシング的態度のキー・コンセプト

◆迎え入れる〈welcoming〉
◆やさしくする〈being friendly to〉
◆ともにいる〈keeping company with〉
◆やさしい好奇心〈friendly curiosity〉

迎え入れる——気持ち，考え，フェルトセンスに，そのままでいいことを知ってもらうあり方で，それらを現れさせるあり方です。内なる体験が力強くても，爆発的な気持ちでも，強烈でも，穏やかでも，静かでも，聴くに耐えないものでも，それらは迎え入れられます。「迎え入れる」ことを次のような短い教示で紹介してみましょう。「**からだに深く息を吸い込んでみましょう。呼吸と一緒に，今あなたのからだの内側で起こっていることを，それがどんなことでも，迎え入れてみましょう**」。クライエントは個々の臨床的な状態に応じて，目を開けていても閉じていてもよいでしょう。

アン・ワイザー・コーネル(Cornell, 1996)は，どのような感じられた体験が内側にあろうとも，それに「挨拶する」というプロセスを組み込んでいます。社会やビジネスでは，私たちはしばしば相手を歓迎したり契約を交わすための一環として，挨拶をします。コーネルの「挨拶をする」とは，内なるフェルトセンスを迎え入れ，それとの最初のつながりをつくることなのです。

やさしくする——ジェンドリンは「やさしくする」という言い方をよくしています。困難な気持ちや考え，フェルトセンスを完全に迎え入れることは難しいこともありますが，「やさしくする」のであれば，やりやすいことがあります。もしもフェルトセンスが圧倒的だったり怖かったりしたら，セラピストはやさしく，「**それにやさしくすることはできそうですか**」と聴くことがあります。やさしくすることは，クライエントに影響を与えている内なるフェルトセンスに耳を傾けるための，安全な内なるスペースをつくることを助けます。

ともにいる──クライエントが自分を観察し，同時に内なるフェルトセンスとつながりをもっている全体的で統合された自己を感じながら，内に感じられた体験と関係をつくっていくのに役立ちます。例を挙げると，あるクライエント，クリーシーは，固い激しい怒りをお腹のあたりで感じていました。セラピストは，「**その固い激しい怒りを感じているからだの内側に，注意を向けてみることはできますか**」と尋ねました。クリーシーはできる，とうなずきました。セラピストは「**それの隣に座って，それとともにいる感じをイメージしてみてください。幼い恥ずかしがり屋の子どもといるような感じで**」と続けました。クリーシーが感じられた体験と「一緒にいる」と，彼女はそれの隣に座っている統合された自己を感じると同時に，固い激しい怒りに触れることができました。クリーシーは，固い激しい怒りを観察しそれに耳を傾けられるような，自己のある部分に触れていたのです。彼女はまた，彼女自身が固い激しい怒りになってしまうことなく，固い激しい怒りの感じられた体験を感じることができました。「一緒にいること」によって，クライエントはそれに同一化したり，そのなかで迷ってしまったりせずに，本来的なフェルトセンスに触れることができるようになるのです。

　やさしい好奇心──やさしい好奇心をもって内に感じられた体験に近づいていくことは，たとえそれが辛く困難な感じであったとしても，受容的な態度をつくり出すのに役立ちます。たとえば，「**固い激しい怒り……あなた自身に，『ああ，それはおもしろいね』と言ってみることができますか**」など，セラピストはさまざまなアプローチを用いて，やさしい好奇心の態度に導きます。

　フォーカシング的態度は，フォーカサーが内なるフェルトセンスに触れていくための安全なやり方を見つけるのに役立ちます。フォーカシング的態度を練習し，経験するにつれて，フォーカサーは内なる体験に「やさしく」し，それを受け入れることのできる内なる自己があることを学んでいきます。フォーカシング的態度は，フォーカサーに感じられた体験とは別の，より大きな自己の側面があることを教えてくれます。

■フェルトセンス

「フェルトセンスは素晴らしい現象である。ある与えられた状況についての内なる知のすべてを含んでいるし、あなた自身についてまだ知らないようなことも含んでいる。フェルトセンスは次の成長へのステップへとあなたを導く。それは、これまでに体験したことのない答えを感じ取らせてくれる。フェルトセンスはこころ、からだ、たましいが分離する以前のものである」　　　　　　　　　　　　　　(Hinterkopf, 1998, p. 19)

フェルトセンスは直接感じるからだの感覚で、それは内なる状態の体験です。ただ単に、悲しいとか、怒っているとか、幸せだというような、内側で感じること以上なのです。それは、気持ちやそれを取り巻くものすべてです。まるで、その気持ちがどこからやってきたのか、その内側には何があるのか、その複雑さととらえ難さ、その歴史的なルーツなどを引き出すことができるようなものです。ジェンドリンは次のように述べています。

「フェルトセンスは精神的な体験ではなく、身体的なものだ……身体的。状況や人、出来事についてのからだの知覚である。あるときに与えられたある主題について、あなたが感じ、知っていることすべてを含む内側のオーラである——それは一つひとつの詳細を含み、かつ、すべてを一度に含み、あなたに伝えてくれている。たとえば、味を思い浮かべてみてもいいし、あなたに強烈なインパクトを与えるような素晴らしい音楽のコード、そのときに感じる大きな丸いはっきりとしないような気持ち……そういったものを思い浮かべてみてもいいだろう。フェルトセンスは、考えや言葉や他の分離された単位の集まりといったかたちで感じられるのではなく、一つの（それはしばしば複雑で不思議なものであるが）からだで感じられる気持ちとしてやってくる」

（Gendlin, 1981 a, pp. 32-33）

第1章　フォーカシング：歴史と概念

フェルトセンスは，困難に感じられる気持ちや体験，自らを向上させる肯定的な体験といった，どんなことについてでもありうるのです。たとえば，愛する人を亡くしたこと，新しい仕事に就くこと，子どもを持つこと，絵画を鑑賞すること，歌を聴くこと，といった体験に関係するフェルトセンスを感じることができます。生きていて，呼吸をしている生命体として，この体験の流れは常に起こっています。フォーカシングは体験の流れに立ち止まり，焦点を当て，ある特定の体験のフェルトセンスをとらえることを可能にしています。

▶フェルトセンスの例

●胴が締めつけられる感じ

クライエントのサムは，仕事，親であること，年老いた両親と付き合うことについてのプレッシャーを語っていました。私は，「からだの内側でそのことの全体を感じてみるとどうですか」と聞いてみます。サムは少し止まって，沈黙し，内側に聴いてみます。彼は，「胴のあたりが締めつけられるのを感じます……外からの圧力があります……締めつけられています」と言いました。フェルトセンスは，外からの圧力をともなった胴が締めつけられる感じ，というサムのからだで感じられた体験です。

●胸が高鳴る感じ

40代はじめのクライエントのタリアは，10年前の辛い離婚の後，この一年ほど付き合っている男性と一緒に引っ越すことを楽しみにしています。私はやさしく，「からだの内側でそのことの全体を感じる時間を取ってみましょう」と誘ってみました。タリアは「胸が高鳴る感じを感じます……目に温かいものが浮かんでくるダンスのような」と語りました。フェルトセンスは，目に温かいものが浮かんでくるようなタリアの胸の高まりについての，からだの感じなのです。

19

第Ⅰ部　フォーカシングとアートセラピー

▶フェルトセンスに触れる方法

●からだの内側に注意を向ける

フェルトセンスはからだに宿っているので，からだの内側のスペースに注意を向ける必要があります。これは，クライエントにからだの内側の感覚に注意を向けるようにセラピストが導くことによって起こることがあります。からだの内側の感覚に触れるのは難しいと感じるクライエントもいますが，そのようなケースでは，ボディ・アウェアネスのエクササイズから始めるとよいでしょう（第2章の終わりにその秘訣が記されています）。

●アウェアネス

からだの内側に注意が向けられると，フェルトセンスの感覚，内容，複雑さに気づくようなマインドフル・アウェアネス（心いっぱいの注意）が向けられます。

●迎え入れるスペースをつくる

フェルトセンスが形になってきて，気づけるようになるためには，フェルトセンスが迎え入れられていることを知る必要があります。フォーカシング的態度（受容する，迎え入れる，判断をしない）から始めて，フェルトセンスが形になってくるように，それがどんなものであろうと迎え入れられるということを，フェルトセンスがわかるようにしましょう。

●時　間

フェルトセンスは形成されるまでに時間がかかります。しかし，話の間の一瞬の沈黙のように短いこともあります――からだの内側に向いているアウェアネス（気づき）を追っていくのに充分な時間であれば。どれくらい時間がかかるかは，フォーカシングの体験をどのぐらいしたことがあるか，どんな問題について確かめようとしているのか，そのときのあなたに影響している身体的，感情的，スピリチュアルな要因によっても異なってくるでしょう。いかにすばやくフェルトセンスを感じられるか，という競争はありません。問題なのは，あなた自身やクライエントのフェルトセンスが，形づくら

れるために時間を与えることなのです。

● やさしくする

フェルトセンスに気づけたら，それにやさしくしましょう。そうやって安全が深まるとフェルトセンスは姿を現し，その存在を知ってもらおうとします。

● それとともにいる

フェルトセンスのそばでともにいることによって，フェルトセンスとの内なる対話がしやすくなり，それがどんなことを言おうとしているのかを聴くための，充分なスペースや距離をもつことがしやすくなります。

エクササイズ 1-1

フェルトセンスに触れるための教示

からだの内側深くまで，何度か深呼吸をしてみましょう。あなたが座っている椅子に支えられている感じや，足元の床や地面に支えられている感じ，そしてこの部屋にいて，ここに座っていることを感じてみましょう。からだの内側に入っていく息に沿って，からだの内側を全部照らしている懐中電灯の光をイメージしてみましょう【からだの内側に向けられた注意】。そして，からだの内側はどんな感じかに気づいていきましょう。それは，緊張，飛び跳ねる感じ，絞まる感じ，リラックスしている感じかもしれません……それとも，何か別の感じでしょうか【アウェアネス】。どんな感じを見つけたとしても，それにやさしくして，迎え入れられるかどうかやってみてください【迎え入れるスペースをつくる】。ただそれに気づき……そこに何があるのかを見てみる……そんなことにゆっくり時間を取りましょう【時間】。何を見つけたとしても，それの横に座っているのをイメージしてみましょう……それにやさしくして，ともにいましょう。

■ ハンドル表現：フェルトセンスをシンボル化する

　クライエントがフェルトセンスに留まることができ，それに対してフォーカシング的態度を向けられると，セラピストはクライエントにそのフェルトセンスにぴったりだったり，シンボル化したり，表現するような**言葉や言い回し，イメージ，ジェスチャー**，音があるかどうかを尋ねてみます。ジェンドリンはこのフェルトセンスのシンボルのことを「ハンドル」と呼び，次のように説明しています。「スーツケースの取手（ハンドル）によって重いスーツケース全部が持ち運べるように，ハンドルの言葉や言い回しは，フェルトセンス全体の重みを持ち運ぶことができる」（Gendlin, 1996, p.48；〈邦訳上巻，1998, p.91〉）。シンボル化は，フェルトセンスに知的なラベルを無理につけるよりも，からだで感じられたフェルトセンスから，シンボルが浮かんでくるようにしましょう。

▶「ハンドル表現」が言葉や言い回しとして浮かんでくる場合

> **クライエント**：私の母のアルツハイマー病は進行が早くなっていて，私は母を日に日に失っていくように感じているんです。
> **セラピスト**：少し時間を取って，それがあなたのからだでどんなふうに感じられているのかを見てみましょう。
> **クライエント**：（目を閉じている，すぐに感じて）胸のあたりに重い感じがします……浮かんできた言葉は「深い悲しみ」です。

　「深い悲しみ」は，クライエントの胸のあたりに感じられた重さという，からだで感じられたフェルトセンスの「ハンドル表現」だったのです。

▶「ハンドル表現」がイメージとして浮かんでくる場合

　学生のリタが，フェルトセンスの「ハンドル表現」が現れてくる様子を説

明しています。「フォーカシングをしていると，胸のあたりに締めつけられるような感じがあることがわかり，それは，完全に疲れ切ってヘトヘトになっているような感覚をともなっていました。フェルトセンスに留まっていると，森の中にいるという，とてもはっきりとしたイメージが浮かんできました。木々は通常の穏やかなものではなく……凍りついていて，動くことができなかったのです」。

このハンドル表現は，凍りついて動くことのできない森の中の木々のイメージでした。イメージとして浮かんでくる「ハンドル表現」は，アートに移行しやすく，このことについては，第Ⅱ・第Ⅲ部で見ていくことにします。

▶「ハンドル表現」がジェスチャーや音として浮かんでくる場合

クライエントは辛辣な内なる批評家について話しています。

クライエント：おもちゃや服を全部をあるべき場所にきちんと片づけ，母が気に入るようなやり方でそれを終えるまで部屋に居続けなさいと，母が私を部屋に閉じ込めたことを思い出します。私の内側で母のこんな言葉が聴こえます。「きちんとやりなさい！」「あなたは一度もきちんとできたことがない」「あなた一体どうしたの」。

セラピスト：あなたは，お母さんがすべてをあるべき場所に正確に片づけることを強いるのを，内側で感じているんですね――そこでは強い批判の声が――あなたは一度もきちんとできたことがないと叫んでいて，「あなた一体どうしたの」と聞いているんですね。そのようなからだの内側で感じられることの全体を，感じることができますか。

クライエント：こころの中に手を入れて，母の言葉を引っ張り出して，それを遠くに捨てています……私の外へ捨てるんです。

このハンドル表現は，こころの中に手を入れ，言葉を引っ張り出してそれ

を遠くに捨てるという，ジェスチャーやムーブメントでした（治療の介入としては，こころの中に手を入れ言葉を捨てるという，ジェスチャーやムーブメントを見せているクライエントに，ついていくことになるでしょう）。

> **エクササイズ 1-2**
>
> **フェルトセンスをシンボル化するためのフォーカシングの教示**（「フェルトセンスに触れる」の教示の続き）
>
> フェルトセンスにじっくりと注意を向けて，内なるフェルトセンスにぴったりで，それのハンドル表現のような役目をする言葉，言い回し，イメージ，ジェスチャーや音があるかどうか，感じてみてください。フェルトセンスの特性について，要点 Box1-2 にまとめておきます。

■フェルトシフト：変化

「フェルトセンスの特徴として最も興味深いのは，それによくフォーカスできたとき，それは変化する力をもっていることである」

(Gendlin, 1981 a, p.37)

やさしく，迎え入れる態度をフェルトセンスに向け，それとともにいると，自然な内なる動きや変化が起こります。ジェンドリンはそれを「フェルトシフト」（felt shift）と呼んでいます。からだで感じられるフェルトシフトは，わずかなものだったり，深いものだったりします。息遣いのわずかな変化のように微細だったり，青ざめた肌がバラ色に変化するようなこともあります。あるいはもっと劇的なシフト（変化）なら，お腹が締めつけられ，煮えたぎって固くなっている感じから，体幹から四肢に至るまで新しいエネ

- フェルトセンスはからだで感じられます——フェルトセンスはからだに備わっています。
- こころ，からだ，たましいの全体の統合です。
- 意識と無意識の境界で起こります。
- 気持ちや感情以上です。気持ちが何につながっているのか，その歴史，つながりなど，体験の全体です。
- 最初のうち，「焦点化」される前のフェルトセンスはあいまいで，よくわからなかったり，ほとんどぼやけているように感じられます。
- 感じたり形づくるには時間がかかります。
- 一歩ずつ開けていき，もっといろいろなことを与えてくれます——何についてなのか，エッセンスや何を必要としているかを。
- すべてがどんなふうに癒されたいのかについて，感じられた見通しを与えてくれます。
- 癒しと変化に向かう独自の一歩を特定することができます。
- 人の内なる知恵につなげます。
- 創造性への入り口です。

要点 Box 1-2　フェルトセンスの特性

ルギーが広がっていくとともに，お腹が和らいでいくのを感じられるように変化することもあります。

　フェルトシフトが起こるというのは，からだ・こころで起こっている変化の本当の表れなのです。ジェンドリンはこの変化のプロセスを，次のように説明しています。「……あなたがフェルトセンスにきちんとしたやり方で近づくことができれば，フェルトセンスはシフトする。それに触れようとしている段階でも，変化することさえある。そのフェルトセンスにまつわる状況が変化すれば，あなたは変化することができる——あなたの人生も同様に変わる」(Gendlin, 1981 a, p. 32)。フェルトシフトそのものは，クライエント

の中で体験されますが，クライエント，セラピストや陪席者は，それにともなう外的な変化を観察することができるでしょう。

　辛いことや困難なことについてフォーカシングをしたとしても，フェルトシフトは良い感じがするという特徴があります。これは矛盾するように聞こえるかもしれませんが，多くの場合，本当なのです。それはなぜなのでしょうか。クライエントが辛いフェルトセンスに触れているとき，同時にセラピストの同情と無条件の関心と，さらに内なる思いやりのあるプレゼンス（臨在）──やさしさと受容というフォーカシング的態度──をも体験しているからなのです。クライエントがフェルトセンスと一緒にいると，それは開いていき，もっといろいろなことを現しはじめ，変化し，動き，新しいフェルトセンスにシフトしていきます。内なる動きはエネルギーを解放し，解決や成長への新しい一歩へと前進するのです。ジェンドリンは，「そのような一歩は良いと感じられる。それはエネルギーを解放する。わかったことが良いことと感じられようが悪いことと感じられようが，それの現れ──発見するという一歩──は常に解放をもたらし，新鮮な空気のようである」（Gendlin 1996, p.26）と述べています。

▶例：ジェフ

　ジェフは48歳のクライエントで，私のところへ個人心理療法を受けに来ていました。彼は次の仕事を始めるまでの間に，キャリアと家族と余暇のバランスを保てるような働き方を見つけようとしていました。あるセッション中にジェフは，最近受けた就職面接が，あまりうまくいかなかったかもしれないということについて語り始めました。私は彼に，フェルトセンスに触れてみるように促しました。

　　セラピスト：少し時間を取って，深呼吸をして，職を得られないかもしれ
　　　ないということにまつわる，内側の感じの全体に気づいてみましょう。
　　ジェフ：内側に重さと内に向かう回転を感じます【フェルトセンス】……

恥ずかしい，という気持ち。そうです……恥ずかしい【ハンドル表現／シンボル】。
セラピスト：その重さ，内に向かう回転，恥ずかしさにやさしくすることはできますか……【フォーカシング的態度】。（ジェフが感じられた体験に触れている感じがする数分の沈黙）。
ジェフ：うーん。それに私はこんな悲しさを感じます。
セラピスト：その悲しさにやさしくして，ともにいることはできますか。
ジェフ：（しばらく内側にフォーカシングする）。それは，私がそれと一緒にいるのが気に入っているみたいです。
セラピスト：それは，あなたが一緒にいるのが気に入っている。今それがどんな感じか，感じることはできますか。
ジェフ：そこにはやさしい笑顔があります。それは私の目のそばにあります。自分の目でそれを見ることができます——それは私が大切にしているということを知っています。

フェルトシフトは，フェルトセンスが違うフェルトセンスへと形を変えることです。ジェフのフェルトセンスは，重さと内に向かう回転として始まりました。それにやさしくして一緒にいることによって，悲しさへとフェルトシフトし，そして，何かが目のあたりにあるという感覚をともなったやさしい笑顔へと，さらにシフトしました——それには，彼が大切にしているのをわかっているという感じも，ともなっていました。フェルトシフトは，本当の変化の証拠なのです。

■生を前進させる方向性

「あなたのからだは，癒しと人生の方向を知っている……フォーカシングを通してそれを聴く時間を取れば，それは正しい方向へのステップを与えてくれる」

(Gendlin, 1981 a, p. 78)

第Ⅰ部　フォーカシングとアートセラピー

　フォーカシングに関して私に深く響いたことの一つに，ジェンドリンが「生を前進させる方向性」と表現したものがあります。フォーカシングのプロセスのなかで，人はフェルトセンスが開け，からだの知が開けていくにつれて，フェルトセンスの前へ進む動きを感じることがあります。フォーカシング的態度，つまりフェルトセンスとともにいて，感じられた体験過程に無条件に耳を傾けることにより，からだの内なる知恵がそれ自身として表れているような状態をつくることができます。これらの主要な概念については，第2章で解説する，ジェンドリンの6ステップフォーカシング法のなかで広げていくことにしましょう。

第2章

ジェンドリンのフォーカシング法

> 「創造的な人たちは，おそらくこの方法をいつも使っているのだろう。この方法の本当に新しいところは，ステップとして説明でき，そのステップを教えることができるという特徴にある」
>
> (Gendlin, 1981 b, p. 16)

　フォーカシングを教えるさまざまな方法の試行錯誤を経て，ジェンドリンは，フォーカシングを教えるための6ステップ法を開発しました。このステップは，フォーカシングの基本的な方法や主要な考え方を学ぶには実用的ですが，実際のフォーカシングで起こるプロセス（過程）は，いつもそれほど単純に起こるわけでも，直線的な様式で起こるわけでもありません。人は唯一無二であり，人のからだは複雑で，皆それぞれに固有の生命の開けをもっています。私の同僚のジョーン・クラッグスブルン（Klagsbrun, J.）は，「それらのステップは，例えて言えば，実際の地形そのものではなく，地図である」と言っています。このステップがしっくりこないと感じることもあるでしょう。そのようなときには，次のジェンドリン（Gendlin, 1981 a）の提案のとおりにすることが重要です。「どんな教示よりもむしろ，あなた自身の内側で感じられるフェルトセンスを大切にしよう。もし教示が合わなければ，教示は聞き流しておこう」。

　長い時間をかけて，フォーカシング・トレーナーたちはフォーカシングを教える独自の方法を発展させてきました。フォーカシングを教える際に，元のジェンドリンの6ステップ法を固持している人たちも多いのです

が，ステップを加えたり削除したりして，独自のフォーカシングの教示に改定している人もいます (Campbell & McMahon, 1985/1997 ; Cornell, 1996 ; Hinterkopf 1998 ; Cornell & McGavin, 2002 ; Friedman 2003)。臨床家や学生が，何年もかけてしっかりした基礎としてジェンドリンの6ステップ法を学ぶことが最も効果的で，そうすれば（本書の第Ⅱ・第Ⅲ部に見られるような）応用を創造的に展開することができるようになると思います。

フォーカシングのステップ

フォーカシングのステップは，個人やカップル，グループを対象とした臨床的な実践や，セルフヘルプ，セルフケア，スーパービジョンのための一つの方法として用いられています。その六つのステップは以下のとおりです。

1. クリアリング・スペース〈Clearing a Space〉
2. 気がかりを選びフェルトセンスを感じる〈Choosing an issue and felt sense〉
3. ハンドル表現／シンボル：言葉，言い回し，イメージ，ジェスチャー，音〈Handle/symbol ; a word, phrase, image, gesture, or sound〉
4. 響かせる〈Resonating〉
5. 問いかける〈Asking〉
6. 受け取る〈Receiving〉

■ 1. クリアリング・スペース

クリアリング・スペースは，「いい感じ」や，心が落ち着く感じ，心が休まる感じを邪魔しているものの一覧を作る方法です。その一覧は，クライエントが生きてきた歴史のなかの事柄をすべて含むわけではなく，むしろ，今この瞬間にクライエントに影響している，三つから六つの事柄で成っています。クライエントは，それぞれの「気がかり」を，からだの中にどのように

もっているのかを感じる時間を取り，その後，からだの外にその気がかりを置くイメージをして，いい感じをもっていられるように距離を取っていきます。クライエントは，終われると感じるところまで，気がかりを離れたところに置いたり積み上げたりすることを続けていきます。

▶後景にある気持ち〈Background feeling〉

　ジェンドリンはまた，「後景にある気持ち」と呼ぶものを特定しています。この感じは「**いつもある気持ち**」で，慢性的に感じている何かで，ちょうど壁紙が部屋に調和しているようで，目立ちにくいものです。後景にある気持ちは，**いつもある疲れ**や，**いつもある不安**のような何かです。後景にある気持ちをはっきりさせるには，内側を確かめ，「**すっかりいい感じを邪魔している後景にある気持ちはあるかなぁ**」と尋ねてみましょう。もしも，後景にある気持ちがあれば，クライエントはそれを，すでに置かれている他の気がかりと一緒に脇に置くようにします。

▶「いい感じのところ」〈All Fine Place〉

　クリアリング・スペースの後，クライエントは「いい感じのところ」，あるいは整理されたこころのスペース（cleared space）を体験できる時間を取るように教示されます。「いい感じのところ」は，どんな人にもある自己の一側面で，ウェルビーイングの感覚を備えています。問題，気持ち，気がかり，痛みは脇に置かれ，内的な静けさや，「大丈夫と感じられること」，全体性といった感覚への道を開きます。それは，クライエントがウェルビーイングを充分に体験できる，休息のひとときを取ることを促します。このステップは，クライエントを自分自身の人生を肯定する力に触れさせ，その力をもって，脇に置いた気がかりと後々取り組むことを促進します（クライエントはクリアリング・スペースの後に，いったん留まること——これは自分の中心に戻ることやストレス軽減に有益——もしくは次のステップに進むことを選べる）。

■ 2. 気がかりを選びフェルトセンスを感じる

　クリアリング・スペースの後，クライエントは前のステップで脇に置いたもののうち，どれに取り組んでいくかを選びます。取り組む気がかりを選ぶには二つの方法があります。クライエントはからだで感じられたフェルトセンスに，最初のステップで脇に置いた「気がかり」のうち，今取り組んでいきたいと感じるのはどれか，尋ねてみることができます。言い換えると，クライエントはからだが何を言っているのかに耳を傾けるのです——それは，頭で考えた答えとは違うものかもしれません。あるいはクライエントが，クリアリング・スペースのあいだに，脇に置いた気がかりのなかのどれと取り組んでいきたいのか，はっきりとした考えをもっていることもあります。そのときは，セラピストはクライエントの気がかり**全体**から感じられることに注意を向け，それがフェルトセンスとして感じられるようにするために，からだではどんなふうに感じられているのか気づくように促します。

■ 3. ハンドル表現／シンボル：言葉，言い回し，イメージ，ジェスチャー，音

　いったんフェルトセンスに触れると，セラピストはクライエントに，フェルトセンスを表現するようなハンドル表現／シンボル（言葉，言い回し，イメージ，ジェスチャー，音）があるかどうか見てみるように勧めます。フェルトセンスにぴったりするハンドル表現／シンボルを見つけることは，フェルトセンスに留まることや，フェルトセンスが開けたり動いたりすることを助けます。

■ 4. 響かせる

　セラピストはクライエントに，ハンドル表現とからだで感じられるフェルトセンスとの間を行ったり来たりしながら，内側のぴったりだという感覚があるかどうか，ハンドル表現／シンボル（言葉，言い回し，イメージ，ジェ

スチャー，音）を確かめてもらいます。もし，そのハンドル表現／シンボルがぴったりだと感じられない場合は，それを気にせずに，思い浮かぶ新しい言葉，言い回し，イメージ，ジェスチャー，あるいは音を招き入れるように促します。

■ 5．問いかける

　このステップは，フェルトセンスの隣に一緒にいるようにイメージすることや，フェルトセンスに質問をしてみることや，内側の対話を通してフェルトセンスの答えに耳を傾けることを含んでいます。そこには二重のアウェアネス（気づき）があります——フェルトセンスへのアウェアネスと，フェルトセンスの横に一緒にいられる自己の側面へのアウェアネスです。フェルトセンスの隣に一緒にいることのできる自己の部分は，フェルトセンスと関係をもって，内側の対話に関与することができます。フェルトセンスが開け，開放され，あるいは動くのを促すために，質問が投げかけられます。フェルトセンスに問いかける質問には，次のようなさまざまなものがあります。

- ◆何がそんなに＿＿＿なんだろう。たとえば，ハンドル表現が「解放」だとすると，フェルトセンスの横に一緒にいるようにイメージして，「何がそんなに『解放』なんだろう」と問いかけてみましょう。下線部にハンドル表現／シンボルを埋めて，この問いかけを行ってみてください。
- ◆そのことのミソは何だろう。もしくは，それの中心となっているのは何だろう。
- ◆何を一番恐れているのだろう。
- ◆それは何を必要としているのだろう。

「フェルトセンスに問いかける」ステップでは，気がかりが癒されたり解決されたりするとどうなるのかを，垣間見るのに役立ちます。

◆この気がかりが解決されることを想像してみてください。すべて解決されたとすると，からだはどんな様子で何を感じるだろうと，からだの内側を感じてみてください。気がかりがすべて解決されていたとしたら，内側で感じるフェルトセンスはどんなふうでしょうか。それにぴったりなハンドル表現の言葉やイメージがあるかどうか見てみましょう。

このフェルトセンスに対する解決指向的な考え方は，本来備わっている治癒力——ジェンドリンが言う「生を前進させる方向性」——を働かせます。創造的なイメージは，行き詰まっている気がかり，気持ち，ジレンマを，違う角度から見ることを促します。クライエントが解決をイメージした後は，フェルトセンスを見ていくのに次のような問いかけが役立つでしょう。

◆（気がかりの解決に向けて）何が邪魔になっているのだろう。
◆（解決には）何が必要なのだろう。
◆正しい方向への小さな一歩は何だろう。

これらの問いかけは，フェルトセンスとのつながりを深め，内的な関係（フォーカシング的態度）を通してそれが開かれることを促し，生を前進させる方向性が自然に開けるようにするために考えられたものなのです。最後に挙げた問いかけ「正しい方向への小さな一歩は何だろう」は，からだの知恵から成し遂げられる変化への一歩を，クライエントが発見することを助けます。今いるところから望むところへ進むことは，しばしば山のふもとから頂上まで登るようなものです。変化は一歩一歩成し遂げられるほうが楽です。具体的に実行可能な一歩を特定することは，クライエントが一歩一歩前進するのに役立ちます。

■ 6. 受け取る

　受け取るとは，問いかけに答えてくるフェルトセンスに，開かれた態度で耳を傾けることです。頭での考えが侵入して，フェルトセンスの応答を退けようとするかもしれません。浮かんできたことを迎え入れることが重要なのです。ジェンドリンが述べたように。

> 「私たちの言う意味では，感じを『受け取る』ということは，その一歩を存在させ，たとえそれが奇妙に見えたり間違っているように見えても，それのためにスペースを与えることである。それは，からだで感じられたわずかな解放感や一呼吸，正しいのだ，望んでいたことであるというからだの感じをともなって起こる」

（Gendlin, 1996, p.75）

　エクササイズ2-1に示す教示は，ジェンドリンの6ステップのフォーカシング・プロセスに基づいており，基本的なフォーカシング法を紹介することがねらいです。本書全体を通して，この教示をアートセラピーと統合したり，さまざまなテーマや集団に応用したいろいろなバリエーションを紹介していきます。

エクササイズ 2-1

基本的なフォーカシングの教示
（アートを用いていないもの）

1. クリアリング・スペース（アートを用いていないもの）
　居心地の良い座り方を探します。何度かからだの中に深く息を入れ，息がからだに入って，出ていくのに注意を向けましょ

う。あなたが座っている椅子に支えられていること，大地があなたの足のすぐ下にあること，そしてあなたがここにいることを感じましょう。目を閉じるか開けたままにするかは自由にしてください……あなたにとって心地良いほうでいいのです。そうやって息をしていると，息が内側に入っていくにつれ，あなたは内側ではどんなふうに感じられているのかに気づいていきます。もしかすると窮屈であったり，温かかったり，びくびくしていたり，落ち着いていたり……あるいはその他の何かがあることに気づきます。できそうなら，「今，私は内側ではどんな感じだろう」と問いかけてみましょう。そしてただ耳を傾けましょう……からだの中から答えが出てくるための時間をあげましょう……あなたが内側で気づいたことはどんなことでも受け取りましょう，良いか悪いかを判断せずに（少し時間を取る）。では，自分自身がどこか穏やかな場所にいることをイメージしてください……そこはあなたがすでに知っている場所かもしれませんし，イメージのなかでつくった場所かもしれません。できそうなら，「私の『いい感じ』を邪魔するものは何かあるかな」と問いかけてみましょう。思い浮かぶことはどんなことでも思い浮かぶままにします……今はどの特定の事柄にも入っていかないようにしましょう……それぞれの事柄が浮かんできたら，一定の距離をもった場所に置くことをイメージしてください。たとえば，公園のあるベンチに座っているのをイメージして，浮かんできたそれぞれの事柄を，座ったベンチからある程度の離れた違うベンチに置くようなイメージをする人もいます。また，ボートに置くことをイメージして，いい距離までボートを放つ人もいますし……あるいは，それぞれの事柄を包装紙に包み込んで，ちょうどいいと感じられる距離に置く人もいます（少し時間を取る）。

　もう浮かんでこなくなったら，「それらすべてがなかったら，私は今，『いい感じ』かな？」と問いかけてみてください。も

し，もっと何か浮かんできたら，積み上げておきます。そして，積み上げたものから心地良い距離を保ちます。

▶後景にある気持ち

後景にある気持ちがあることが時にあります——それは**いつも**感じられるもの……**いつもある**ちょっとした不安，あるいは**いつもある**ちょっとした憂うつのようなものです。「いい感じ」と感じるのを邪魔している後景にある気持ちがあるかどうかを，内側に確かめてみましょう……それに気づいてあげて，思い浮かんだものの一つに加えましょう。もう一度確かめてみます。今どんな感じですか（少し時間を取る）。

▶「いい感じのところ」

今から「いい感じのところ」を感じてみましょう。内側に注意を向け，「いい感じのところ」で平穏に過ごしてみます……「いい感じのところ」にぴったりなハンドル表現としての言葉，言い回し，イメージ，ジェスチャー，音があるかどうかを見てみましょう……それでいいか，あなたのからだに確かめてください。もしそれでよくなければ，ぴったりなハンドル表現の役目をする新しい言葉，言い回し，イメージ，ジェスチャー，音が浮かんでくるようにしてみましょう。

2．取り組む気がかりとフェルトセンスを選ぶ

置いたものを見渡して，今あなたの注意を必要としているものがあるかどうか見てみましょう。取り組んでほしそうにしている事柄があるかどうか見てもいいですし，取り組む事柄をあなたが選んでもいいです。それにフォーカシングをしてもいいかどうか，からだに確かめてください……そして，そこに何があっても受け入れましょう（少し時間を取る）。

フェルトセンス：気がかりの全体をありありと感じるように時間を取ります……そして，「その感じの全体は何だろう」と問いかけます。そこに何があっても受け入れましょう（少し時間を取る）。

3. ハンドル表現／シンボル

内側のフェルトセンスにぴったりな，ハンドル表現の役目をする言葉，言い回し，イメージ，ジェスチャー，音があるかどうか見てみましょう。

4. 響かせる

ハンドル表現／シンボルがからだにぴったりくる感じかどうか確かめてみましょう。しっくりこなかったら，そのハンドル表現／シンボルは手放して，新しい言葉，言い回し，イメージ，ジェスチャー，音が浮かんでくるようにしてみましょう。

5. 問いかける

これからフェルトセンスにいくつか質問をしていきます。フェルトセンスが応えてくれる問いかけの質問もあれば，フェルトセンスとは無関係な質問もあるでしょう。そういう質問は聞き流してください（関係ないと教えてくれてもいいですよ）。フェルトセンスの横に一緒にいて，フェルトセンスとともにいるようにイメージしましょう。

- ◆「何がそんなに＿＿＿＿なんだろう」と問いかけてみましょう。もしくは「そのことのミソはなんだろう」や，「それについての主題は何だろう」「何を一番，恐れているんだろう」と問いかけてみましょう。
- ◆気がかりがすべて解決されたとイメージしてください。これは巻末についている解答を調べるようなことです。すべて解決されたとすると，からだはどんな様子で何を感じているのだろうと，からだの内側を感じてみてください。気がかりがすべて解決された内側のフェルトセンスに，ぴったりなハンドル表現としての言葉，言い回し，イメージ，ジェスチャー，音があるかどうか見てみましょう。

クライエントがフェルトセンスに問いかけるのを促しましょう。

- ◆（解決を）何が邪魔しているんだろう。
- ◆（解決には）何が必要なんだろう。
- ◆正しい方向へ向かうために，何が小さな一歩となるのだろう。

6. 受け取る

浮かんでくるものを受け取りましょう。内側の終われそうなところにたどり着くまで，少し時間を取りましょう。どこからあなたがフォーカシングをしはじめたのか，そしてどこにたどりついたのかを書き留めておいてもいいかもしれません。持っていたいものがあるかどうか見てみましょう。

実践のなかでの6つのステップ： カーステンとのあるフォーカシングセッション

ジェンドリンの6ステップのフォーカシングを，45歳の女性で，家庭や仕事の両方でさまざまな葛藤を体験しているカーステンの事例を通して見てみましょう。

■ 1．クリアリング・スペース

セラピストはカーステンに，自分の注意を内側へ向けて，「いい感じ」を感じるのを邪魔している気がかりを特定するように導きました（推奨する言い回しは，エクササイズ2-1「基本的なフォーカシングの教示」を参照）。

クライエント：（自分のからだに注意を向けながら）息子についての気がかりがあります……仕事のこともあります……私の母についての不安もあります。

セラピスト：息子さんについての気がかり，仕事のこと，母親についての不安があるんですね【リフレクション（伝え返し）】。もう一度あなたのからだの内側を確かめて，「それがなかったらいい感じかなぁ」と問いかけてみましょう。

クライエント：（内側に注意を向けて）はい。

▶後景にある気持ち

セラピスト：時々，後景にある気持ちがあります――**いつもある**ような気持ちで，**いつもある**不安のようなものだったり，**いつもある**焦りのようなものだったりします。「いい感じ」を感じるのを邪魔している，後景にある気持ちがあるかどうか見てみましょう。

クライエント：（少しして）手のかかる些細なことをいつも心配しているような感じがあります……気が休まらない。

セラピスト：その後景にある感じ全体をとらえ，浮かび上がらせることができるか試してみてください……そして，脇に置いたほかの事柄と一緒に，からだの外に置けるかどうか試してみてください。（しばらくするとカーステンの表情が和らぎ，顔色がよくなる）それらすべてを除けば，あなたは「いい感じ」になりますか。

クライエント：（うなずいて）はい。

▶「いい感じのところ」

セラピスト：「いい感じのところ」に留まって，その内側でのフェルトセンスにぴったりな，ハンドル表現としての言葉，言い回し，イメージ，ジェスチャー，音があるかどうか見てみましょう。

クライエント：胸が満たされているのを感じます。胸の底のほうに立体彫刻された揺りかごがあるようです。私の両手がそれを囲っています。リズミカルな動きがあります（クライエントの声が和やかで，心地良い。セラピストは胸が満ちている感じ，揺りかごのような感じ，リズミカル

な動きのある感じのエッセンスを伝え返す)。

■ 2. 気がかりやフェルトセンスを選ぶ

セラピスト：先ほどあなたが脇に置いた気がかりを，ざっと見てください。息子さんについて，仕事について，お母さんについての気がかり，そして些細なことを一つひとつ心配している後景にある気持ちなどです。今，一番注意を向ける必要があるものを一つ，あるいは，あなたがフォーカスしたいものがあるかどうかを感じてみましょう。

クライエント：息子についてです。

セラピスト：息子さんについての気がかりを取り上げるのですね……そのことの全体は，からだでどんなふうに感じられているでしょうか。

クライエント：（内側に注意を向けて，手をのどに当てる）のどにむずがゆい感じがあります【フェルトセンス】。

■ 3. ハンドル表現／シンボル

セラピスト：内側のフェルトセンスのハンドル表現としての言葉，言い回し，イメージ，ジェスチャー，音があるかどうか見てみましょう。

クライエント：（静かに感じながら）かゆい。

■ 4. 響かせる

セラピスト：「かゆい」がのどに感じるむずがゆい感じにぴったりしている。その「かゆい」という言葉とからだの感じとの間を行ったり来たりしてみましょう。それで合っていますか【響かせる】。（クライエントは「はい」とうなずく）。

■ 5. （フェルトセンスに）問いかける

セラピスト：のどのむずがゆい感じにやさしくすることができるかどうかやってみましょう【フォーカシング的態度】。それの横に一緒にいるよ

うなイメージをして……そして,「何がそんなにかゆくさせているの」と問いかけてみましょう。もしくは,「そのことのミソは何だろう」と問いかけてみましょう【問いかける】。

■ 6. 受け取る

クライエント：そこには恐れがあります。

(以下は,問いかけると受け取るステップの間を行ったり来たりする,内的な対話である)。

セラピスト：何がそんなに恐いのか,それに問いかけることはできますか。

クライエント：(少しの間,内側に注意を向けて) 息子は思春期に差しかかっています。彼が赤ちゃんから少年に,また大人になるにつれて,人生が彼のこころを剥ぎ取っていくんじゃないかという恐れがあるんです。

セラピスト：彼が少年から大人へと育っていくにつれて,人生があなたの息子さんから,彼のこころを剥ぎ取っていくんじゃないかという恐れがあるんですね(クライエントは同意する)。この気がかりがすべて解放されたら,それはどんなふうになって,どんなふうに感じるかを想像してみてください。

クライエント：(からだに注意を向けながら)[フォーカシングを行っていると] 私は伸びていくのを感じています……身体的なからだよりも大きくなるように。

セラピスト：「伸びていくのを邪魔しているものは何だろう……何が身体的なからだよりも大きくなることを邪魔しているんだろう」と問いかけてみることはできますか。

クライエント：私の,子どもを失う恐れ。

セラピスト：あなたの子どもを失う恐れ。その恐れは何を必要としているか問いかけることができますか。

クライエント：（少しして）少し前から，私は自分自身のこころのイメージを見ていました——それは揺すられていて，私はその上に手を置いています。

セラピスト：内側に戻って，「正しい方向に向かうための，良い，小さな一歩はあるかな」と問いかけられますか。

クライエント：（内側に耳を傾けながら）それは，私自身の恐れや喪失感を認めることを手伝ってくれています。私のこころに置いたその両手は，自分自身のこころに気を配ることを思い出させてくれます。それは，私がもっとゆとりを感じることを促してくれます——それは，私の息子が育つために必要なことなんです。

カーステンは後で振り返って，それぞれの気がかりを脇に置くことで落ち着いた感じをもつことができたこと，全体のプロセスによって，固く握り締められていた何かをやさしく解きほぐされるように感じられ，より大きな理解やゆとりを構築したとシェア（分かち合い）してくれました。

● フォーカシングのステップの利点 ●

◆**クリアリング・スペース**：クライエントが抱えている気がかりや問題から，脱同一化するのを助けます。それらの気がかりから想像上の距離を取ることによって，自己の体験が「全体」として体験されるようになるのです。クリアリング・スペースによって，クライエントは自然に人生を肯定するエネルギーに触れられるようになります。人生を肯定するエネルギーはいつもあるのですが，気がかりや問題によって埋められていたり，せき止められていたりしがちです。クリアリング・スペースはクライエントに，自分自身が問題そのものではないということや，心理的な困難から離

れたより深い自己があるということを知らせてくれます。問題が脇に置かれるにつれて，重みは取り除かれ，新しい解放的なエネルギーがからだにみなぎってきます。整理されたこころのスペースや生き生きとしたエネルギーから，クライエントは積み上げられた気がかりに向かい，そのなかから取り組もうとするものを選ぶことができるのです。

◆**後景にある気持ち**：後景にある気持ちに気づいておくことは，ウェルビーイングを妨害する慢性的で無意識的な状態（たとえば，疲労感，不安，心配事，恐れなど）に気づき，それらから健康的な距離を置けるようになります。

◆**「いい感じのところ」**：整理されたこころのスペースを保ち，「いい感じのところ」を知る時間を取ることで，クライエントの全体性の体験を強めることができます。この自己は，心理療法やスピリチュアルな実践に見られるトランスパーソナルなアプローチを通して，さらに探求することができるでしょう。

◆**気がかりを選ぶ**：混乱して巻き込まれ，おぼろげな気持ちの海に迷い込んでいるのを感じるのではなく，取り組む気がかりをはっきりさせることで，前進や変化を生み出します。

◆**フェルトセンス**：気がかりについてのからだの感じをもたらし，気がかりについてもっと多くのことを知るための扉を開きます。気がかりについてのフェルトセンスは，生を前進させる動きや，それ自体を癒す解決をもたらします。

◆**ハンドル表現／シンボル**：感じられた体験を覚えておくこと，推進することを促します。

◆**響かせる**：何が本来的で真実なのか，という内なる知へのからだの感覚を促進します。

◆**問いかける**：自分自身との内側のつながりを深くします。問いと答えは，それぞれの人のからだの知の中にあることを肯定します。

◆**受け取る**：内なる知恵と聴き入れられるべき解決への扉を開きます。

留意点とトラブルシューティング

1. フェルトセンスに触れることが難しい場合
   ◆次に示すようなボディ・アウェアネス・エクササイズから始めてみましょう。息がからだの中に入ったり出ていったりするのに気づく。腕や足，首を回したり，肩を上げるなどをしてストレッチをする。
   ◆あなたが内側でどんなことを体験しようとも，それと「やさしく一緒にいる」ことを心がけましょう。
   ◆正しくやろうとか，フェルトセンスを「得られる」かどうかを心配しないでください。起こってくることを信頼しましょう。
   ◆からだの内側を感じようとしているときに，自分自身を評価したり責めたりする，あなたの批判的な部分がないか見てみましょう。それに挨拶をして……その批判的な部分から距離を置けるかどうかやってみましょう。
   ◆「完璧な」やり方ですべてを取り計らおうとする，完璧主義な部分がないかどうか見てみましょう。その完璧主義な部分に挨拶をして，距離を置けるかどうかやってみましょう。

2. 事柄から間を置くイメージをすることや，あなたが置こうと試みる場所に事柄が動いてくれないことに困っている場合
   ◆違うイメージを試してみましょう。気がかりを扉の外側に置くこともできるし，誰かに持ってもらうこともできるし，ボートに乗せてちょうどいい距離のある湖の向こう側に放つこともできます。
   ◆事柄から距離を置くイメージがうまくいかないときは，ほんの少しだけその物事から間を取るために，その気がかりから一歩下がってみましょう。

3. 身体的な痛みは，距離を取るのが非常に難しいこともあります。そんなときは
   ◆ ヘリウムガスの入った風船の中に痛みを入れて，それを飛ばすイメージをしてみましょう。
   ◆ あなたを守るように包み込む特別な繭を想像し，痛みから少し離れさせてくれるイメージをしてみましょう。
   ◆ 痛みとやさしくいられるかどうか見てみましょう。
   ◆ からだの中心で痛みのフェルトセンスをとらえてみましょう。それは何を言いたがっているか，何を必要としているのか，耳を傾けてみましょう。

4. 「問いかけ」のステップで，時に頭が問題解決をせき立てて，飛び出そうとすることがあります。これには次の二つの対応があります
   ◆ 頭が答えに割って入ろうとしていることに気づきましょう。それにも感謝しておいて，からだが示してくれる一歩がないかどうか見てみたいことを頭にわかってもらいましょう。それから，からだの内側に注意を向け，フェルトセンスに問いかけてみましょう。
   ◆ 頭で得た答えを，からだで感じるフェルトセンスに響かせてみることで，正しい感じがするかどうか確かめることもできます。頭での答えをからだの内側へ下ろし，「この答えは，からだの内側ではどんなふうに感じられるだろう。いい感じがするだろうか」と問いかけてみましょう。もしもいい感じがしなければ，それに気づいて，もっといいと感じられる一歩がからだで感じるフェルトセンスからやってくるかどうか，問いかけてみましょう。

5. 気がかりがすっかり解決されることを望む場合
   秋に植えられた球根は，寒い冬の数カ月を経て，準備が整う春に新芽をふ

くらませ，少しずつ大きくなって立派に色鮮やかな花を咲かせます。気がかりが，たった1回のフォーカシング・セッションで解決されることもありますが，何回も，少しずつ変化が起こることに慣れるのを必要としている場合もあります。受け取る段階では，起こってきている一歩を受容するのに慣れましょう。

6. フォーカシングのプロセスが上滑りしているように感じられる，もしくはすり抜けていくように感じられる場合

　内側で行われるフォーカシングとアート製作をすること，たとえば日記を書くことや，ダンス／ムーブメントなどと組み合わせて（第Ⅱ・第Ⅲ・第Ⅳ部参照），フェルトセンスを具現化し，心の内側を旅してみるとよいでしょう。

第3章

フォーカシング指向心理療法

　実存主義哲学とパーソンセンタード・セラピーの治療的枠組みに根ざしたフォーカシング指向心理療法は，ジェンドリン（Gendlin, E. T.）が開発したフォーカシングの方法から，特定の概念や実践を心理療法に統合しています。フォーカシング指向心理療法は，ジェンドリンの元々の6ステップのフォーカシング法（もしくはその他のさまざまなフォーカシングの教示）を，心理療法のセッションのなかに統合して実践するものです。それと同様に，心理療法の枠組み全体のなかのさまざまな場面に，個々のフォーカシングの動き——クリアリング・スペース，気がかりを選ぶ，ハンドル表現／シンボル，響かせる，問いかける，受け取る——が少しずつ断片的に散りばめられていることもあります。

　フォーカシング指向心理療法は，どのような介入よりもクライエントの安心感を重視していて，同じく治療関係の質も重視しています。体験過程的リスニングは，フォーカシング指向心理療法の鍵となる構成要素です。フォーカシング指向心理療法は，パーソンセンタード・セラピーの枠組みのなかにあるという視点に加えて，その他の心理療法のアプローチに統合することも可能です。たとえば，力動的心理療法（Preston, 2005）やブリーフセラピー（Jaison, 2003），EMDR（Armstrong, 1998），表現アートセラピー（Rappaport, 1993, 1998, 2006）などです。

第3章　フォーカシング指向心理療法

● フォーカシング指向心理療法の主要概念 ●

■パーソンセンタード

　フォーカシング指向心理療法は，カール・ロジャーズ（Rogers, 1951, 1961）の基礎的な哲学を取り入れているという意味で，パーソンセンタードです。人は各々，本来備わっている価値や尊厳，自己実現へと向かう能力をもっているという考えに基づいています。「無条件の肯定的関心」（unconditional positive regard）や「共感」（empathy），「自己一致」（congruence）に基づいた治療関係を通して，パーソンセンタード・セラピーは個人的成長の条件を促進します。ロジャーズの「感情の反射」（reflection of feeling），あるいは「積極的傾聴」（active listening）は，セラピストがクライエントを共感的に理解していることを示すために，クライエントが話したことの要点を伝え返す方法として展開されてきました。ときに，ロジャーズの積極的傾聴の方法は，コミュニケーションを感じるという意味を失って，セラピストが正確な言葉を繰り返すことだと誤解されています。その場合，クライエントは共感的理解を感じるかわりに，自分自身の言葉の空虚なオウム返しに向き合わされることになってしまいます。積極的傾聴がうまくいくと，クライエントは深く受け止められ，理解されたと感じ，そうする間にクライエントの体験は成長の方向へ，より本来的で意味のある深い方向へと開かれていくのです。

　ジェンドリンはロジャーズのアプローチに敬意を表し，それを展開して，「奥にいるその人」，インターパーソナルな関係，フォーカシング的態度，からだで感じられるフェルトセンス，体験過程的リスニング，生を前進させる方向といった，クライエントセンタード・セラピーと類似した側面と異なる側面に，取り組んでいます。

■「奥にいるその人」(The Person in there)

ジェンドリンは以下のように記しています。

> 「私が学生時代に言われた最も役に立った言葉の一つに,『その奥にはいつも人がいる』というものがある。幼い子どもや年老いた人,価値がなさそうに見える人やばかばかしく見える人であっても,その奥には人がいる。それはたいてい,内側や外側にある内容と（もしくはそれを無視して）何とか生きようともがいている,困難を抱えた人なのである」
>
> （Gendlin, 1996, p.287）

フォーカシング指向心理療法（Gendlin, 1996）の「奥にいるその人」という表現を初めて読んだとき,私はこれまで,どんな人と出会い,仕事をするときにも,これと同じように感じていたことに気づいて,こころのなかで深い反響を感じました。「奥にいるその人」は,ジェンドリンの本の最後から二番目の章で述べられていることなのですが,私はそれを最初に読むことをお勧めします。「奥にいるその人」は最も重要なのです。

■治療関係

フォーカシング指向心理療法においては,治療関係の質は最重要です。クライエントの信頼感や安心感を育むことは,どんな方法や技法,介入にも先立つものなのです。安心感がないと技法は意味をなさなくなり,しばしばクライエントの抵抗を生じさせてしまいます。私のセラピストとしての経験では,クライエントの抵抗と遭遇したときは,クライエントは安心感をしっかり感じているのだろうか,ということに気を配るようにしています。治療関係における安心感は,クライエント自身やクライエントの体験を深く尊重すること,「奥にいるその人」を意識すること,（逆転移反応をモニターするために）セラピストが自分自身を知覚することなど,セラピスト自身の誠実さ

と純粋さのもとに築かれていくのです。

■ 心理療法におけるフォーカシング的態度

ジェンドリンの主張する「フォーカシング的態度」は、ロジャーズの治療関係における成長への配慮（無条件の肯定的関心、共感、自己一致）を、内側のフェルトセンスへ向けなおしたものでもあります。ジェンドリンが述べるように、「クライエントのフェルトセンスへの態度や反応は、クライエント中心のセラピストの態度や反応と同じものが必要！」（Gendlin, 1984）なのです。

フォーカシング的態度は、クライエントとセラピストの双方にとって、フォーカシングを始める最初の一歩です。フォーカシング的態度は、クライエントとセラピストの双方が、クライエントのどのような体験も迎え入れ、やさしい態度を取れるようにします。それにともなってクライエントは、自分自身の感じられた体験に向かう内なる安心感を感じることを早く学習するのです。フォーカシング的態度を通して、クライエントはまた、感じられた体験と「ともにいる」ことを学びます。フェルトセンスに触れること、それに立ち会うことのできる自己の一部をもつことの、両方を学ぶのです。やがてクライエントは、自己受容や思いやりといった、内的な態度を育むようになっていきます。フォーカシング的態度は、セラピストからクライエント自身やクライエントの体験へ向けられた態度であると同様に、クライエントが自分自身のフェルトセンスへと向かうことを促しているのです。

▶クライエントの内にあるフォーカシング的態度

クライエントの内的な自己へのフォーカシング的態度を促すために、セラピストは、自らのプレゼンス（臨在）を通して思いやりのある受容を伝え、フォーカシング的態度を誘うような問いかけをして、クライエントを導いていきます。たとえば、30代の女性クライエントのマリオンは、彼女の上司とかかわるうえでの困難について話し始めました。「**私はこのプレゼンテー**

ションのために準備に準備を重ねたんです。そうしなくちゃいけないんです。それなのに，全部終わっても，上司は私のすぐそばを通り過ぎて何も言わないんです。彼はいつでもそう。私が見えてないみたいに！　腹が立つ！」

　マリオンのなかのフォーカシング的態度を育むために，次のような質問が役立つでしょう。

- ◆それ（見えていないような感じや，腹が立つ感じ）にやさしくすることはできますか。
- ◆見えていないと感じたり，腹が立つと感じたりする内側のところに，挨拶できますか。
- ◆それの横に留まっていることをイメージしてみましょう。ちょうど，傷つきやすい子どもとともにいるように，それ（見えていない感じと，腹が立つ感じのあるところ）とともにいることはできますか。
- ◆腹が立つ感じと見えていない感じね。自分自身に「あぁ……それは興味深いね」と声をかけられますか。
- ◆見えていない，腹が立つと感じるところのどちらの横にも，留まることを想像できますか……それから，そこにともに居続けることはできますか。

　セラピストの問いかけは，クライエントが内側のフェルトセンスに向かうことを提案し，それによってフォーカシング的態度が育まれます。クライエントが内なるフェルトセンスを体験していると同時に，やさしく迎え入れるスペースを保つ自己の部分に触れることができるように，セラピストは教えているのです。

　フォーカシング的態度を育むために役に立つ質問は，以下のとおりです。

- ◆それ（フェルトセンス）にやさしくしていられますか。
- ◆内側にあるそれ（フェルトセンス）に挨拶できますか。

- ◆それ(フェルトセンス)の横に留まっているのをイメージしてみましょう。ちょうど,傷つきやすい子どもと一緒にいるように,それとともにいることはできますか。
- ◆私たち2人がそこ(フェルトセンス)に留まって,ともにいることをイメージできますか。

▶セラピストからクライエントに伝えられるフォーカシング的態度

　内側で感じられる体験に向けて,フォーカシング的態度をもつようにクライエントに誘いかけて,セラピストはその態度を,クライエントが内側の体験へ向けて伝達する過程とともにいるようにします。セラピストは,体験に「やさしさを向け」,体験を迎え入れているクライエントの自己の一部に,触れていきます。クライエントが感じられた体験とともにいる間,セラピストは,開けていくクライエントの内なる体験とともにいる,自身自身の内なる場所を感じ取ります。「ともにいる」ことは,プレゼンスを保って,感じられた体験に注意をもち続けることです。クライエントは自分の体験にプレゼンスを向け,セラピストはクライエントと自分自身の体験の両者にプレゼンスを向けるのです。クライエントは,セラピストのプレゼンスを感じるのと同様に,深く自分自身と一緒にいると感じられると報告することがあります。セラピストもまた,クライエントの開けていく体験につながりを感じていると,内側で地に足がついた感じがすることがあります。

▶セラピストの内にあるフォーカシング的態度

　フォーカシング指向心理療法家になるための訓練として,セラピスト自身がフォーカシングを学び,実践する必要があります。クライエントのフォーカシング的態度(自己への思いやりや,愛情深い親切心)の体験を効果的に促進するために,セラピストはフォーカシング的態度をもって生きる必要があります。多くのフォーカシング指向心理療法家は,フォーカシングを生きざまに統合しています。自分たちの実践を深めるために,フォーカシングの

パートナーシップを続ける人もいれば，自分でフォーカシングをする人もいます。内側の体験にやさしく，受容的に，親切に，思いやりをもつ機会を，人生は頻繁に提供してくれます。セラピスト自身がフォーカシング的態度を身につければつけるほど，クライエントは，自分自身のフェルトセンスへの無条件の受容的態度を実感していくでしょう。

■体験過程的次元：フェルトセンス

フォーカシング指向心理療法は，からだの次元，すなわちジェンドリンが意識と無意識の間の境界と述べた領域に取り組むものです。ジェンドリンは次のように述べています。

> 「境界領域の直接的な感じは，身体的，肉体的感覚としてからだで起こるものである。その感じは，ある種の特殊なからだでの感覚であり……内側から感じられるものである……（1996, p.18）。私がここで指しているのは，次々に現れてこようとしている無意識の層である。これは，はじめ身体的に感じられているが，まだわからず，まだ開かれていないので，『前意識』の中にもない。フロイトにはこの層を示す用語がない。また一般用語としても，それに当たる語はない。そこで今，私はそれを『フェルトセンス』と呼ぶ」

(Gendlin, 1996, p.19)

（第2章で示したように）フォーカシング指向心理療法は，クライエントがフェルトセンスに気づいていくようになるのを促し，そこに留まり，その知恵を開けさせるものです。そのようなことは，クライエント－セラピスト関係や，フォーカシング的態度，体験過程的リスニング，フォーカシングのステップ，そしてセラピーのなかに散りばめられたフォーカシングを通して行われます。

■ 体験過程的リスニング

　リスニング（傾聴）は，フォーカシング指向心理療法のなかで欠かせないものの一つです。ジェンドリンは以下のように記述しています。

> 「私はリフレクション（伝え返し）によるリスニングを，ロジャーズよりも中心的なものとして特徴づけている。少しずつリフレクションしていかなければ，セラピストとクライエントのどちらもが，本当は何が意味されているのか，何が感じられているのかを見いだしにくい。また，内側の縁（inner edge）のメッセージが充分に受け入れられた後に，そこから来るさらなるものを見いだしにくい」
>
> (Gendlin, 1996, p. 297)

　ジェンドリンが改訂したロジャーズの積極的傾聴は，「体験過程的リスニング」と呼ばれています。これは，リスニングでの応答は，クライエントの体験過程――つまり，フェルトセンスをとらえるということを明確にするためなのです。

　心理療法面接では，セラピストはクライエントが伝えようとすること――言葉やエネルギー，そして声のトーンや顔の表情，ジェスチャー，姿勢などの非言語的なコミュニケーション――の体験全体を受け取ります。セラピストは，クライエントの伝えていることをどのように感じているのか，クライエントが本当に言おうとしていることは何なのか，その意味することは何なのか，ということを感じてみます。セラピストはクライエントの伝えていることを受け取っているときに，自分自身で感じているフェルトセンスに触れています。そしてセラピストは，クライエントへの「提案」――クライエントが伝えていることの意味の全体に関する理解を示すような一文や二文――をしてみます。セラピストはリフレクションを，「奥にいるその人」に向けて提案し，「奥にいるその人」はそれを確かめます。もしも，「奥にいるその

人」にとってぴったりではないとか，正しいと感じられない場合，クライエントはそれが違っていることを告げ，できれば伝達内容を明確化します。セラピストは新しく伝えられたことを新鮮に受け止め，再びリフレクションを試みます。体験過程的リスニングでは，時にセラピストのずれた応答が，プロセスを進めることもあります。つまり，そのことが，クライエントがフェルトセンスに触れ，それがどんなふうなのか耳を傾け，新たにそれを明確化するのを促すのです。リスニングの応答がぴったりしているときは，クライエントのプロセスは明確さと深さと意味を増しながら開けていきます。

■リスニングのためのガイドライン (Gendlin, 1981 a と McGuire, 2007 を参考に)

1. よくリスニングするためには，まず自分自身の中心をしっかりもっていましょう（センタリング）。これは，フォーカシングの最初のステップであるクリアリング・スペース，または他の方法（たとえば，日誌をつける，アート，ムーブメント，瞑想など）が役に立つでしょう。それらの方法は，相手に対して充分なプレゼンスをもってそこにいることを邪魔する，気がかりや気持ちを，脇に置くことを促す方法です。
2. すべての注意をクライエントに向けましょう。あなた自身の判断は脇に置いて，クライエント自身やクライエントが言おうとしていることを受け入れましょう。
3. その人の全体を受け取りましょう。言葉や気持ち，声のトーン，姿勢，顔の表情，ジェスチャーなど。
4. あなたが理解したことを示しましょう。
   ◆クライエントが理解してもらおうとしている，個人的な意味を伝える一文か二文（自分自身の言葉でも，クライエントの言葉でもいいのです）で応答しましょう。
   ◆クライエントが言ったことを修正したり，変えたり，改善したりしないようにしましょう。開かれた態度でただ聴き，本来的に応答し，その人

とともにいるようにしましょう。
5. リフレクションをするやり方を変えてみましょう。

例として，大学生のジーナが，「こんなに混み合っている寮に住むなんて，私，もううんざり。閉所恐怖症になってしまいそう，もう感謝祭まで待ちきれない！」と言ったとします。

◆同じ言葉を伝える――特に感情のあるところを。

あなたは閉所恐怖症になってしまいそうだと感じてるんですね。あなたは寮に住むことにうんざりしていて，感謝祭まで待ちきれないんですね。

◆言い換える

あなたは寮で閉所恐怖症になってしまいそうだと感じていて，感謝祭にはそこから出て行くことが待ちきれないんですね。

◆賛同する

あなたは本当にその寮に住むことにうんざりしていて，出て行くのを待ちきれないんですね。

◆イメージと比べる

あなたはまるでケージに入れられた動物のようで，自由になりたくて仕方ないんですね。

ジーナの例よりも，はっきりとしない何かについてクライエントが話している場合，次に示す二つのバリエーションが有効でしょう。

例として，28歳のクライエント，ライアンは，結婚することについて考えているとしましょう。「僕はアリソンと結婚したいけれど，生い立ちの違いが気になるんです」。

◆試しに問いかけてみる

どうもあなたは，一方ではアリソンと結婚したいけれど，もう一方では確信がもてないように聞こえます。そういうことでしょうか。

◆リフレクションを質問にする

あなたは自分がアリソンと結婚する準備ができているかどうか，本当

第Ⅰ部　フォーカシングとアートセラピー

にはっきりとはわからないのですか。
6. クライエントの言っていることが複雑なとき。
    ◆言われたことのミソとなることについて，一文か二文で言ってみましょう。
    ◆クライエントにそれを確かめてもらいましょう。クライエントに修正してもらったり，付け加えてもらったりしましょう。それを受け入れ，あなたが受け取った部分をリフレクションしましょう。たとえば，「あなたが言ったことを完全には理解できなかったんですけど……私が理解できたところで言うと……」というように。
7. 間違ってもいいのです。
    ◆あなたが理解しようとしている意図をクライエントは感じます。
    ◆伝えたかった**ことではない**と知ることで，クライエントは本当に伝えようとしていたことは**これ**だと発見することにつながります。
8. リフレクションの間違いに気づくこと，それに対してどうすればいいのか。
    ◆クライエントは何度も何度も同じことを繰り返しています。クライエントが使う言葉がどんなふうに違うのかをみて……もう一度言ってみて……あなたの理解が合っているかどうか，クライエントに聞いてみましょう。もし合っていなかったら，注意深く聞いて，もう一度試してみましょう。
    ◆表情が固くなったり，緊張したり，困惑したり，あなたが何を言っているのかわかろうとしはじめたら……いったん止まって……あなたがクライエントの言っていることがはっきりわからないと伝えて……クライエントにもう一度言ってもらうように頼みます……そしてあなたに聴こえたことをリフレクションしましょう。

フォーカシングの心理療法への統合

ジェンドリンのフォーカシング6ステップ法と，その各側面は，どちらも心理療法に統合することができます。

■ ジェンドリンのフォーカシング法

クライエントに，(第2章で詳述した) フォーカシングの「ラウンド」(手順を一巡すること) とも呼ばれる，6ステップフォーカシング法のすべてを教えることは，しばしばとても効果的です。この方法は，個人，カップル，グループに有効です。この方法を学んだ後，カップルやグループは，互いに役割を交代して練習することができます。このことは，フォーカシングのプロセスが心理療法を越えて役に立つことを示しています。心理療法を受けている人は，心理療法の以外の資源 (付録B参照) を使って，フォーカシングを練習し，サポートを受け続けることができます。

■ 心理療法にフォーカシングのステップを散りばめる

フォーカシングを心理療法に利用するもう一つの方法は，後述のミッシェルの臨床例で示すように，クライエントの体験過程とともに，個々のフォーカシングのステップ (たとえば，クリアリング・スペース，フェルトセンス，ハンドル表現／シンボル，響かせる，問いかける，受け取る) を散りばめることです。

▶クリアリング・スペース

巻き込まれている感じやはっきりしない感じ，困惑した感じ，神経がすり減っている感じが浮かんでくるクライエントは，クリアリング・スペースでセッションを始めると効果的です。

フォーカシング指向の提案：「あなたは巻き込まれている感じ (あるいは，

はっきりしない感じ，困惑した感じ，神経がすり減っている感じ）なので，そういうときには大抵，フォーカシングの最初のステップから始めるといいですよ。このステップでは，今「いい感じ」を感じるのを邪魔しているものは何なのかに気づき，浮かんできたことをそれぞれ，イメージのなかで距離を取って置いてみます。こういうことを試してみませんか」。

▶気がかりを選ぶ

クライエントはしばしば，到着するまでに起こったこと，待合室で読んでいたもの，セラピストやセラピストの部屋について気づいたこと，ニュースになっている話題などから話し始めることがあります。また，クライエントは，面接のはじめに黙っていたり，時には何を話せばいいのかわからないこともあります。面接で話題にしたい気がかりは何なのかを，クライエントに内側を確かめてもらうことは，クライエント自身にとっても何が重要なのかに耳を傾け，それに注意を払うのを学ぶことにもなります。

フォーカシング指向の提案：「内側に耳を傾け，今日あなたに注意を向けてほしがっているのは何だろうと，聴く時間を取ってみませんか」。

▶気がかりやフェルトセンスを選ぶ

クライエントがある体験について話しているとき，セラピストはクライエントが何か重要なことに触れている瞬間に耳を傾けます。これはしばしば，感情のこもった声のトーンや涙がこみ上げる，筋肉がこわばる，血色が変わるといった，非言語的なサインとして現れてきます。

セラピストは，静かになったり，深い呼吸をすることで，フェルトセンスに触れられる空間を生み出します。クライエントによっては，「深く息をしましょう。目を閉じたほうが心地良いならそうしてもかまいません，そして意識をからだの内側に向けて，そこにはどんな感じがあるか見てみましょう」と，セラピストがお誘いをすることがあります。

目を閉じるのを安全と感じないクライエントの場合，セラピストはただ

ゆったりと呼吸に注意を向け，そしてクライエントに——目は開けたたまま
で——状況や気がかりについて話していると内側はどんな感じか，気づくよ
うに促します。セラピストが落ち着いて，からだの内側のスペースに向けた
質問をすることで，クライエントはフェルトセンスにますます気づいていく
でしょう。

　フォーカシング指向の提案：次のような質問は，クライエントが体験して
いることに，クライエント自身が気づくことを促します。

◆それについて話していると，（からだの）内側はどんな感じかに気づく
　時間を取りませんか。
◆今あなたのからだでは何が起こっていますか。
◆たった今，内側で何が起こっていますか。

　たとえば，50歳のクライエント，シャーリーは，彼女の人生における変
化について話しています。

シャーリー：私の人生のこの時点では，意味があることはいったい何なの
　か，もうわからないんです。内側が空っぽのような感じがしています。
セラピスト：空っぽな感じが内側にある【体験過程的なリフレクション】。
　その感じの全体を感じられますか【フェルトセンスへのガイド】。
シャーリー：胸の中にあります【フェルトセンス】。

　シャーリーの取り組みは，以下に示すハンドル表現／シンボルを見つける
ことや，響かせることに続いていきます。

▶ハンドル表現／シンボル

　クライエントが体験の内側での感覚やフェルトセンスに触れた後，セラピ
ストは，内側のフェルトセンスにぴったりな「ハンドル表現」やシンボルが

あるかどうか，クライエントに見てもらうようにすすめます。
　フォーカシング指向の提案：

　　セラピスト（シャーリーに向けて）：注意を（胸の中の）内側の感覚に向け続けるようにして，内側のフェルトセンスにぴったりなハンドル表現になる言葉，言い回し，イメージ，ジェスチャー，音などがあるかどうか見てみましょう。
　　シャーリー：つながりたいと願って手を伸ばしているというイメージが，私の胸にあります【「ハンドル表現」／シンボル】。

▶響かせる

　クライエントが語っているとき，セラピストは気持ちや意味の響きがある表現に耳を傾けます。セラピストはクライエントに，その表現が正しいと感じられるか，一致しているか，確かめてもらいます。
　フォーカシング指向の提案：

　　セラピスト（シャーリーに向けて）：（胸で感じている，つながりたいと願って手を伸ばすハンドル表現について）そのイメージが，あなたのからだにぴったりかどうか確認することができますか。

▶問いかける（フェルトセンスに）

　クライエントは何かを話しながら，セラピストに答えを求めようとしているかもしれません。これに気がついたら，セラピストはクライエントの注意を，内側のフェルトセンスに向け直すようにします。
　フォーカシング指向の提案：「時間を取りましょう……あなたの注意を内側のそれ全部があるところに向けてみましょう……それの横に留まるようなイメージをしましょう……そして，それに『何がそんなに＿＿＿なんだろう』と問いかけてみましょう」

[もしくは，次のようなフェルトセンスへの別の問いかけも利用することができます。『そのことのミソは何でしょう』『それは何を必要としているのでしょう』『何を一番，恐れているのでしょう』]

▶受け取る

セラピストはフェルトセンスの言い分に耳を傾けるよう，クライエントを促します。

フォーカシング指向の提案：「時間を取ってフェルトセンスが言っていることに耳を傾けてみましょう」（フェルトセンスへの問いかけを提示した後に）

クライエントが，ほっとした感じや，内側からもたらされる何かポジティブなことを表現したとき，セラピストはより充分にそれをクライエントが受け取るよう促します。

フォーカシング指向の提案：「1，2分，時間を取って，ただその体験と一緒にいて，それが教えてくれているものを受け取ってみましょう」。

受け取るということを通して，クライエントはからだの知恵を取り入れます。適切な条件下では，癒しのための一歩や答えは自然と内側から浮かび上がってくる，ということをクライエントはより深く知ることになるのです。

▶例：ミッシェル

ミッシェルは54歳の女性で，ハイテク分野の職を失業していました。彼女はやる気の減退，抑うつ感，そして6カ月にも及ぶ求職での失敗体験を通して，失望感を感じるようになっていました。彼女が話すにつれて，私は彼女のからだがわずかに前かがみになり，彼女の声が震えてきていることに気づきました。

私は，はじめは言語的なリフレクションを通してミッシェルがフェルトセンスに触れるように促し，次に彼女のからだのフェルトセンスに彼女自身が注意を向けるように導きました。言語的なリフレクションは，セラピストと

第Ⅰ部　フォーカシングとアートセラピー

クライエントの間の共感的なつながりに気づくことを促し，体験過程的リフレクションは，内側の体験過程にぴったり合っているかどうかを，クライエント・セラピスト双方が確かめるのに役立ちます。

　　クライエント：（震えた声で，前かがみになって）私は求職に失望し，絶望を感じています。私はもう二度と仕事に就けないんです。
　　セラピスト：今までの求職について，あなたの内側の何かは失望し，絶望を感じているんですね【体験過程的リフレクション】。
　　クライエント：そうなんです……屈辱的です。
　　セラピスト：そして，屈辱的に感じるところもある。
　　クライエント：（うなずいて）そうなんです。
　　セラピスト：からだの内側で絶望感や屈辱を感じているところを，感じることはできますか【フェルトセンスへとガイドする】。
　　クライエント：（少したって）からだが縮こまっているような内側の感じ【フェルトセンス】があって，自分自身をとても恥ずかしいと感じているイメージ【ハンドル表現／シンボル】が浮かびます。
　　セラピスト：あなたは自分自身のからだが縮こまっていることを感じて，自分を恥ずかしいと感じているイメージをもっている。縮こまりや，内側の恥ずかしいと感じているところに，やさしくいられますか【フォーカシング的態度：「やさしくする」】。それの横に留まって，それとともにいるようなイメージをしてみましょう【フォーカシング的態度：「それとともに居続ける」】。

（部屋は静かになり，ミッシェルは目を閉じ，ミッシェルが自分自身とともにある，というエネルギッシュな気配がある）

　　セラピスト：あなたのからだが縮こまっている感じや，恥ずかしいと感じているところのフェルトセンスにぴったりと合う，言葉，言い回し，イ

メージ，ジェスチャー，音があるかどうか見てみましょう【ハンドル表現／シンボルへのガイド】。

クライエント：挫折【ハンドル表現／シンボル】。

セラピスト：それに「何がそんなに挫折なんだろう」と問いかけてみましょう……もしくは，「そのことの・ミ・ソはなんだろう」でもかまいません【フェルトセンスに問いかける】。

クライエント：山に登ろうとするんだけど，どう挑戦しても後ろに滑り落ち続けるようなイメージが浮かびます【受け取る】。

私自身の内側のフェルトセンスは，ミッシェルが挫折というフェルトセンスに閉じ込められているような感じでした。「挫折感」の内で途方に暮れている状態から，適度な距離を彼女が取れるように，私はミッシェルに，仕事で自信を感じていたころのことを思い出すよう促してみました（私は「問いかけ」のステップの質問の一つを，そこに混ぜ込んだ）。

セラピスト：もし目を閉じたほうが心地良ければ，そうしておく時間を取りましょう。目を開けたままのほうが良ければ，それでもかまいません。あなたが自分の仕事に自信を感じていた時のことを思い出せるかどうか，試してみましょう。あなた自身が，自分の能力や強さや，充分やれたことに気づいていくようにしてみましょう。思い出すことができたら，私に教えてください（ミッシェルは何か見つかったことを示すようにうなずく）。強さや自信のあったときをイメージすると，からだでどんなふうに感じられるかに注意を向けましょう【フェルトセンスに向かうガイド】。

クライエント：地面から強いエネルギーが伝ってくるのを感じます。それは私のからだをまっすぐにする棒のようです。私はもうからだを丸めていないし，小さく感じてもいません。山の上に太陽があるのを感じます……私は山のような頑丈さを感じています【フェルトセンス】。

第Ⅰ部　フォーカシングとアートセラピー

　ミッシェルは以前の肯定的な体験から，強いエネルギーと頑丈さのフェルトセンスに触れることができるようになり，それは，挫折し恥ずかしいフェルトセンスで動けなくなっていたところからの動きを促進しました。そして彼女は，求職活動が前に進めるような具体的な一歩を見いだしました（フォーカシング指向アートセラピーの適用について述べた第Ⅱ・第Ⅲ部にあるように，ミッシェルのフェルトセンスは，山の上の太陽のアート創作を自然に導くことができ，それは新しいフェルトセンスの生を前進させる方向を高め，深めていた）。

　この事例には，ミッシェルが彼女の体験を話すことと，セラピストがフォーカシング的態度を引き出し，フェルトセンスに触れ，フェルトセンスとの内的な対話に取り組むための提案をすることとの間に，一連の流れがありました。目を開け，話し，内側を確かめてまた話し……というふうに行ったり来たりしています。心理療法での出会いのなかにフォーカシングの提案を散りばめるのは，前章で詳述したフォーカシングの一連の手順のすべてを用いてクライエントをガイドするのとは，違った流れがあります。

■フォーカシングは他の心理療法の学派にも合致する

　上述の臨床事例では，フォーカシング指向の提案が，パーソンセンタードの心理療法のなかでどのように用いられているかを示しましたが，フォーカシングは精神力動的心理療法や，ヒューマニスティック・アプローチ，認知療法，行動療法，トランスパーソナル・アプローチを含む，他の心理療法学派と統合することができます。各理論のアプローチは，フェルトセンスへの照合に立ち戻ることを含めることができます。次の二例で，フォーカシングがどのように心理療法を体験過程的にするのかを，垣間見てみましょう。

　精神力動的心理療法のセッションでは，クライエントは自分の転移反応を探索するように促されることがあります。

　クライエント：先週予約をキャンセルしたとき，私はあなたがとても怒っ

ているだろうと思ったのです……なんだかあなたに気を遣っていないかのように。
セラピスト：あなたがキャンセルしたために，私が怒っているだろうと思ったのですね……そして，あなたが私を気遣っていないように思えたんですね。この感じの全体が何なのか，内側に注意を向けられますか【フェルトセンスに向かうガイド】。

さらに吟味を促進するには，「あなたが私について想像したようなことが，あなたの過去と何か関係あるかどうか感じられますか」と聞くかもしれません。このシンプルな例は，精神分析のオリエンテーションが，からだで感じられたフェルトセンスに確かめるフォーカシングの立場と，統合できることを示しています。

認知的アプローチもまた，フォーカシングの立場と統合することができます。たとえばクライエントが，「なんてお前は馬鹿なんだ！　お前はいつも間違ったことばかりする！　お前がちゃんとできた試しがない！」というような，否定的な独り言を繰り返していたとしましょう。セラピストは，「そんなふうに否定的に言ってくる内側のところに，やさしくいられるかどうかやってみましょう……そして，内側ではそれらの言葉に反応して，どんなふうに感じているのかに注意を向けてみましょう」と提案することができるでしょう。

クライエント：自分がからだの内側にある深い裂け目の中で，小さくなっている感じがします。
セラピスト：「内側では，その部分はどんなことを聞きたがっているのか」と，それに聞いてみることはできますか……そして何が浮かんでくるか見てみましょう。
クライエント：（少したって）「間違ってもいいんだよ。人間でいていいんだよ」という言葉が聞こえます。

第Ⅰ部　フォーカシングとアートセラピー

セラピストは,「お前はなんて馬鹿なんだ……」などの自動思考に気づいたときに,クライエントが「間違ってもいいんだよ……」という新しい言い回しに置き換えるように,導き続けます。フォーカシングは,からだのフェルトセンスからもたらされる,健康的な内なるメッセージに触れる方法を提供しています。それは認知レベルにも使えるものなのです。

この本のねらいはフォーカシングとアートセラピーの統合ですから,フォーカシングがどのように他の多くの学派の心理療法に統合されるのか,という点は限定しておきます。しかし,統合の発想は,フォーカシング指向アートセラピーの基礎を築くものとして重要なものです。これはアートセラピーを紹介する第4章の後,第6章で取り上げます。

要点：フェルトセンスに取り組むための質問

フォーカシングのステップの断片は,クライエントの体験過程の生命体的な開けに織りこまれています。それらを特定の順序で扱う必要はありません。

■始める

- ◆からだの内側に耳を傾ける時間を取って,今日一番注意を向けてほしがっていることは何か,見てみることはできますか。
- ◆「いい感じ」を邪魔しているものは,何でも脇に置いてみましょう【間を置く】。

■フェルトセンス

- ◆あなたがそれについて話している間,あなたのからだの内側はどんなふうになっているか,注意を向けてみましょう。
- ◆今,あなたのからだの中ではどんなことが起こっていますか。
- ◆内側でそれはどんなふうになっていますか。

■ ハンドル／シンボル

◆内側のフェルトセンスにぴったりで，ハンドル表現としての言葉，言い回し，イメージ，ジェスチャー，音はありますか。

■ 響かせる

◆言葉，言い回し，イメージ，ジェスチャー，音がぴったりかどうか，確かめましょう。

◆ハンドル表現／シンボルは，あなたの内側で体験されていることにしっくりきますか。

■ 問いかける

◆何がそんなに＿＿＿なんだろう（フェルトセンスの言葉を挿入する）。

◆そのことのミソはなんだろう。

◆それは何を一番恐れているのだろう。

以下の四つの質問は，ひとまとめにすることで機能します。順番に用います。

◆そのすべてが解決されたらどんなふうになって，どんなふうに感じるか，イメージしてみましょう。

◆（その気がかりと解決の間で）何が邪魔しているのだろう。

◆（解決のために）何が必要なのだろう。

◆何が正しい方向への小さないいステップとなるのだろう。

■ 受け取る

◆少し時間を取って，それが何を言おうとしているのか耳を傾けてみましょう。

◆たった今，あなたが受け取ったものを味わうための時間を，取ってみましょう。

第4章

アートセラピーの歴史，概念と実践

● アートセラピーとは ●

　アートセラピーは，感情的に，認知的に，身体的に，そしてスピリチュアルによく生きること（well-being）をさらに向上させるために，ビジュアル（視覚）アート，創造的なプロセス（過程），心理療法を統合しています。アートセラピストは，地域のメンタルヘルスセンター，入院病棟，デイケアプログラム，学校，介護施設，刑務所，医療施設，スタジオなどを含むさまざまな場面で，子ども，思春期，大人とワークするためのビジュアルアートや，臨床的なメンタルヘルスの実践にかかわっています。今日，ほとんどのアートセラピー研修は，有資格者になるためのさまざまなコースと実習体験を含んでいます。これに加えて，臨床実習やスーパービジョンや試験に合格した後に，有資格者となることができます。これらの研修プログラムは，メンタルヘルスカウンセラーや結婚・ファミリーセラピストのような，認可されたメンタルヘルス専門家になる必要条件を満たすものです。加えて，アートセラピストは Registered Art Therapists または Board Certified Art Therapists といった資格を取得するために，修士号を得た後にトレーニングや専門技術の修練を続けています。

　アートセラピストは，精神力動，ユング派，認知行動，ナラティヴ，家族システム，パーソンセンタード，トランスパーソナルのような心理療法の枠組みに，創造的表現を統合しています。アートセラピーは，アセスメントと，問題に取り組むための継続介入の両方に使われています。問題とは，

自己肯定感，不安，うつ，トラウマ，外傷後ストレス，発達障害，精神病，認知障害，神経学的障害，中毒，摂食障害，怒りのマネージメント，葛藤解決などのメンタルヘルス上の心配などです。またアートセラピストは，スピリチュアルで黙想的なアプローチ（Allen, 2005；Farrelly-Hanson, 2001；Franklin et al., 2000；Franklin, 2001）や，健康とウェルネスへの応用を行う医療アートセラピー（Malchiodi, 1999）などを専門としています。臨床的な適用に加えて，アートセラピーは，災害救援，ソーシャル・アクション政策や平和活動に利用されています。

アートセラピーのルーツ

　アートセラピーは，1940年代に専門職としてアメリカ合衆国で誕生しましたが，そのルーツは，その国に固有の文化，産業革命，早期のフロイト精神分析やユング分析的心理学の影響，アート教育者による発見やモダンアートの影響などと，たどっていくことができます。

　過去から現在までの固有の文化を振り返ってみると，私たちはアートがどのように日常生活――通過儀礼の儀式，癒しの儀式，調理器具や台所用品，コミュニケーション――に統合されているかをはっきり知ることができます。古代の普遍的なアートは，洞窟壁画や宗教的な曼陀羅，図像，ナバホの砂絵，アフリカ部族の仮面，宝石，衣装などに見られます。ビーズ，羽，石，木などは，魔除けやトーテム，癒しや保護的な力を授けられた他の象徴的な表象を創るために，長年にわたり使われてきました。文化におけるアートは，過去にも，そして今もなお，癒しとコミュニケーションのための一つの伝達手段として使われているのです。

　アートセラピーの初期の文献は，儀式，アートと癒しのつながりに触れていましたが，マックニフ（McNiff, 1979, 1981, 1992）は論文"From Shamanism to Art Therapy"および，著作 *Arts and Psychotherapy* の中の"The Enduring Shaman"という章と，著作 *Arts as Medicine* の中の

"Shamanic Continuities"の章で，アートセラピー固有の癒しの力に注目しました。

　社会が産業化するとともに，アートは日常生活での機能を失っていきました。アートは，富裕者たちが発注する肖像画や絵画といった商品となっていきました。癒しの代理人としてのアートの使用は，何か「原始的な」文化として見られるようになりました——文明化した世界のためにではなく。シャーマンのような儀式的な役割，つまり幻覚のなかに迷い込んだ人のたましいを救い，取り戻せたであろう人の役割は，「精神病者保護施設」での治療にとって代わられました。1950年代に向精神薬が発展するまでは，幻覚や精神病的思考，大うつ病，不安，躁病の軽減やコントロールは，ほとんど不可能でした。耳の聞こえない，目の見えない，また「知的障害」の人びとに効力のある方法は未発達で，主として施設での管理に留まっていました。創造的なスタッフやアーティストたちは，患者の動揺したこころの状態を静めるために，アートを精神病者施設に導入し，妨げられた思考や気分にはけ口を与え，言葉を越えたコミュニケーションの方法を提供していきました。アートは，言葉や言語ではできない方法で，施設にいる人びとに効力を及ぼしたのです。

　ベバリッジ（Beveridge, 2001）は，精神疾患をもつ人びとによって創られたアートについて，興味深い記述をしています。はじめに，1801年のピネル（Pinel, P.）の『精神病や躁病の医学専門書』（*Medical Treatise on Mental Disorder or Mania*）に掲載されている，絵を描いたり色を塗ったりする二人の患者のことを取り上げています。さらにベバリッジは，精神疾患者の創ったアートを紹介していき，それは次のような著作に及ぶものでした。ジョン・ハスラム（Haslam, 1810）の『狂気の実例』（*Illustrations of Madness*），ブラウン（Browne, 1880）の論文「狂気のアーティストたち」（Mad Artists），ロンブロッソ（Lombroso, 1891）の『天才』（*The Man of Genius*）——これは108人の患者によるアートを含んでいます，ポール・モイニエ（Meunier, P.）の『狂気によるアート』（*Art by the Mad*）——こ

第 4 章　アートセラピーの歴史，概念と実践

れはペンネーム，マルセル・レッハ（Reja, 1907）の名前で出版され，診断的，臨床的な立場よりも美学的なところからアートを見ています。そして『アーティストとしての精神病者』（*A Mental Patient as Artist*）――スイス人の精神科医モーガンターラ（Morgenthaler, 1992）は，卓越したアウトサイダーアーティストとして知られるようになった患者アドルフ・ヴォルフィ（Wolfi, A.）の作品を記録しています。

　精神疾患者によるアートのコレクションとして，最大で最も広く知られているのは，ハンズ・プリンツホルン（Prinzhorn, 1922/1972）のコレクションです。彼はドイツ人の美術史家，哲学者，精神科医で，彼の仕事は『精神病者の芸術性』（*Artistry of the Mentally Ill*）に発表されています。また，プリンツホルン・コレクション（The Prinzhorn Collection）は世界中で展示され，精神病者のアートと精神内界についての洞察を与え，社会と隔離された人びとをつなぎ，モダンアートの世界へ彼らの独特で魅力的な作品を届けています。

　アートセラピーは，ジグムント・フロイト（Freud, S.）とカール・ユング（Jung, C. G.）の影響に起源をもつ，現代精神医学の副産物でもあります。フロイトの無意識，自由連想法，夢分析の貢献は，アートセラピーの初期段階のアプローチを特徴づけていました。たとえば，アートセラピストの先駆者，マーガレット・ナウムブルグ（Naumburg, 1966/1987, 1950/1973）の仕事にそれが見られます。ユングが強調した集合的無意識，元型，象徴は，患者と患者自身の癒しの旅のための内省的な媒体としてアートを使うという道を開きました。ユングの「アクティヴ・イマジネーション」法は，アートワークのメッセージ，意味，ストーリーに耳を傾けるための基礎となりました（Chodorow, 1997；Jung 1968；Jung & Campbel, 1976；McNiff, 1992）。

　同じころ，美術教育者のローダ・ケロッグ（Kellogg, 1967）とヴィクター・ローヴェンフェルド（Lowenfeld, 1987）は，成長に並行して子どものアートにパターンが出現することを観察していました。ケロッグは心理学者であり保育所の教育者で，さまざまな国の 2 歳から 8 歳までの子どもが描

いた100万点にも及ぶ描画を集めていました。彼女はそこに、繰り返されるパターンがあることを発見しました。それはなぐり描きに始まり、構成のパターン、形の出現（長方形／正方形、楕円／円、三角形、ギリシャ十字、斜線の交差）、組み合わせ（二つ以上の図形を組み合わせる）、三つ以上の図形の集合体、マンダラ、日時計となっていきます。これらは、人物画や、ケロッグが「早期ピクトラリズム」と呼んだ表象的な絵画に先行します。ローヴェンフェルドは、子どもの各段階での描画の進化（たとえば、ランダムな印、統制されていないなぐり描き、統制されたなぐり描き、写実主義）は、子どもたちの感情的、社会的、認知的能力の発達段階に対応していることを観察しました。美術教育者でマーガレット・ナウムブルグの姉であるフローレンス・ケイン（Cane, 1951/1983）は、アートを創造する革新的な方法を教えていました。それは、描く技術を高めるためにムーブメントのエクササイズを組み込む方法、なぐり描きの図形に投影しながらイメージに触れる方法や、音や歌を通して色を教える方法などでした。

　最後に、アートセラピーは、より大きな芸術界の文脈で考察することもできるでしょう。フロイトの無意識の発見、ユングの元型的・深層心理学への関心、精神病者によって創造されたアートへの好奇心と同時期に、芸術界では、写実主義から内的リアリティの表現としてのアートに向かう動きがありました。アーティストたちは社会の規範に幻滅し、閃きの新しい源を探り始めていました。それはたとえば、原始的文化（たとえば、ゴーギャン〈Gauguin, P.〉やルソー〈Rousseau, J.-J.〉）、子どものアート（たとえば、パウル・クレー〈Klee, P.〉やジョアン・ミロ〈Miro, J.〉）、「狂気」のアート（たとえば、デュビュッフェ〈Dubuffet, J.〉）などです。プリンツホルンの著作は、キュビズム、ダダ、表現主義、シュールレアリスムが出てきたころの芸術界に影響を与えました。精神疾患者によって創造されたアートコレクションを持っていたデュビュッフェは、アール・ブリュット（アウトサイダー・アート）と名付けました。これは、アートの訓練を受けていない人や、先進国の影響を受けずに生活している人たちと同様に、精神病者の芸術

性を認めるものだったといえるでしょう（Thevoz, 1976/1995）。

　創造して伝え合うという人間生来の欲求が，20世紀前半の心理学，科学，美術教育，近代世界の発展と結合し，専門職としてのアートセラピーの誕生に最適な条件を生み出したのです。

専門職としてのアートセラピー

　マーガレット・ナウムブルグとイーディス・クレイマー（Kramer, E.）は，1940年代にアメリカ合衆国で専門職を立ち上げ，アートセラピーの祖母と評されています。ナウムブルグは教育者，アーティストとして経験を，精神科患者との臨床に活かしました。当時の精神科の空気は主に精神分析的で，ナウムブルグはそれに似たやり方をアートに応用しました。クライエントに自発的に描くよう求め，彼らの絵に自由連想を用いたのです。洞察のためのアート創作に取り組むことは，アートセラピーの分野においては「製品」に焦点を当てるアプローチとして知られるようになり，「セラピーに**お**けるアート」，あるいはアート心理療法と呼ばれるようになりました。他方，「プロセス」または「セラピー**としての**アート」では，創造的なプロセスそれ自体が癒しであると強調されています。また，ナウムブルグのアプローチは，「力動指向的アートセラピー」（Naumburg, 1966）と呼ばれるようになりました。

　1950年代には，主として子どもや思春期の子とワークしたクレイマー（Kramer, 1958, 1971, 1979, 2000）が，アート作製の「プロセス」を強調していました。クレイマーは，アートセラピーにおける「昇華」の概念で知られています。この概念では，内的葛藤や社会的に受け入れられない衝動，気持ち，思考が，アートのプロセスを通して適切に表現されるというものです。クレイマーによれば，アート作製のプロセスにおける昇華が，アートセラピーの治癒力の要素でした。クレイマーは形づくられた表現，質，内容を強調し，それによって作品の美学に焦点を当てました。

メンタルヘルスの分野で，アートを用いる新しい領域を開拓した先駆者に，カンザスにあるメニンガークリニックのメアリー・ハントゥーン (Huntoon, M.) (Malchiodi, 2003) がいます。それに続き，ドン・ジョーンズ (Jones, D.) とロバート・オルト (Ault, R.) (Rubin, 1998)，カルフォルニアでゲシュタルト・アートセラピーを発展させたジェニー・ライン (Rhyne, 1973)，ワシントンD.C.でファミリーアートセラピーを切り開いたハンナ・ヤクサ・キュワットカウスカ (Kwiatkowska, 1978)，アートセラピー分野で最初の雑誌を創刊したエリナー・ウルマン (Ulman & Levy, 1987 ; Ulman & Dachinger, 1996)，ニューヨークでアートセラピーに精神力動と対象関係論を統合しているアーサー・ロビンズ (Robbins, 1986, 1989, 1994, 2000)，ペンシルベニアのヘイナマン医科大学で最初のアートセラピー・プログラムを創ったマイラ・レビック (Levick, 1983, 2003)，マサチューセッツですべてのアート（表現アートセラピー）相互の関係を調査しているショーン・マックニフ (McNiff, 1981, 1986, 1988, 1989, 1992, 1998, 2004)，ジュディス・ルービン (Rubin, 1978/1984/2005, 1984, 1987/2001, 1998, 2005) などがいます。英国では，1940年代と1950年代のエイドリアン・ヒル (Hill, A.)，そしてリディアット (Lydiatt, 1971) などの仕事を通してアートセラピーが始まりました。アメリカのアートセラピー協会と英国アートセラピー協会は，どちらも1960年代に作られました。今日，アートセラピー協会は世界中いたるところに存在しています（「付録B　リソース（資源）」を参照）。

アートセラピーの鍵概念

安全な容器としてのアート

「容器としてのアート」という比喩は，アートセラピーで広く使われています。アートは人の体験の全領域——愛，喜び，慈愛，平穏はもちろん，痛み，恐れ，怒り，憎しみ，恥——を抱えることができる力強さと柔軟さを

もっています。アートセラピーでは，特定の体験や感情にぴったりな容器を提供できる素材が選ばれます。たとえば，感情を抱える箱，内側の全体性を表現するマンダラ，怒りを叩くための粘土，流れるような愛の表現のための絵の具，自己イメージコラージュを創るための雑誌の写真などです。

■ 言葉を超えた体験

アートは，言葉だけでは触れることのできない体験の側面を表現する力をもっています。色，線，形，材質，イメージを使うことで，クライエントは体験にともなう気持ちや感情のトーンを伝えることができます。重さ，軽さ，開放感，閉塞感，陽気の感覚，閉じ込められた気持ち，取り囲まれた気持ち，圧倒された気持ち，力づけられた気持ちは，視覚的な形，構造物，シンボル化を通して表現されます。

言語以前に起こった未解消の感情体験をもつクライエントにとって，また，限られた言語能力しかないクライエントにとって，アートセラピーは体験を伝えるための非言語的な方法となります。さらに，言語的に洗練されたクライエントでも，アートセラピーは言葉で説明できることよりもっと複雑で繊細な気持ちを伝える，力強い媒体となるのです。

■ 無意識から意識へ

アートは，イメージや創造的なプロセスを通して，無意識と意識を関与させる表現媒体です。私たちは言葉に比べて，アート作製を通して気持ちを表現することには慣れていないので，無意識のプロセスは創造のなかに投影される傾向があります。アートセラピストのマイケル・フランクリン（Franklin, M.）は，「目に見えるシンボルは，無意識から意識のアウェアネス（気づき）への移行である」（私信，2007）と述べています。これらの無意識内容は，アートプロセスと作品を振り返ることによって，より大きな意識のアウェアネスへと持ち込まれてくるのです。

第Ⅰ部　フォーカシングとアートセラピー

■ **カタルシス**

　自然な解放のプロセスは，気持ちと体験がアートプロセスで解放されるときに起こります。繊細なカタルシスの程度のみならず，アートセラピーは，より強力な未解決の感情をアート創造のなかに象徴的に解放するための安全な場所を与えます。たとえば，怒りは激怒で満ちた，濃いダイナミックな色の絵の具で爆発させることができるでしょう。また，強くありたいという気持ちは，大胆さをともなって絵の具で塗ることができるでしょうし，我慢している涙は，描いて塗っていくことによって解放されるでしょう。波形の線を描けば，恐怖感を身体から紙へ移動させることになるでしょう。作品は裂いたり，ぎざぎざに引き裂いたり，しわくちゃにしたり，捨てたりすることもできます。象徴的に，からだが手放すということを行為にしてみることができるのです。

　アートセラピストやそれを学ぶ人は，ビジュアルアート表現のカタルシスを通して感情を解放することが，クライエントにとって生産的なのか，あるいはそうすることでより退行や不安定さを導くのか，という点に留意することが重要です。時にはカタルシスは禁忌で，抱えることがアートセラピーの適切な介入となることがあります。平和に満ちたイメージのコラージュを創ることや，肯定の言葉で満ちた小さな箱を塗り描くことなどです。カタルシスは，常に技術と知識と臨床的判断によって取り扱われる必要があるのです。

■ **立会人**

　アートセラピーは内なる立会人，つまり気持ちや体験，知覚の外側に立ち止まることができて，少し離れて観察することができる自己の部分を活発にします。クライエントがアート作製に取りかかると，内的体験は表面に出てくるので，自分が創作しているところを**見る**ことができます。アートプロセスが完了すると，アート作品を少し離して置いたり吊るしたりして，クライ

エントとアートセラピストはそれを観察するために後ろに下がります。クライエントとセラピストは，アートを通して外側からクライエントの問題に立ち会うのです。クライエントが自分の創造物を眺めていると，変化が起こります。クライエントは体験（たとえば，激怒，悲嘆，恐怖，絶望，怒り，トラウマ）の外側に立つことができ，自己の側面の感覚を感じ，また自分はそれらの気持ちより以上である，というからだの知を得ることができます。

■ 体験の全体

アートセラピーでは，クライエントが体験全体を感じて，すぐさまそれを表現することができます。ウェイドソン（Wadeson, 1980）はこれを，「空間的なマトリックス」と呼んでいます。体験の複雑さは一度に表れてきます。それは，一つのアート作品のなかで葛藤している感情（たとえば，自己の一部は親密さを望んでいる一方で，他の部分は独立を望んでいるようなもの）が同時に発生するようなものです。アートは一瞬で体験の全体性をとらえますが，他方で，描画を説明するのは直線的で，開いていくには一言一言時間がかかります。

■ からだ／こころの統合

アート表現は，からだ，こころ，たましいの統合をともなっています。クライエントは，イメージや創造の自発的な行為から始めます。感覚はアートを創造していくなかで活性化していきます——見ること，触れること，匂うこと，動くこと，聴くことなど——そしてアート作製を通して，感覚的な統合が進んでいきます。アート作品に映し出すことによって，意味の統合を導くことができるのです。

■ 創造的なたましい

アートセラピーは人を，本質的に全体であり癒しである，「内なる創造者」とつなげてくれます。アート作製を通して創造的なたましいに近づくこと

は，痛ましい，困難な問題に働きかけるときでさえ，意気を高めることになります。アートに携わることは，人が創造的な表現のなかで吹き込まれた肯定的な生のエネルギーとつながる一助となります。

実践におけるアートセラピー

アートセラピーにおける「プロセス」対「作品」，「セラピーとしてのアート」か「セラピーにおけるアート」と言及されてきた歴史的な論争は，この分野の発展進化のように思えます。今日，各アプローチの貢献はもっと深く理解されています。私は，セラピーとしてのアートとセラピーにおけるアートの両方を含む一つの連続線の上に，「プロセス」と「作品」を見ています。セラピー**としての**アートでは，創造のプロセスが強調され，セラピー**における**アートでは，アート作品がアセスメントや洞察，意味として使われています。美は芸術的な発見の**プロセス**として，また完成した作品として論じることができるでしょう。

プロセス	作品
セラピーとしてのアート	セラピーにおけるアート
創造の行為	アセスメント，洞察，意味
美的価値：探索	美的価値：自尊心，美しさ

私はクライエントのニーズ，目標や好みを元にして，連続線上を行ったり来たりする柔軟なアプローチを用いています。

アート作製の創造的なプロセスは，今日多くの領域で奨励されるようになりました。日常生活で非治療的に用いられるのと同様に，アートセラピスト以外の専門家によって，セラピーのなかでアートが使用されるようにもなってきました。しかし，技術をもったアートセラピストは，価値ある違いを生み出すことに注目すべきでしょう。アートセラピーの専門家は，アート作製

第4章　アートセラピーの歴史，概念と実践

と創造的なプロセスの両方に付き添い，また，異なる手法の特質と利益，イメージの力，美的価値，アート的な表現と同時に起こる主要で微妙な心理的プロセスと，どのように付き添うかを知っているのです。加えて，アートセラピーの専門家は，「セラピー**における**アート」と「セラピー**としての**アート」の連続線のどの側面を選ぶことが，クライエントのニーズに最も合っているかを選ぶ方法を知っています。本書はアートセラピスト以外の方にも，アートを用いたフォーカシングを奨励し，多くのエクササイズを紹介していますが，誰もがアートセラピーをできるとは言っていません。むしろ私は，人間の根本である創造的な表現としてアートを使用すること奨励しています。他方，専門職としてのアートセラピーは，創造的な表現よりもっと多くを包含しています。これから紹介する「プロセスとしてのアート」と「作品としてのアート」では，創造的な表現のためのアートと，アートやイメージや創造的プロセスを利用してワークすることの，多くの複雑なやり方を解説します。創造的な表現のため，そしてアート素材に慣れるため，そして「プロセスとしてのアート」への導入のために，いくつかのアートセラピーのエクササイズを章末に紹介しています。

■プロセスとしてのアート

「プロセスとしてのアート」とは，最終的な作品の仕上がりを気にすることなく，アート媒体やアートによる気持ちの表現を探索していきます。そして最終的な作品よりも個人と個人の間，あるいは個人内でのプロセスを重要視する，相互共同描画（一つの絵を一緒に描くこと）などがあります。

▶媒体の探究

クライエントの治療的なニーズや目標に合わせて，アートセラピストは特定のアート媒体，たとえば，オイルパステル，チョークパステル，水彩絵の具，テンペラ絵の具，粘土，コラージュなどの探究をお勧めします。それは媒体のもつ特性を発見することで，それらの媒体はどのように感じられる

か，それを使って何ができるのか，どんなイメージがプロセスのなかで浮かんできそうか，といったことです。

例：28歳のクライエント，ラリーは，何でも抑制したくなる傾向を乗り越え，のびのびした情熱的な部分が発揮できるようになりたがっていました。図4-1のように，ラリーは頻繁に，オイルパステルで自分の気持ちを構造的な絵に表現していました。私は彼に，より流動的でのびのびした性質をもつ，水彩絵の具を使ってみることを提案しました。ラリーは，ウエット・オン・ウエットという技法，つまりあらかじめ湿らせてある紙の上に水彩絵の具を使うということをやってみました。ラリーは色の輝きや，色が勝手に形を変え，動いていき，他の色と混ざっていく様子を楽しんでいました（図4-2）。ここでは作品ではなく，プロセスに重点が置かれていました。

▶気持ちの表現

クライエントがアート作製を通して気持ちを表現するのを援助する，という目標をもったアプローチは，アートセラピーでは一般的です。クライエントは，内側の気持ちにぴったりな色や線，形，またはイメージも選ぶよう促されます。内側の気持ちは，恐れであれ，愛，怒り，憎しみ，不安，信頼であれ，そこにある気持ちであれば何でも選んでもらうのです。作品に主眼を置くのではなく，アート媒体を通して気持ちを表現することだけに焦点を当てるようにします。サンドラという精神科デイケア・プログラムのクライエントは，紙いっぱいにアルコールの瓶を何本も描きながら，彼女の「憎しみ」の気持ちを探っていきました（図4-3）。アルコール依存からの回復期にあって，彼女は自分自身の生活や身近な人びとに苦しみをいっぱい与えてきたアルコールがどんなに憎いかを，シェアして（分かち合って）くれました。

▶相互作用

アートセラピーでは，二人の人が話をするのではなく，アート素材を使

第4章 アートセラピーの歴史，概念と実践

図 4-1 オイルパステル

図 4-2 水彩絵の具

図 4-3　気持ちの表現

図 4-4　カンバーセーション・ドローイング

いながら会話する「カンバーセーション・ドローイング」(Conversation Drawing) といった，相互作用的アート介入を行うことがあります。図4-4は二人の精神科デイケアのクライエント，リンダとルースによる「カンバーセーション・ドローイング」です。リンダはいきなりページの真ん中に紫の線を引いて，明らかに自分のスペースを宣言していました。リンダは右に太陽と山と湖を描き，一方のルースは，左に空と飛行機で答えました。彼女たちがアートとそのプロセスについてシェアしてみると，リンダとルースは，アートでの会話が，いかに自分たちの実生活での人間関係のスタイルを反映しているのかを，理解することができました。

　相互作用的なアートセラピーのプロセスの他の例としては，次のようなものがあります。「共に世界を築く」というグループでは，粘土や他のアート素材を用いて，共に一つの世界を築いていきます (Rhyne, 1973)。家族なぐり描き (Family Scribble Drawing) では，家族が誰か一人のなぐり描きを選んで，家族がそこに何を見るかを（雲にイメージを見るように）一緒に決め，共に絵を発展させます。グループ壁画 (Group Mural) では，グループが特定のテーマで壁画を共に創ります。出来上がった作品について検討していくこともできますが，これらの作業で強調されているのは，人と人の間の相互作用と体験のプロセスです。たとえば，誰がリーダーの役割をとったのか，誰が順応していったのか，服従的だったか，誰がプロセスを始め，誰が決定権をもっていたのか，などです。アート作業で見られた相互作用と日常生活でのあり方の類似性が，検討されていきます。

▶モード間の移行と表現アート

　視覚的なアートが，創造的な動作，音楽や音，執筆，サイコドラマ，またはドラマセラピーのような，別の表現アートのモードに移行することもあります。第15章の例や第16章の考察を参照してください。

■作品としてのアート

アート作品は（心理）アセスメントの道具として，また単純に美的満足を成し遂げるといったように，作品の意味に触れるために用いることができます。

▶意味のためのアート

アート作品からさらなる洞察を得て，個人的な意味を深めるために使うことができます。一般的なアートセラピーの方法では，アート作品を言語的視覚的にシェアすることや，ユングのアクティヴ・イマジネーション，ゲシュタルト・アートセラピーを取り入れて，アートを客観的に記述することがあります。

●シェアリング（分かち合い）

クライエントは自分たちのアートを，言語的にシェアするように促されます。その間，セラピストやグループは判断することなく，オープンに耳を傾けます。セラピストやグループメンバーは，自分たちのアートへの理解を言葉にしてもいいでしょう。クライエントは，フィードバックが自分にぴったりかどうか注目するように促されます。クライエントはしばしば，シェアリングのプロセスで意味が深まったことを体験します。

●客観的な説明

クライエントは色，線，形，イメージなど，要素からアート作品を説明するよう勧められます。この客観的説明によって，クライエントは視覚的思考をまとめ，それは精神的な明瞭さや集中力の増加につながります。それはまた，クライエントがより地に足がついていると感じることにも役立つのです。

●アクティヴ・イマジネーション

ユングは，アートに反応してイマジネーションが展開するよう，クライエントが静かな黙想的な状態に触れる方法として，「アクティヴ・イマジネー

第4章　アートセラピーの歴史，概念と実践

図 4-5　アクティブ・イマジネーション

ション」を開発しました。ストーリーテリング，対話（McNiff, 1992）やゲシュタルトのようなアートセラピーの方法が，アクティヴ・イマジネーションに取り入れられています。それの例（図4-5）を少女，犬，空の絵を使って詳説します。

　◆**ストーリーテリング**：クライエントはアートについて，ストーリーを話すよう勧められます。そのストーリーは典型的に象徴的意味を伝達していて，無意識と意識の要素を投影しています。アートとストーリーはクライエントの内的体験の投影と見ることができます。たとえば，クライエントは少女，彼女の犬，暗い空という絵の要素に耳を傾けます。アクティヴ・イマジネーションを用いて，クライエントはストーリーテリングに進みます。

　「ある日，小さな少女が犬を連れて散歩していたとき，空がとても暗くなってきました。彼女はとても怖くなりましたが，彼女はステッカーを貼ったことを思い出しました。それは彼女のお兄さんが犬の首輪の後ろにつけて，彼女に与えたものでした。彼女はステッカーがまだそこに

87

あるかどうか確かめてみました。ありました。それを見ると小さな少女は，お兄さんが一緒に歩いているかのように感じました。彼女は家まで歩き続ける間，とても安全に感じました」

◆**対話**：対話を使って，クライエントはアートを静観する時間を過ごし，アート作品の全体または部分に質問することがあります。対話は，声に出して言語的に，あるいは書くことを通して行います。絵の中の何かに向かって尋ねるのが典型的です。たとえば，（絵の中の少女に）「あなたは誰なのか私に教えて」などです。クライエントは耳を傾け，それから声に出して話すか，あるいは書きます。対話を続け「あなたは私に何を教えているの」というように，絵の少女に対して質問を続けます。質問は絵の他の部分に移っていきます。たとえば，犬，空，絵の全体，色などです。

　書いて行う対話は，質問を利き手で書き，答えを利き手でない手で書くといったように，利き手でない手を使うことがあります。利き手でない手を使うことは，幼児期の体験や無意識の体験とのつながりを促進します。そのため，クライエントが素材に触れるための自我の強さや，内側の安全を充分にもっているという感覚をセラピストが感じるときにのみ，使われるべきでしょう。重篤な精神病のクライエントや，トラウマからの回復の早期段階にいるクライエントには，利き手でない手の使用は注意すべきでしょう。対話をともなった利き手でない手の使用は，重要な洞察をすでに獲得しているような，より高く機能しているクライエントに最も適しています。アートとの対話の例は，第11章の「内なる批評家を変化させる」を参照してください。

◆**ゲシュタルト**：ゲシュタルトは，自己の表現としてアートを理解するという投影的な方法として，アート作品をプロセス化していくことができます。ゲシュタルトではアートセラピーのクライエントは，作品の部分や全体を述べるのに，「私」という言葉を使います。たとえば，犬，子

ども，暗い空が描いてある絵では，クライエントはこのように始めます。「私は小さな黄色の犬です。私は自分のほうへ走ってくる小さな少女を見ています。そして私は，嵐にあわずにすむように，彼女が私を家まで運んでくれたらいいなあと思っています」。それぞれの部分は次のように，お互いに話します。

犬は空に：私はあなたが怖い。
空は犬に：なぜ君は私のことをそんなに怖がるの。私は荒れている。でもそれが私の性質なんだ。
少女は犬と空に：まあ，私もあなたが怖いわ。でも私はときどき，私の内側に嵐をもっていることを知っているわ。

対話法はクライエントの創造性を広げ，同時により大きな意味と洞察に触れる機会を与えてくれます。

▶アセスメントのためのアート

アートセラピーの誕生以前，描画は「家・木・人物描画検査」（Buck, 1948）や「人物画法」（Goodenough, 1975）のような，臨床アセスメントの手段として心理学者に使われていました。アートセラピーの文献を見ていくと，アセスメントの有用性と妥当性については賛否両論です。一方では，クライエント本人に会わずとも，アートから診断的アセスメントを定式化することを評価する人たちがいます。他方では，セラピストによるアート作品の解釈は，アートへの冒瀆だと感じる人もいます。

私の見解では，アートは役に立つ情報の手がかりを与える一つの言語です。公式・非公式なアセスメントは，クライエントその人やアートを保護するように利用され，診断学上のラベルに還元しないようにすることは可能だと思います。基本的に重要なことは，いつも「奥にいるその人」がいる，という認識です。

第Ⅰ部　フォーカシングとアートセラピー

　非公式のアセスメントは，アートワークの直感的な感覚にそって，イメージ，線，形，色の使用にアートセラピストが気づくことからなされます。最初に，クライエントにとってこのアートの個人的な意味や，その創造のプロセスを聴くのが賢明でしょう。アートセラピストは，自分自身のアート理解をどのタイミングでシェアするのが役に立つのか，という臨床的な判断をしています。次のようなことを言うには，適切なタイミングがあります。「私はあなたのアートを見ていると，　　　　に気づきます。それはあなたにぴったりですか」。また，時には，後の面接のためにその情報を取っておいたほうがいいこともあります。たとえば，もしセラピストが，クライエントがまだ知らないトラウマがあるかもしれないという感覚をアートから得たら，クライエントがセラピストとの間に充分な安全感をもち，問題を探求するのに充分な強い自我をもったと思われるまで待つこともあります。

　種々のアートセラピーにおけるアセスメントや評価方法の詳細な考察は，本書の範囲を超えていると思います。詳しい情報は，巻末の「付録Ｂ　リソース（資源）」を参照してください。

アートセラピーの素材

　アートセラピーでの素材の選択は，それらの使用法の知識，臨床対象への適切さ，クライエントの個人的好み，健康への配慮，予算の枠に左右されます。アートセラピーでは，それぞれの素材がクライエントに異なった影響を与えることが重要です。たとえば，鉛筆で描くことは，クライエントにある程度のコントロール感や正確さをもたらします。しかし，鉛筆で色の表現や広々とした筆づかいをするのは，クライエントにとって容易なことではありません。他方，水彩絵の具は，きわめて流動的でコントロールが難しいです。水で溶いた絵の具に筆を浸すと，それは紙の上を容易にすべり広がります——限界のある媒体ではありません。コントロール感を必要としているクライエントは，鉛筆を使ってアートを創るのが心地良いかもしれませんが，

水彩絵の具の抑えきれない拡散には圧倒されるでしょう。他方，新しい愛情関係についての流動性を表現したいクライエントは，流れや色の合流を欲しがるかもしれません。そこでは黄色が赤の中に溶解し，両方の跡を残しながらオレンジが生まれたりします。このようなクライエントは，鉛筆では制限されたように感じ，もしかするとイライラさえも感じるかもしれません。

　安全への配慮も重要です。たとえば，アクティングアウト，自傷，自殺企図のあるクライエントには，鋭利な物を使わないことです。健康への配慮として，非毒性の素材を使うこともお勧めします。

■アート素材の基本的用品

- ◆**描く素材**：鉛筆，色鉛筆，チャコールペンシル，木炭スティック，各色のマーカー（細いもの，太いもの），チョークパステル，オイルパステル
- ◆**絵の具**：ポスターカラー，アクリル絵の具，水彩絵の具
- ◆**筆**：各サイズ
- ◆**テープ**：マスキングテープ，粘着テープ
- ◆**のり**：スティックのり，木工用ボンド（エルマータイプ）
- ◆**粘土**：塑像用粘土，セラミック粘土，彫刻用粘土
- ◆**紙**：白画用紙，色画用紙，色付き薄葉紙の各サイズ
- ◆**ひも**：麻ひも，いろいろな色の編み物用糸
- ◆**コラージュやアサンブラージュのための各素材**：革，ボタン，自然にあるもの，ドライフラワー
- ◆**自然の素材**：小枝，大枝，棒，岩，石，貝
- ◆**箱**：くつ箱，違う形やサイズのいろいろな箱
- ◆**その他**：カメラ，デジタルメディア，ビデオ

■アート作製に慣れること

　人と一緒にアートを用いるときには，アート素材に慣れ，それらの性質を知っておくことが重要です。私は，アートセラピーを初めて体験するグルー

プや個人の場合，表現の言語としてアートを用いるために，「ウォームアップ」のアートエクササイズを紹介しています。私は次のように彼らに伝えます。子どもたちを見ていると，アートを創造することはどんなに自然であるかが容易にわかります。子どもはただクレヨンやマーカーを取り上げ，描き始めます。彼らが先に考えて描き始めることはめったにないし，ほとんど抵抗を示しません。実際，ほとんどの子どもたちは，言葉を話すようになる前に描きます。もしあなたがアートセラピーを初めて体験するのなら，違う素材で実験したり遊んでみたりして，いろいろ試してみることを勧めます。次のエクササイズは，いろいろなアート素材の紹介として，また自己の表現と相互作用のための言語として，どのようにアートが使われるかを探るために考案されました。アートセラピーとフォーカシングの併用は，第Ⅱ・第Ⅲ・第Ⅳ部（エクササイズの教示）で述べられています。

エクササイズ 4-1

線，形，色を探ること：アートの言語

必要な素材：紙，オイルパステル，チョークパステル，マーカー

時間：20分

あなたの前に1枚の紙を置きます。いろいろな違う線，どんな線ができるのか，線を作ること，そしてそれらはどんなふうに感じられるかを探ることから始めましょう。その線が何に見えるかは判断しません。線を作ることを探求するだけです。はじめに，波線を探検してみましょう。はじめに使ってみたい素材に浸ってみましょう。オイルパステル，チョークパステル，マーカーなど，なんでもいいのです。できそうなら，紙に波線を描いてみましょう。いろいろな波線で探検を続けましょう，中くらいのペースで，ゆっくりのペースで，早いペースで

描いてみたりしましょう。手を替えて，あなたの利き手でない手で波線を描いてみましょう。その手で数本の波線を描いてみてください。波線を描いているとどのように感じられるかに気づきましょう。違う手で描くときはどのように感じられるかにも気づきましょう。

次に，ギザギザ線を描いてみましょう。上がって下がって，上がって下がる線です。ギザギザ線を探検し続けましょう。いつでも好きなときに自由に色を替えてもかまいません。しばらくしたら，ギザギザ線を描いているとどんなふうに感じられるかに気づいてみましょう。

次は，点線を描いてみましょう。点を探検しましょう。音を聞きます。点線の探検を続けてください。自由に色を替えてもかまいません。強さを変えてみてください。やさしい点……強い点……それからダッシュ。点を描くことはどんなふうに感じられるかに気づいてみましょう……ダッシュはどうでしょうか。

次に，薄い線を描いてみましょう。薄い線を描き続けてください。薄いのと濃いのとの違いに気づいてみてください。体験を振り返るためにちょっと時間を取ります。線，形，色，あなたにはどれが一番響きますか。どれがそうでないですか。今あなたに響く線，形，色を使って，アート作品を創りましょう。

エクササイズ 4-2

アートと気持ち

必要な素材：紙，オイルパステル，チョークパステル，マーカー，ペンキ

時間：30〜45分

　これから気持ちとアート作製のつながりを探求します。それぞれの気持ちのために，1枚ずつの紙があります。探求したい気持ちを読んだ（また聞いた）あと，色，形，線，印象，またはイメージも使いながら，その気持ちを表現する時間を数分とります。悲しい，幸せ，恐れ，愛，憎しみ，信頼など，気持ちを説明する言葉を読んだり聞いたりしたあとに浮かんでくるものを信頼しましょう。アート表現や気持ちを受け取ることができるかどうか見てみましょう。他にも探りたい気持ちがあったら，自由に言葉を入れ替えてください。

エクササイズ 4-3

カンバーセーション・ドローイング

必要な素材：共有できる大きな紙。オイルパステル，パステル，マーカーのような描く素材。

時間：8〜10分

　これは描くエクササイズで，パートナーと行います。話をしないで，アートの素材を使って紙の上で会話をします。多くの会話がそうやって始まるように，一人の人が始めます。唯一の違いは，コミュニケーションのためにアート素材を使うことです。線，形，色，またはイメージを通してコミュニケーションすることができます。パートナーが伝えようとしていることを理解するために，プレッシャーは感じないでください。意味を理解できるかもしれないし，できないかもしれないのです。プロセスを楽しみ，アート素材を通した会話を開いていきましょう。楽しんでください！　話はしませんが，笑いが起こったら

笑ってください。描くプロセスが完了したら、お互いにどうだったかシェアする時間を少し取ります。お互いが会話で意味したことを聴いたり、相手が何を言おうとしているのかイメージしたことを聴いたりするのは、興味深いものです。

エクササイズ 4-4

粘土を探求する

必要な素材：粘土または、他の塑像素材、粘土、粘土を使うための平らな面、水

音楽：何か静かな黙想にふけるようなもの、それでいて意気を高めるようなもの。

時間：35分

ウォームアップ（15分）：あなたの前に粘土が置いてあります。しばらくそれを眺めてみてください。ひとかけら取りましょう。それを感じ始めます……その質感、温度、なめらかさ、またはざらざら感、やわらかさ、硬さなどを感じてみましょう。押したり、引っかいたり、丸めたりしてみてください。その特性を大事にしながら、それを使ってどんなことができるか想像してみてください。必要ならば、もっと粘土を取ってもかまいません。今持っている粘土のかたまりにもっと粘土を加えたら、どんな感じでしょうか。これくらいの量でいいでしょうか。もしもっと必要なら、もっと取ってください。粘土で違う形を作っていくことを試してみましょう。たとえば、ボール、何か平らなもの、突き出している釘があるボール、穴のあるボール、薄くて長い形、ドーナツ型、平たい円、四角、長方形、アメーバの形など。

粘土の体験（20分）：では、粘土のかたまりを一緒にして、

つぶして一つの粘土のかたまりを作りましょう。あなたが取り組みたいサイズや量で創ります。出来上がったら，あなたの前に粘土を置いて……それを少しの間ながめてみましょう。音楽をかけます。これは眼を閉じても開いていてもできます……どちらでもあなたが快適なほうでいいですよ。音楽を聞いて，粘土をつなげていきます。それを感じて……それに耳を澄ませて……そしてそれとのつながりを通して形づくられるままに創りましょう。粘土が開けていくままにしましょう……こうならなければいけない，というものは何もありません。開けを信頼してください。この20分の終わりに近づけば，ずっと目を閉じていたなら，そっと目を開いてください。粘土を見る時間をしばらく取ります。開始したときから，どのように変わりましたか。

第Ⅱ部

フォーカシング指向アートセラピー

第5章

フォーカシングとアートセラピーをつなぐ

　フォーカシングとアートセラピーは，どちらも変化を促進するための力強い方法です。フォーカシングとアートセラピーは非常に異なった理論的枠組みと実践の方法をもっていますが，両者の相補的な関係は，数多くの相互のつながりからみて明らかです。

　フォーカシングとアートセラピーの両方が共有している一つの基本的な側面は，からだのフェルトセンスの関与です。フェルトセンスは，ジェンドリン（Gendlin, E. T.）がカール・ロジャース（Rogers, C. R.）との研究から，心理療法が成功する要因に命名した，欠くことのできない体験的な要素です。フォーカシングではフェルトセンスは明らかですが，アートセラピーではフェルトセンスはしばしば暗に体験の内にあります。フォーカシングの間，クライエントは注意を心に留めることや，そこにあるものにやさしく，迎え入れる態度を通して，からだのフェルトセンスに触れています。最初フェルトセンスはしばしばあいまいですが，クライエントが内側でそれと一緒にいると，より明らかになっていきます。次にクライエントは，フェルトセンスに合うハンドル表現やシンボルがあるかどうか見てみます。やがてフェルトセンスは，クライエントが耳を傾け，それと対話できるような「焦点」となってきます。そして，成長への意味や一歩が開けていくのです。

　アートセラピーでは，フェルトセンスはアート作製におけるからだの役割や体験的な性質を通して呼び起こされていきます。手，腕，肩，胴が，描き，塗り，彫刻する間，動いています。アートの道具にかかる物理的な圧力によって，呼吸も変わっていきます。クライエントはフェルトセンスを意

第5章　フォーカシングとアートセラピーをつなぐ

識するのではなく，アートのプロセスに夢中になることがしばしばです。しかし，フェルトセンスは創造的な行為に暗に在るのです——色の選択を告げること，材料を選ぶこと，イメージを発展すること，対話に参加すること，意味に触れること，アートワークが完了するときを知っていること，などです。

　ジェンドリンは，フォーカシングの内側に向けられたプロセスと，外側への表現を組み合わせることの重要性を，次のように述べています。

「もしもセラピーが内的データだけを扱うのなら，それが感情やフェルトセンスであっても，非常に重要な変化のプロセスの一面を見逃してしまう。セラピーは，内省的な内なるスペースにおいて内的データにフォーカシングするよりも，もっと多くのものを含まなければならない。そこでは，外側への動き，相互作用への動きも必要なのである。そのようなフォーカシングは，充分に外側への動きをもたらさない」
（Gendlin, 1991, p. 267）

　フォーカシングが内側の方向性を示してくれて，アートセラピーは外側への表現を与えてくれます。それはまるで一組の手袋のようにぴったり合います。フォーカシングは，からだのフェルトセンスの内なる力への注意深い触れ方をもたらし，アートセラピーはその豊かなイメージや知恵の源を，外側の目に見えるアートの表現にもっていきます。フォーカシングとアートセラピーの間には，非常に多くの相互のつながりがあり，それを表5-1に示します。これらは，第Ⅱ・第Ⅲ部で挙げた方法論や臨床事例を読み進めれば，より大きな意味をもって，ありありと伝わっていくでしょう。

表 5-1　フォーカシングとアートセラピーの相互のつながり

フォーカシング	アートセラピー
からだとのかかわり	
アウェアネスは（気づき）からだの中にあるフェルトセンスに向けられる。	アートを創造している間，腕，手，頭，息，胴など，からだは描き，塗り，コラージュすることに参加している。
意識と無意識のボーダーゾーン	
意識と無意識の間のボーダーゾーンで起こる。	無意識にかかわり，それを意識のアウェアネスにもってくる。
体験の全体の布置	
体験全体のからだの反映であるフェルトセンスに触れる――その繊細で複雑なありさまに。	直線的よりも空間的。一見して体験をとらえられ，それを伝えられる。
あいまいで漠然と感じられた体験を明らかにする	
フェルトセンスは形のない，漠然とした，不明瞭なからだの感覚から始まる。	アートは芸術的創造のプロセスを通して，明瞭化されていくイメージやフェルトセンスから展開する。
体験の自然な展開	
やさしく受容的なフォーカシング的態度は，フェルトセンスが展開し，開け，それ自身についてもっと明らかになることを促す。	アートプロセスの間，感じられた体験は，媒体，色，形，像の中に自然に流れ込んでいく。
自己の二つの側面を育む：立会人と体験者	
感じられた体験に耳を傾け，問いかけ，答えを受け取るという自己の一部分があると同時に，フェルトセンスを体験している部分がある。	内側の体験やアート作製のプロセスに引き込まれる自己がある――そして自己の側面は，アートワークを眺め観察することができる。
内的対話	
フォーカシングの問いかけと受け取りのステップを通して，内的対話が起こる。	対話はアートワークを見て，質問をし，それが言いたがっていることを受け取ることで起こる。
内的関係	
内的関係がフォーカシング的態度（やさしくする，受け取るなど）や，フォーカシングのステップ（気がかりやフェルトセンスを選ぶ，問いかけ，受け取り）を通して発展する。	アートは内側から体験を表現する。それに立ち会い，相互作用することができる。

表 5-1 のつづき

フォーカシング	アートセラピー
内的ぴったり感	
「響かせる」ステップは，感じられた正しさをからだの感覚で確かめる方法である。	創造者の美的感覚でアート作品を見ることで，正しさの感覚を導き出すことができる（色，バランス，完成など）。
気がかり，問題，扱いにくい気持ちを外在化する	
クリアリング・スペースは，気がかりを明らかにし，距離を置くのに役立つ。そうすることで，名前をつけたり特定したりすることができる。	内的体験は，アート的表象を通して外面化される。
ぴったりな距離を見つけること	
問題と取り組み，フェルトセンスを感じるとき，それと取り組んだり，一緒にいるために，ちょうどいい距離に置くことをイメージすることがある。	アート創造は文字どおり距離を置いて見ること，話すこと，対話することができる。さまざまな素材を使ってもっと距離を置くことができる。たとえば，箱の中に何か入れる，それを包む，物を重ねるなど。
言葉以外の方法で体験をシンボル化する	
フェルトセンスは，イメージやジェスチャー，音（言葉や言い回しはもちろん）としてシンボル化できる。	アート素材は，言葉を超えて表現の手段をもたらす——色，形，型，手触り，イメージなど。
さらなるワークのためのしるし	
フォーカシングのラウンドやプロセスの終わりに，さらなる探求のために戻ってくる場所を特定することがある——それは，新しいラウンドやフォーカシングプロセスを始めるスタート地点である。	アート作品は，再検討，継続，内省のため，いつでも見ることができる具体的なものである。
いい感じや癒しのプロセス	
フォーカシングプロセスは，困難な問題や体験にかかわるときでさえ，いい感じを感じるといわれている。	創造的なプロセスは，痛ましく困難な体験を表現しているときでさえ，気持ちを高揚させる。

第6章

フォーカシング指向アートセラピーの基礎

● 概　要 ●

　フォーカシング指向アートセラピーは，元々のジェンドリン（Gendlin, E. T.）のフォーカシング教示法や，フォーカシング指向心理療法の原理とアートセラピーの理論と実践を総合した，理論的そして方法論的アプローチです。フォーカシング指向アートセラピーは，クライエントにとって安全の感覚を確立することから始めます。そして治療的関係に留意し，体験過程的リスニング，アートのリフレクション（伝え返し），ミラーリングのようなさまざまな方法を通して，共感的なリフレクションを行います。フォーカシング的態度を通してセラピストは，クライエントが気がかりや問題，体験についての内側のフェルトセンスに対して，迎え入れ，やさしく，受け取る態度をもつように援助します。クライエントはフェルトセンスに触れるために，からだに耳を傾け，内側からハンドル表現やシンボル（イメージ）が浮かぶまで待ち，それがぴったりかどうか確かめ，アートでイメージを表現していきます。「フェルトシフト」や体験的な変化は，からだで起こることがほとんどです。アートとクライエントの体験的な過程をさらに探求するために，フォーカシング・ステップの「問いかけ」と「受け取る」を組み込むことがあります。あるいは，クライエントはアートから始めることもでき，アート作品やイメージのフェルトセンスに触れ，アートセラピーにフォーカシング・ステップを織り交ぜることで，フォーカシングを統合することもできます。

第6章　フォーカシング指向アートセラピーの基礎

　フォーカシング指向アートセラピーは，三つの基本的なアプローチを含んでいます。それは，アートを用いたクリアリング・スペース，フォーカシング指向アート心理療法，そしてテーマ別アプローチです。アートを用いたクリアリング・スペースは，自分の中心に戻ることやストレス軽減，気がかりの明確化と脱同一化に有益で，クライエントが体験的に生来の全体性を知ることにつながります。フォーカシング指向アート心理療法は主として，本来性，自己一致，共感，深層関連の洞察，コミュニケーションスキル，変化などに向かう方向づけに役立ち，個人やカップルを対象にしています。テーマ別アプローチはグループで頻繁に使われ，グループのニーズに関連した話題を扱うために，フォーカシングを用いたアートセラピーを取り入れたものです。フォーカシング指向アートセラピーは，基本的にパーソンセンタード・アプローチですが，精神力動，認知，行動療法など，すべての学派で応用することができます。

安全感を確立すること

　フォーカシング指向アートセラピーの最初のステップは，つながりをつくり，架け橋を見いだし，クライエントの「奥にいるその人」が重要であると伝えることによって，安全感をつくり出すことです。安全感の確立は，セラピストのプレゼンス（臨在），フォーカシング的態度，地に足がつくこと，身体とエネルギーの境界に気づくこと，臨床的な感性などを通してできてきます。

■心理療法的プレゼンス

　最初のステップは，セラピストが自分自身の状態に気づいていることから始まります。たとえば，以下のようなものです。あなたはここにいようとしていますか。そこに存在しようとしていますか。「奥にいるその人」に出会い，迎え入れようとしていますか。あなたは，自分自身の気がかりや心の状

態に気を配ることができますか。自分自身の逆転移反応を監視し，できるだけ明確にクライエントを理解することができますか。あなたは自分自身の自己に「やさしくする」ことができますか。あなたは，自身のセルフケアをしておくことはできますか。

■フォーカシング的態度

「やさしくする」，受け取る，迎え入れることは，クライエントの体験に対する内側のフェルトセンスと創造的なプロセスの，両方に向けられています（クライエントの内側にフォーカシング的態度を引き出すこと，セラピストからクライエントにフォーカシング的態度を伝えること，セラピストの内側にフォーカシング的態度を育むことについての詳細な考察は，第3章を参照）。迎え入れ，受け取るフォーカシング的態度は，アート作製やアート作品にも向けられます。

■臨床的感性

フォーカシング指向アートセラピーを行うためには，一緒に取り組んでいく臨床の対象者のニーズに注意し，それに応じることが重要です。たとえば，フォーカシングにおいて，クライエントは目を閉じると内側の体験に触れやすくなります。しかし，クライエントによっては，特にトラウマ，解離，精神病，重篤な精神疾患の既往歴がある人びとは，安全感を維持するために目を開いたままにしておくことも必要でしょう。さまざまな対象者のニーズに合うように，エクササイズを改変しています。これは，第Ⅲ部の臨床的アプローチでより詳細に考察します。

■グランディング

フォーカシングの教示の前に行う，呼吸のアウェアネス（気づき）とボディ・アウェアネスのエクササイズは，よりクライエントが地に足がついている感じをもって，からだの感覚に触れることを促します。エクササイ

ズは次のようなものです。からだの中に入って出ていく呼吸に気づいていること，地球とつながった床に乗っている足を感じること，下肢，背中，椅子，首，肩，腕，手，顔，頭についてのからだのアウェアネスなどです。簡単なストレッチのエクササイズを続けることもできますし，これによって，より大きなアウエアネスやからだへのエネルギーがもたらされることもあります。

リフレクション：共感的理解

■ 体験過程的リスニング

　フォーカシング指向アートセラピーでは，クライエントの言語的，非言語的，アート的コミュニケーションに応答して，セラピストは共感的理解を表します。セラピストはクライエントの全体（言語的，非言語的，アート的コミュニケーション）を考慮に入れて，何が最も重要なのかに耳を傾け，クライエントが言っていることの中心を簡潔にリフレクションします（言語面接中の体験過程的リスニングの詳細な解説は，第3章参照）。

　体験過程的リスニングは，クライエントのアートワークにも向けられます。セラピストは好奇心をもった調子でリフレクションします。**その形は怒っているように見えるなぁ……あなたにはそんなふうに見えますか。私はこの絵からパワーを感じました……あなたにとってはどんな感じですか**，というように。セラピストは，聴く体勢をとって待ちます。その間，クライエントは何が本当なのかを確かめるために，クライエント自身のフェルトセンスに照らして確かめます。

■ アート的リフレクション

　ある種のクライエントとのアートセラピーでは，セラピストもアート的リフレクションを通して，聴こえてきたことに応答するでしょう。たとえば，クライエントが線，形，イメージで始めるとしましょう。セラピストは，

線，形，色，感情的な調子，クライエントのエネルギーを，アート的にミラーリングして応答します。クライエントのアート的な応答にリフレクションをすることは，アート的，シンボル的，エネルギッシュなレベルで共感的理解を表すことになります。

■ミラーリング

からだのムーブメント，音，ジェスチャーを通してのミラーリングは，ある種のクライエントや臨床対象に，つながりや安全の感覚を促進することがあります。それは特に，非言語的な表現をするクライエントに役立ちます（同様に言語的な表現をする人びとにも適用できる）。

● フォーカシングにアートセラピーを統合する ●

■アートにおけるフェルトセンスの表現

フォーカシングにアートセラピーを統合する基本的なステップは，ビジュアル（視覚的）アートでフェルトセンスを表現することです。これは，フェルトセンスに対してフォーカシング的態度（やさしくし，迎え入れる）を向け，イメージ（または言葉，言い回し，ジェスチャー，音など）としてのハンドル表現やシンボルを見つけ，アートで表現することです（図6-1参照）。

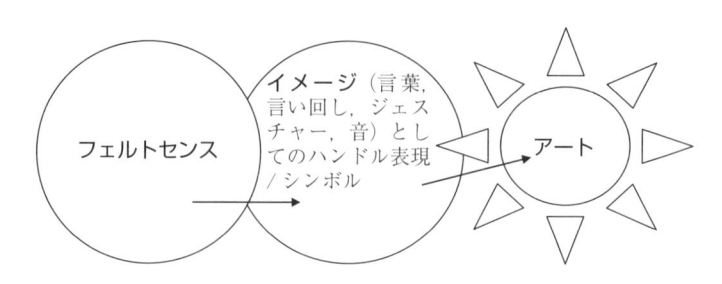

図 6-1 アートでハンドル表現／シンボルを表現する

もしシンボルとして言葉や言い回し，ジェスチャーが浮かんできたら，クライエントはビジュアルアートでそれを表現するよう促されます。このフェルトセンスに耳を傾けるプロセス——そしてそれに合ったイメージがあるかどうか確かめるプロセス——は，アート作製のための源泉であり，ひらめきです。

■アートにおけるフォーカシング的態度

　私がセラピストのトレーニングで，どのようにフェルトセンスに触れ，ハンドル表現やシンボルを見いだし，それがぴったりか響かせ，アートでハンドル表現やシンボルを表現するかを紹介するとき，安全な方法として次のような「受け取りと思いやりのエクササイズ」を用いて始めることがあります。受け取りと思いやりのフェルトセンスにアクセスすることはまた，フォーカシング的態度の質への入口を与えてくれるものです。

エクササイズ 6-1

受け取りと思いやり

アート素材：画用紙，オイルパステル，チョークパステル，マーカー（その他：水彩絵の具，羽根，ビーズ）

　心地良く感じられるところに座りましょう。何度か深呼吸をして，からだの中に入ったり，外に出ていったりする息に気づいておきましょう。目は，閉じても開いたままでもかまいません。あなたが一番心地良く感じられるようにしましょう。椅子の支えや，あなたの足が触れている床，地面，ここにいることを感じましょう。これから，受け取り……やさしさ……親切さ……思いやりの質を，あなたに伝えるような誰か，あるいは何かに，気づくようにしていきましょう。それはあなたが知っている人，または場所，自然からの何か，スピリチュアルな存

在かもしれません……どんなものでもいいのです。これらの質を感じ取っていきましょう……それらをこの部屋に持ち込みましょう（時間を取る）。では、それを受け取り、親切さ、思いやりの質をイメージしてみましょう。その質をあなたが持っていると、からだはどんな感じか、感じてみましょう……（時間を取る）あなたが感じたことにやさしくしましょう。内側のフェルトセンスにぴったりなイメージがあるかどうか見てみます……それがぴったりかどうか、からだに確かめてみましょう。もしぴったりでなかったら、それはそのままにして他のイメージが浮かぶのを待ちましょう（イメージが浮かばなくてもいいのです……それは言葉や言い回し、ジェスチャー、音として浮かんでくるかもしれません）。フェルトセンスのイメージ（ハンドル表現／シンボル）が浮かんできたら、アート素材を用いてそれを表現しましょう。

▶例：エイドリエン

大学院生のエイドリエンは、彼女の体験を次のように語りました。

「私はおばあちゃんをイメージしました。おばあちゃんは、私が何をしようと何を感じようと、いつも愛していてくれました。おばあちゃんにフォーカシングすると、私のからだの内側を取り巻いているこの黄色とオレンジの温かさを感じました。内側の温かさに巻かれた私自身のイメージが浮かび、その温かさは私を守りながら取り囲んでいました。アート素材を見て、黄色とオレンジのオイルパステルを選びました。私は内側で感じた温かい光を運んでくるイメージを創りました（図6-2）。青い羽根は私の傷つきやすさです」

第6章 フォーカシング指向アートセラピーの基礎

図 6-2 受容と思いやり

　この最初のエクササイズは，フェルトセンスの質であるフォーカシング的態度に触れる助けとなります——そしてアートを用いてそれらをシンボル化するのを促します。祖母の無条件の愛についてのエイドリエンのフェルトセンスは，彼女のからだの内側を取り巻く，黄色とオレンジの温かさでした。ハンドル表現／シンボルは，内側の温かさを巻くという彼女自身のイメージとして浮かんでいました。エイドリエンは，フェルトセンスに合ったアート材料を用いて（オレンジと黄色のオイルパステルと，青い羽根），内側の温かさを巻く彼女自身のイメージをシンボル化していました。

109

▶フォーカシング的態度を誘い出すためのフォーカシングの言葉

◆あなたはそれ（フェルトセンス）にやさしくすることができますか。

◆それ（フェルトセンス）のすぐ隣に留まっているのを，イメージしてみてください。そして，まるで小さな，恥ずかしがりやの子どものように，それとともにいてください。

■からだのフェルトセンスをちょっと見てみる

　フォーカシング指向アートセラピーでは，からだに感じられた感覚を，ちょっと見てみることが大切です。それらがたった今，どんな状態であるのかということにやさしい態度をもつように，内的なフェルトセンスにぴったりで，ハンドル表現としてのイメージ（言葉，言い回し，ジェスチャー，音）があるかどうか確かめるようにと，セラピストはクライエントを促します。フェルトセンスをちょっと見てみることは，面接全体を通してちょっとした瞬間に起こります。今クライエントがどんな感じなのか見てみるための糸口として，体験に根ざし意味を統合するために，アート製作の途中で，また面接の終わりで行うこともあります。

　二つ目のエクササイズ，「私は今，どんな感じ？」は，フォーカシング指向アートセラピーの中心的方法で，内側を確かめ，今どんなふうにいるかのフェルトセンスを感じるように，クライエントを促すものです。また，これは前述の，からだの内側とどのようにつながっているか，アートを用いてフェルトセンスをどのようにシンボル化するかを学ぶための，基本的な方法です（このエクササイズを応用して，目を閉じることや教示されたとおりに内側のプロセスに従うのが，安全でないと感じているクライエントに適用することができる。教示を使ったプロセスにクライエントを導いていくかわりに，たった今，内側ではどんな感じかに気づくように促して……内なるフェルトセンスにぴったりなイメージがあるかどうか，見てみるように促せばよい。これらの応用ついては，第Ⅲ部を参照）。

エクササイズ 6-2

ちょっと見てみるフォーカシング
:「私は今，どんな感じ？」

　心地良く感じられるところに座りましょう。何度か深呼吸をして，からだの中に入ったり，外に出ていったりする息に気づいておきましょう。目は，閉じても開いたままでもかまいません。あなたが一番心地良く感じられるようにしましょう。椅子の支えや，足が触れている床，地面，ここにいることを感じましょう。ゆっくり，からだの内側の呼吸にそって，今どんな感じであるかに注意を向けましょう。そして，「私は今，内側で，どんな感じかなぁ」と尋ねてみましょう。どんなものを見つけても，それにやさしくすることができるかどうかやってみましょう。それは，苦しいのか，そわそわしているのか，温かいのか，あるいは何か他の質なのかに気づいていきましょう（時間を取る）。内なるフェルトセンスにぴったりで，ハンドル表現の役割をするイメージ（言葉，言い回し，ジェスチャー，音）があるかどうか見てみましょう……それでぴったりかどうか，からだに確かめてみましょう。もしそれがぴったりでなかったら，それはそのままにして，新しいイメージ（言葉，言い回し，ジェスチャー，音）が浮かんで来るように待ってみます。できそうなら，ゆっくりストレッチして，目を開けてください。どのアート素材にひきつけられるかに気づき，それらを使って，あなたのフェルトセンスに合ったアート的表現を創っていきましょう。

　オプション：「私は今，どんな感じ」と尋ねるかわりに，セラピストは「今，内側はどのようですか」と尋ねることもできます。

第Ⅱ部　フォーカシング指向アートセラピー

▶例：ブリアンナ

　ブリアンナは離婚のまっただ中にいる 55 歳の女性です。私たちはフォーカシング指向アートセラピーを用いて，1 年間ともに取り組んできました。ブリアンナが彼女の気持ちを話し始めると，私はエクササイズ 6-2「ちょっと見てみるフォーカシング：私は今，どんな感じ？」を教示しながら，フェルトセンスに触れ，フォーカシングすることを促しました。しばらくして，ブリアンナは目を開き，紫のパステルに手を伸ばし，開き裂かれたハートの形を作り始めました（図 6-3）。

　彼女は，ハートの表面にピンクを，ハートの裂け目の内側に灰色を加えました。ブリアンナは紙の端に「傷ついたハート」という言葉を書きました。そして紙の端に「それはばらばらに落ちるの？」という問いを書いていまし

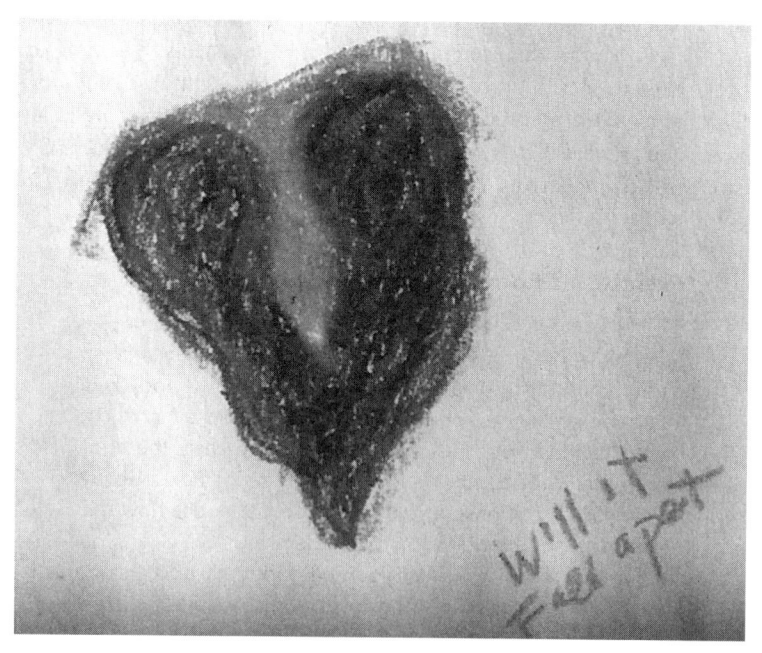

図 6-3　フェルトセンス「傷ついたハート」

た。ブリアンナは内側にフォーカシングすると、ハートと胸に燃える感じがあり、その後、裂かれたハートのイメージが浮かんできたのだと言います。フェルトセンスは、ブリアンナのハートと、胸の燃える感じです。紫とピンク、裂き開かれ傷ついたハートは、フェルトセンスをシンボル化している「ハンドル表現」（イメージ）になっています。

これを読むと、アートセラピストは「これは私たちが皆、アートセラピーで行っていることよ」と考えるかもしれません。しかし、フォーカシング指向アートセラピーを特徴づけているのは、フェルトセンスの認識とそれに触れることなのです。フォーカシング指向アートセラピーでは、アートは単に心的なイメージからくるのではなく、からだのフェルトセンスとこころの、全体から浮かび上がってくるのです。

▶フェルトセンスに触れるためのフォーカシング指向の言葉
　◆少し時間を取って、からだの中で、それはどのようであるかに気づくことはできますか。
　◆内側を確かめて、「私は今、どんな感じかな」と尋ねてみませんか。

▶フェルトセンスをシンボル化するためのフォーカシングの言葉
　◆内なるフェルトセンスにぴったりで、「ハンドル表現」となるイメージ（言葉、言い回し、ジェスチャー、音）があるかどうか、見てみましょう。

フェルトシフト：アートとからだ

フォーカシング指向アートセラピーでは、ビジュアルアートはクライエントのフェルトセンスを再現し、促進し、その結果「フェルトシフト」や変化をもたらします。変化、またはフェルトシフトは、からだで体験され、アートに見ることができます。フェルトシフトは創造的なプロセスの開けとし

て，一つのアート作品に見られることがあります。あるいは，クライエントはフェルトシフトを別のアート作品で表現することもあります。ジェンドリンは次のように述べています。

> 「……私たちはイメージを，からだ流の形式との関係で考察してみよう。また，その形成の結果，変化したからだについて問うてみよう。これは，イメージを用いるための異なったやり方を導き，それは絶えずイメージと次のイメージの間でからだに立ち戻るやり方である」
>
> （Gendlin, 1980, p. 67）

ブリアンナの例では，面接を継続しているとフェルトシフトが見られました。ブリアンナと私が，傷ついたハート（図6-3）についてのシェアリング（分かち合い）を終えられるところにきた後，私は彼女に再びフォーカシングをするように勧めてみました。フェルトセンスに戻り，その隣に留まるイメージをして，そして「**それには何が必要なんだろう**」と尋ねてみました。ブリアンナは再び目を閉じて，内に耳を傾けました。しばらくして彼女は目を開き，紫のパステルを取り上げ，ハートを抱えている二つの大きな手の輪郭を描きました——中をオレンジで彩色し，ハートの周りの空間を黄色の光で満たして（図6-4）。紙の上に，彼女は「それを共に抱えている力強い両手」と書いていました。

ブリアンナは，次のようにシェアしています。フェルトセンスに何が必要なのかを尋ねると，内なる信頼の感覚が出てきて，胸のあたりに温かさがあり【フェルトセンス】，それは彼女の心の中の傷つけられた気持ちが真実であるとの宣言でした。フェルトシフトは，ブリアンナの胸の中の重苦しい，燃えるような最初のフェルトセンスから，二番目の胸のあたりの温かい真実のフェルトセンスへの変化でした。フェルトシフトはブリアンナのアートの変化に観察されます。それは裂かれた，傷つけられたハートから，保護するように支えられ，温かい，オレンジの両手と光によって支えられたハートに

第6章　フォーカシング指向アートセラピーの基礎

図 6-4　フェルトシフト「それを共に抱いている力強い両手」

変化していたのです。フェルトシフトはまた，言葉にも共鳴しています――「傷つけられたハート／それはばらばらに落ちるの？」から「共にそれを抱えている力強い両手」に。

　フェルトシフトがアートの中に見られたとき，クライエントがからだの変化に気づくように促すのは大切なことです。セラピストは，アート作製とそれについてシェアリングした後，「今，内側ではどのようにいますか」「今，あなたのからだではどのように感じられますか」と尋ねてみます。アートを通して視覚的にフェルトセンスを眺めることの強みは，どのように内的体験が変化したのかを，クライエントが理解しやすい点にあります。クライエントはイメージで変化を理解することができます，それはたとえば色や形，イメージ，媒体の変化などです。アートは成長と癒しの方向への動きを肯定する，視覚的なリマインダー（目印）となっているのです。

第Ⅱ部　フォーカシング指向アートセラピー

アートセラピーのなかにフォーカシングを統合する

アートのフェルトセンスを感じてみる

　フォーカシング指向アートセラピーでは，最初からフォーカシングをするのではなく，アートから始めることもできます。アートを創った後，セラピストは，クライエントがアートや内的体験に対してやさしくする態度をもって，アートについてのフェルトセンスに触れ，それに合う言葉や言い回し，イメージ，音（ハンドル表現／シンボル）があるかどうか見るように促します（図6-5）。これは，最初は自発的なアート表現をしたがっているクライエントに，有用なアプローチです。フォーカシングは，アート体験をからだに根ざしていくことや，アートのプロセスにマインドフル・アウェアネスの感覚をもたらすのに役立ちます。加えて，アートについてのフェルトセンスを感じることは，意味に触れ，体験を統合し，こころ-からだのつながりを高めることになります。

　アート作製の後，今どんな感じかについてのフェルトセンスを感じてみるために，クライエントは「ちょっと見てみるフォーカシング」（エクササイズ6-2参照）をしてもいいでしょう。これは，統合や，さらなるアート作製につながることがあります。

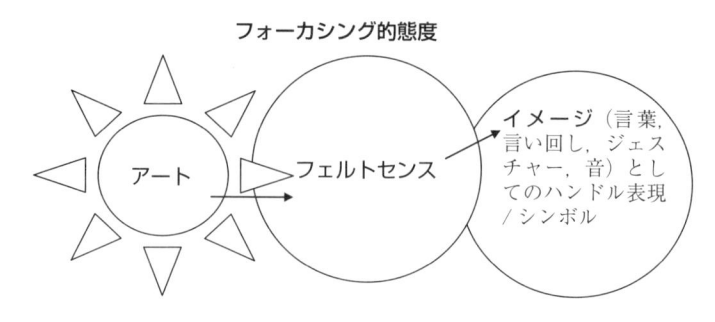

図 6-5　アートについてのフェルトセンスを感じる

第 6 章　フォーカシング指向アートセラピーの基礎

> **エクササイズ 6-3**
>
> **アートについてのフェルトセンスを感じる**
>
> アートを見て,「これについての全体の感じはどんな感じかな」と,やさしく尋ねてみましょう。内なるフェルトセンスにぴったりで,ハンドル表現の役割をする言葉,言い回し,イメージ,ジェスチャー,音があるかどうか見てみましょう。ぴったりかどうか,からだに確かめてみましょう。もしぴったりでなかったら,それはそのままにして,新しい言葉,言い回し,イメージ,ジェスチャー,音が浮かんでくるのを待ちましょう。

　アートセラピーとフォーカシングがどのように相互に高め合っているのか,その利点を要点 Box 6-1 に要約します。

アプローチ

　ジェンドリンの 6 ステップフォーカシング法は,フォーカシング指向アートセラピーの,三つの基礎的なアプローチを創造する元となっています。それらは,アートを用いたクリアリング・スペース,フォーカシング指向アート心理療法,テーマ別アプローチです。第 7 章の題名にもなっているアートを用いたクリアリング・スペースは,シンプルではありますが,奥深いエクササイズです。気がかりから離れた自己があり,また内部に本来備わっている全体性の場所があるという体験的な知を,クライエントが体験するのを促します。それはストレス軽減や自分の中心に戻ることに役立ち,他の二つのアプローチへの入口となります。第 8 章で述べるフォーカシング指向アート

第Ⅱ部　フォーカシング指向アートセラピー

アートセラピーがフォーカシングにもたらすもの
- アートはフェルトセンスを外在化，明確化，シンボル化します。
- 描くという身体的ふるまいは，フェルトセンスが開け，動くのを促します。それとともに，フェルトシフトを引き起こし，生を前進させる方向性を高めます。
- アート作品によって，クライエント（フォーカサー）とセラピストの両方が，フェルトセンスをシンボル化するイメージを，まったく同じイメージで見ることができます。
- ビジュアルアートはフェルトセンスを鏡のように映し出します——それが出てきたところ，フェルトシフトが起こったところ，終わったところを。
- アート作品は，成長と変化（フェルトシフト）を振り返っていくための，具体的な照合ポイントとなります。
- クライエントは，体験したことを生活に統合するためのリマインダーとして，アート作品を持ち帰ることができます。

フォーカシングがアートセラピーにもたらすもの
- フェルトセンスは，イメージをからだに根づいたものにします。
- フェルトセンスは，素材，色，形，材質，イメージの選択を知らせることで，アート的プロセスを導くことができます。
- フェルトセンスは，イメージとしてシンボル化され，視覚的アートで表現できます。
- フェルトセンスは，ぴったりな感じとそうでない感じを明確にします。
- フェルトセンスは，からだの次の一歩（癒し，変化，健康などに向かう）を開きます。
- フェルトセンスは，からだの知恵と創造性へのドアを開きます。

要点 Box 6-1　フォーカシング指向アートセラピーの利点

第6章　フォーカシング指向アートセラピーの基礎

心理療法は，主にクライエントの体験過程から気がかりを浮かび上がらせ，洞察に向かう方向性をもっており，個人やカップルの心理療法として行われます。第9～第13章と第15章では，テーマ別アプローチの例が示されています。強さ，恐れ，家族，希望，変化，職業，ライフバランス，中毒などの話題が探究され，グループで実践されています。

フォーカシング指向アートセラピーのステップは，ジェンドリンの6ステップフォーカシング法にアートが加えられているもので，表6-1に要約されています。フォーカシング指向アートセラピーの基本的な教示（エクササイズ6-4）は，三つのアプローチに合わせてあります。教示は第Ⅲ部に再掲しています。

エクササイズ6-4

基本的なフォーカシング指向アートセラピーの教示

1．クリアリング・スペース

　（集団の種類に合わせたさまざまな教示は，第7章を参照）
　何度か深呼吸をして，からだの奥深くまで息を吸い込みましょう。座っている椅子に支えられていることや，足の真下の地球，ここにいること，を感じましょう。からだの内側での呼吸にしたがって，今，内側ではどんな感じかに気づいていきましょう……それは弾んでいるでしょうか，穏やかでしょうか，窮屈でしょうか，温かいでしょうか……何か他の感じでしょうか。どんなものを見つけても，やさしくしてみましょう。あなたがどこか平穏なところに座っているのを想像してみてください。それはあなたがすでに知っているところかもしれないし，想像のなかにつくるところかもしれません。そんな場所が見つかってそこに座ったら，次のように尋ねてみましょう。「今，私が『いい感じ』になるのを邪魔しているのは何だろう」。浮

かんできたことはそれぞれ，包装紙に包むことをイメージしてもいいですし，あなたから少し離してそれを置くために他のイメージを使ってみてもいいでしょう。ボートの上にそれを乗せ，ボートをちょうどいい距離になるように湖に放つイメージをする人もいます。風船の中にそれを入れて，空に上らせることをイメージする人もいます……（時間を取る）。もう浮かばないと思ったら，もう一度確かめて，「これらを全部除けば，私は本当に，『いいかんじ』かな」と尋ねてみましょう。もし他の何かが浮かんできたら，少し距離を取ってそれをからだの外側に置きます……（時間を取る）。

後景にある気持ち：後景にある気持ちがあるかどうか見てみましょう。それは**いつも**感じられていて，**いつも**緊張しているような，**いつも**不安なような感じのことです（時間を取る）……そして，それも心地良い離れたところに置きましょう……もう一度確かめて，「これらを全部除けば，私は本当に，『いい感じ』かな」と尋ねてみましょう。

いい感じのところ：少し時間を取って，「いい感じのところ」を感じてみます。内側のフェルトセンスにぴったりでハンドル表現となるイメージ（または言葉，言い回し，ジェスチャー，音）があるかどうか見てみましょう。（オプション：ここでストップして，ステップ 1 からアートを創造してみる）。

2. 気がかりを選ぶこととフェルトセンス

脇に置いたものを眺めてみて，今，あなたに注意を向けてほしがっているものがあるかどうか見てみましょう。何があなたに注意を向けてほしがっているかは，からだの感じに尋ねればいいのです。または，あなたが取り組みたいものを選んでもいいですよ。それに焦点を当ててもいいと思えるかどうか，からだに確かめてみましょう。

フェルトセンス：気がかりの全体をもう一度新鮮に感じてみるために，少し時間を取りましょう……あなたのからだではど

んなふうに感じられているかに気づいていきましょう（時間を取る）。「全体として，この感じはどんなふうだろう」とやさしく尋ねてみましょう。

3．ハンドル表現／シンボルを見つける

内なるフェルトセンスにぴったりで，ハンドル表現のイメージ（または言葉，言い回し，ジェスチャー，音）があるかどうか見てみましょう。

4．アート表現と響かせる

それがぴったりかどうか，からだに確かめてみましょう。もしそれがしっくりこなければ，それはそのままにして，新しい言葉，言い回し，ジェスチャー，音が浮かんでくるのを待ちましょう。できそうなら，静かに目を開けて，フェルトセンスのイメージをアートで表現してみましょう。（オプション：フォーカシング教示を終わりまで続け，最後にアートを創る）。

5．フェルトセンスに問いかける

（クライエントがアートを創り終えてから）これからフェルトセンスにいくつか問いかけをします。それは応えてくれるときもあるし，関係のないことが浮かぶこともあるでしょう。そういうものは流していきましょう。目は閉じても開いたままでもかまいません。フェルトセンスの隣に留まっているのをイメージして，それとともにいましょう。やさしい感じで，それに問いかけます。

- ◆何がそんなに＿＿＿なのかな（ハンドル表現／シンボルを挿入する）。
- ◆そのことのミソは何だろう。または，それについて主なことは何だろう。
- ◆何を一番恐れているんだろう。

この気がかりがすべて解決されたと，ちょっと想像してみましょう。これは，巻末についている答えを調べてみることに似ています。からだの内側を感じてみて，もしこれがすべて解決

されたらどんなふうになって、どんな感じがするのか感じてみてください。気がかりがすべて解決されたときの内なるフェルトセンスにぴったりで、ハンドル表現としてのイメージがあるかどうか見てみましょう。

できそうなら、問いかけてみます。
- ◆（気がかりと解決の間で）邪魔しているものは何だろう。
- ◆（この解決に到達するためには）何が必要なのだろう。
- ◆正しい方向への小さな一歩は何だろう？

6. 受け取る

浮かんでくることを迎え入れましょう。フォーカシングをしているときに出てきた、色や形、イメージにぴったりなアート表現を創ります。フォーカシング中に、あなたにとって意味があると感じられたことを含めておきましょう。

■アートセラピーの一瞬にフォーカシングを織り交ぜる

フォーカシングは、面接の中間、終わりのどの時点でも、短くアートセラピーに取り入れることができます。

▶自分の中心に戻る

面接の始めに、自分の中心に戻り静かにするためにフォーカシングをすることができます。これによってクライエントはリラックスし、こころ／からだのつながりに落ち着くことができるようになります。

- ◆ちょっと見てみるフォーカシング（エクササイズ6-2参照）
- ◆クリアリング・スペース（第3章と第8章参照）
- ◆平穏で自分の中心に戻っていて、安全なものへのフォーカシング（エクササイズ9-2参照）

第6章 フォーカシング指向アートセラピーの基礎

表 6-1 ジェンドリンのフォーカシング・ステップとフォーカシング指向アートセラピー

ジェンドリンの6ステップ・フォーカシング法	フォーカシング	フォーカシング指向アートセラピー
1. クリアリング・スペース	「いい感じ」を感じるのを邪魔しているものは何か,内側で感じ取る。	アートを用いたクリアリング・スペース アート素材を使って脇に置く。「いい感じのところ」のアート的表現。
2. 気がかりを選ぶ,フェルトセンス	クリアリング・スペースで脇に置いた気がかりのうち,どれかを選ぶ。	フォーカシング指向アート心理療法 クリアリング・スペースで脇に置いた気がかりのうち,どれかを選ぶ,またはこのステップから始める。「今,私に注意を向けてほしがっているのは何だろう」 テーマ別：テーマにフォーカシングする。フェルトセンスを感じてみる。
3. ハンドル表現／シンボル	ハンドル表現：言葉,言い回し,イメージ,ジェスチャー,音。	ハンドル表現：イメージ (言葉,言い回し,ジェスチャー,音)
4. 響かせる	それがフェルトセンスにぴったりかどうか確かめる。	ハンドル表現がフェルトセンスにぴったりかどうか確かめる。フェルトセンスに合ったぴったりのアート素材を感じ取る。アートを用いてハンドル表現／シンボルを表現する。
5. 問いかけ	フェルトセンスに問いかける質問： ・何がそんなに＿＿なんだろう。 ・そのことのミソは何だろう。 ・それがすべて解決されたらどんな感じだろう。 ・何が邪魔しているんだろう。 ・何が必要なんだろう。 ・正しい方向への小さな一歩は何だろう。	フェルトセンスに問いかける質問： ・何がそんなに＿＿何だろう。 ・そのことのミソは何だろう。 ・それがすべて解決されたらどんな感じだろう。 ・何が邪魔しているんだろう。 ・何が必要なんだろう。 ・正しい方向への小さな一歩は何だろう。 アートとの対話： ・あなたは私に何を伝えているのかなぁ。何が必要なんだろう。 ・違う部分と対話してみる。 ・アートのゲシュタルト ・アクティブ・イマジネーション ・モードを移行してアートについてのフェルトセンス（言葉,言い回し,ジェスチャー,音)
6. 受け取る	（フェルトセンスから）浮かぶものを受け取り,迎え入れる。	フェルトセンスやアートから浮かんでくるものを受け取り,迎え入れる。

▶アート素材の選択

面接の始まりや面接全体を通して，クライエントはアート素材がフェルトセンスに合っていることを確かめるようにします。アート作製やフェルトセンスが展開していくときにも，クライエントは，材料や色，手法，イメージなどがぴったりかどうか，フェルトセンスにつながったままでいるようにします。

▶アート表現や面接それ自体に根づかせる

アートプロセスの途中で，またはアート作製が終わった後，クライエントは今どんな感じでいるのか，内側で確かめます。アート作製に迷いこむのではなく，クライエントはからだとフェルトセンスを確かめ直します。これがアート体験を根づかせます。

▶対　話

クライエントがアート作製を完了したら，クライエントとセラピストはそれを眺めるのにちょうどいいところにアートを置きます。クライエントは，アート作品や，それがどのようにフェルトセンスを表しているのかについて語ります。クライエントの語りから，フォーカシングの問いかけが浮かんでくるかもしれません。問いかけは，フェルトセンスにもアート作品にも向けることができます。

●フェルトセンスとの対話

フェルトセンスへの問いかけは，次のようになされます。それは何を必要としているんだろう，それがすべて癒されたらどんな感じだろう，邪魔しているものは何だろう，正しい方向への一歩は何だろう。クライエントはフェルトセンスが言うことに耳を傾けます。それが色や形，イメージで答えてきたら，クライエントはそれらを既存のアート作品に加えていきます。

第6章　フォーカシング指向アートセラピーの基礎

●アートとの対話

　問いかけは，アートそれ自体にも向けられます。それにはアクティヴ・イマジネーション，ゲシュタルト，利き手と利き手でない手，フォーカシングの問いかけと受け取りのステップを使うことができます。問いかけの例には次のようなものがあります。あなたは私に何を言いたいの，あなたはどこから来たの，あなたは私に何を知らせたいの，あなたは何を必要としているの，異なった部分はお互いに何を言いたいの，あなたは何か美術的なものを必要としていますか（ゲシュタルトやアクティヴ・イマジネーション，対話を使うアートセラピーの特定の方法は，第4章を参照）。クライエントは，アートやフェルトセンスが伝えてきていることに耳を傾けます。

▶モード間の表現アートの移行

　アートを眺めてみて，フェルトセンスは何ですか。フェルトセンスに合う言葉，言い回し，ジェスチャー，音がありますか。言葉，言い回しは，詩や創作的な文芸になってくることもあります。ジェスチャーは，ムーブメントやダンスに，そして音は音楽になっていくことがあります（第15章の例と第16章の考察を参照）。

▶それは完了しているの？

　アート作品について内省してみて，クライエントはそれがぴったりと感じられるかどうか，フェルトセンスにちょっと確かめてみます。アートは完了したと感じられるかな，それはもっと他の何かを必要としているかな，などです。

▶タイトル

　アート作品を眺めて，クライエントはフェルトセンスに合う言葉や言い回しがあるかどうか確かめてみます。言葉や言い回しは，タイトルになっていくことがあります。

▶リマインダーと肯定的確認

　アートワークとプロセスを内省しながら，クライエントにその週（または月，年など）の生活に持ち込みたいことがあるかどうか，内側を確かめてみるように促してみます。アートは，視覚的なリマインダーとして，また肯定的な確認をするものとして，家に持ち帰ることができます。

第Ⅲ部

臨床的アプローチ

第7章

アートを用いたクリアリング・スペース

　アートを用いたクリアリング・スペースは，フォーカシング指向アートセラピーの基本的なアプローチの一つで，個人，カップル，グループ，家族に用います。アートを用いたクリアリング・スペースでは，クライエントは「いい感じ」を邪魔している気がかりを特定して，からだの外側の離れたところにそれを置くことをイメージします。アートは，（こころの）スペースをクリアーにするのに役立っています。たとえば，クライエントは一つひとつの気がかりを包むことをイメージして，ちょうど良い距離に置くといいでしょう。また，ボートに気がかりを乗せてそれを湖に浮かべてもいいでしょう。アートは，脇に置いた気がかりのフェルトセンスを概念化して，シンボル化します。気がかりを脇に置いた後，クライエントは「いい感じのところ」のフェルトセンスを感じて，それをアートでシンボルにします。クライエントは，イメージを用いて気がかりを脇に置いたことを感じて，「いい感じのところ」を創ることだけを好むこともあるでしょう。大学院生のニコールは，授業でクリアリング・スペースのエクササイズを体験した後に描いた絵（図7-1）を，次のように説明しています。

　　「イメージで，私はシャボン玉を吹いていて，それがふわふわと浮いて，ちょうどいい距離まで飛んでいくのを見ています。それぞれの泡は，違う問題や気がかりを表しています。浜辺はターコイズブルーとピンクとオレンジと黄色の，鮮やかな色で塗っています――それは楽観です。私は最近，部屋にそんな絵を飾っていて，ストレスを感じたときに

第 7 章　アートを用いたクリアリング・スペース

図 7-1　アートを用いたクリアリング・スペース（ニコール）

はそれを見ている自分に気づきました。そのイメージを通して，私は私の『いい感じのところ』につながることができて，一人でいることができます」

　アートを用いたクリアリング・スペースは，自分の中心に戻ることやストレス軽減，巻き込まれるような気持ちから距離を取ること，それらと脱同一化することに役立ちます。それはまた，本来備わっている全体性としての心があること，気がかりとは別の自己があることを，クライエントが体験的に知ることになります。

　この章には，アートを用いたクリアリング・スペースの緻密な臨床例，ディスカッションの例，事例，後景にある気持ちに取り組むことの例，「いい感じのところ」の例，アートを用いたクリアリング・スペースに導入しやすいアート素材の一覧，臨床適用の範囲に適した教示の三つのバリエーションが含まれています。

第Ⅲ部　臨床的アプローチ

■例：メアリー

　メアリーは 41 歳の女性で，当初は結婚生活での困難や仕事の混乱があって，心理療法を受けにきました。ある面接の回では，彼女は巻き込まれていて，どの問題に焦点を当てればいいのかわからないと感じながら私のオフィスにやってきました。クリアリング・スペースは，クライエントが巻き込まれていたり混乱していると感じているとき，面接の初めに行うことが有効なフォーカシングのエクササイズです。私はメアリーに，クリアリング・スペースから始めるのはどうかと提案しました。彼女はそれに同意しました。

　「アートを用いたクリアリング・スペースⅠ：非指示的イメージ教示」（エクササイズ 7-1）を使ってメアリーに教示した後，彼女は彼女が抱えている異なる気がかりを表すために，サイズや形の違う色画用紙を選びました。ある関係での彼女の悲しさは青，彼女の仕事の状況についての混乱はオレンジ，彼女の抱えている金銭問題は緑，「いつも重たいような，憂うつなような」後景にある気持ちは茶色にしました。メアリーは，彼女の問題をシンボル化する紙を全部集め，ティッシュペーパーでできた包装紙で包み，その後それらをちょう結びにしてまとめました。メアリーはピンク，黄，紫の羽根と，キラキラの金色が中心にある円を創りました（図 7-2）。

　彼女のアートを見ていく時間を取った後，メアリーは次のように振り返っていました。

　　私は人間関係の悲しさ，仕事の混乱，金銭問題，憂うつさを取り上げて，それらをこの包装紙に入れました。私の外にそれらを出して，包装紙の中に置くのをイメージしたのは，とてもいい感じがしました。私がとても驚いたのは，それぞれの気がかりを画用紙に書いていくにつれ，私のからだから緊張がどんどん取れていくのが感じられたことです——まるで，それが外へ出ていくように。私は私自身が静かに，落ち着いて

第 7 章 アートを用いたクリアリング・スペース

右：メアリーの気がかりを入れた包装紙
左：羽とキラキラを使った「いい感じのところ」

図 7-2 アートを用いたクリアリング・スペース（メアリー）

くるのを感じました。このあざやかな部分の中にある金色の中心が，私の内側にもあることに気づいたのにはびっくりしました。この内側の金色の中心は，私の人間関係や仕事で起こっていることとは別のところにあると気づきました」

　クリアリング・スペースの体験とアートについていえば，メアリーは新しい洞察にたどりついていました。彼女は美しい包装紙に包まれた気がかりを見ることで，気がかりからの贈り物を見つける助けになったと言います。もしも気がかりをもっていなかったとしたら，彼女にとっての真実や意味のあることを見つけるようには，導かれなかっただろうと言っていました。メアリーは，人間関係の気がかりが，さらなる親密さを彼女が感じることを促すような媒体としての贈り物であることを，尊重することができるようになっ

てきたことがわかりました。気がかりやパートナーについて怒りを感じるのではなく，メアリーは感謝や希望を感じるようになったのでした。

●「後景にある気持ち」のもつ力 ●

「後景にある気持ち」について初めて耳にしたのは，私がフォーカシングを習っていて，「後景にある気持ち」や「いつもある気持ち」があるかどうか確かめてみるように教示されたときでした。自分の存在の内側を調べていくと，なんでもちゃんとやらないといけない，といったような，捕らえどころのない，見えにくい，布のような，**いつもある**気持ちがあったのに驚きました。「後景にある気持ち」，または慢性的な**いつもある**気持ちと言ってもいいものは，私たちの人生の情緒面の壁紙のようで，しばしば気づかれないものですが，いつもそこにあって私たちの体験を色づけています。

■ 例：スティーブ

大学院生のスティーブは，後景にある気持ちが，彼の精神に深く入り込んでいることを発見しました。彼はその体験を次のように説明しています。

> 後景にある気持ちを整理してみる段階になっても，そうするにはもっと努力が必要でした。私は後景にある騒音を取り除くために，土壌を深く掘っていく掘削機をイメージしましたが，それでも一度呼吸をするだけでは取り除くことはできませんでした。それを取り除くには，6回ほど呼吸をしなければなりませんでした。呼吸をするたびに，さらに地面に掘り下げていく掘削機を思い描いていきました。このイメージを得てから6回呼吸をして，掘削機は泥から解放され，私の後景の騒音は取り除かれました。その後，解放されたスペースから，私のからだが低いうなり声を立てているようなフェルトセンスを感じ，それは私の中のエ

第 7 章　アートを用いたクリアリング・スペース

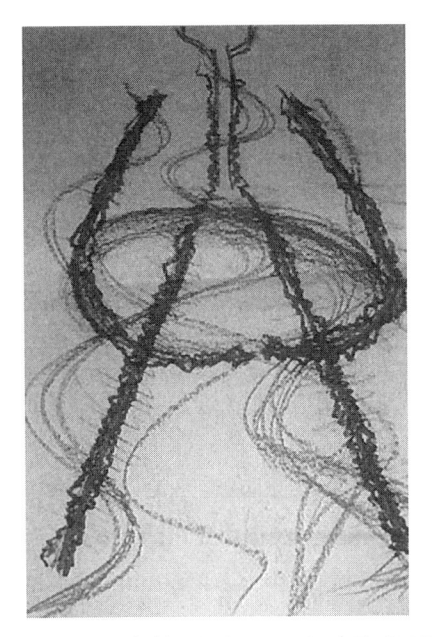

図 7-3　後景にある気持ちをクリアーにする（スティーブ）

ネルギーの流れをともなっていました。私のアート（図 7-3）には、流れを邪魔されていない、すっきりしたスペースがあり、エネルギーの流れがある私のからだを描写しています」

「いい感じのところ」

「いい感じ」（あるいは平和、プレゼンス〈ありのまま臨在〉）でいられ、いろいろな気がかりから離れているような内側の場所に触れることは、クライエントにとっては光を得るような体験です。アートを創るとき、色や材質、「いい感じのところ」の全体の感じについて、内面で動きのある探索を行います。「いい感じのところ」の体験は、アート作製の過程を通して深まり、拡がっていきます。目に見えるアートは、この感じられた体験のリマインダー（目印）としての役目をして、そのことによって、すでに完全である

内側のところへのアウェアネス（気づき）を呼び覚まし，そこにつながっていることができるのです。

■例：レベッカ

ワークショップの参加者，レベッカは，後景にある気持ちに気づき，それから距離を取って，からだの外側に置きました。そこで起こった彼女の内的な変容について，次のように述べています。

> 「私と『いい感じ』のところとの間には何があるのか，ということについてフォーカシングするにつれ，弱い恥の感じ，という後景にある気持ちに気がつきました。私はそれが，からだの中の暗い部分であることに気づきました。その恥の感じと暗い部分にやさしくし，それらを脇に置くことによって，私の『いい感じのところ』の体験がはっきりとしました。

図 7-4 「いい感じのところ」（レベッカ）

第7章　アートを用いたクリアリング・スペース

私は私自身を編みカゴのように感じました。とても深い『いい感じのところ』をともなっていて，丈夫で，機能的で，風雅な入れ物が，なめらかで金色の光に満たされています（図7-4）。なんとか気づくぐらいの後景にある気持ちに替わって，この金色の光のカゴは，私にとって原初的な体験となりました」

クリアリング・スペースのためのアート素材

アートを用いたクリアリング・スペースでは，クライエントの好みはもちろん，特定の人びとに対する素材の適切さに応じて，さまざまなアート素材（要点 Box 7-1 参照）を使うことができます。より混乱が強いクライエントや，より構造が必要なクライエントには，コントロール感をもてるようなアート素材が必要です。たとえば，マーカーや色鉛筆といった描画素材は，絵の具よりもコントロール感があります。クリアリング・スペースの手段として，画用紙からあらかじめ形を切り取ったもののようなシンプルな素材を箱に入れることもでき，これで簡便さとコントロール感を与えることができます。粘土や絵画イメージから形を創り出すほうが，技術と統制の高さを要求されます。機能が高いクライエントは，素材の選択や幅を好みます。

アートを用いたクリアリング・スペースのための各種イメージ教示

アートを用いたクリアリング・スペースは，個人や臨床の特徴に合わせて，より構造化することもできるし，構造をゆるくすることもできます。エクササイズ7-1「アートを用いたクリアリング・スペースⅠ：非指示的イメージ」は，内側で浮かんでくるイメージの自発的な源に触れる，ということを理解できる高機能のクライエントに有効です。エクササイズ7-2「アートを用いたクリアリング・スペースⅡ：指定イメージ（開眼または閉眼）」

1. **描くための素材**：鉛筆，ペン，色鉛筆，マーカー（細いもの，太いもの），オイルパステル，チョークパステル，木炭などを，「いい感じ」や「いい感じのところ」を邪魔している気がかりを描くのに使います。
2. **絵の具**：アクリル，ポスター，水彩，その他の無毒性塗料は，脇に置いた気がかりや，「いい感じのところ」に色を塗るのに使います。サイズの違う筆，スポンジ，その他の素材を絵の具に浸し，違うフェルトセンスの質を表現することができます。
3. **各種取りそろえた紙**：工作用紙，質感のある紙，高級厚紙，画用紙などは，クライエントの気がかりと「いい感じのところ」を表すのに使います。紙は，それぞれの気がかりと「いい感じのところ」を表すような特定の色を使って，ハサミで切っても，手で破いてもいいし，糊付けしたり，ほつれさせたり，重ねるなど，いろいろな使い方ができます。
4. **クレヨン，練り粉と模型製作の素材**：模型製作の素材は，形を作ったり，巻いたり，刻むなど，気がかりや「いい感じのところ」を表すシンボルとして，形成させていくことができます。棒や羽根，ボタンなどをこれらに加えると，フェルトセンスのさまざまな質を表現することができます。
5. **拾ったものを素材として使う**：見つけたもの，拾ったもの（たとえば，木片，岩石，石，葉っぱ，天然の羽根）は，気がかりや「いい感じのところ」をシンボル化するのに使ってもいいでしょう。
6. **クラフト素材**：気がかりや「いい感じのところ」の表象を創りだすために，編み物用糸，麻ひも，フエルト，箱，入れ物，リボン，スパンコールなどを使うことができます。
7. **入れ物，箱，袋**：クリアリング・スペースをするときに，クライエントが「気がかり」を入れるため，各種取りそろえた入れ物，箱，袋を使ってもいいでしょう。

要点 Box 7-1　アートを用いたクリアリング・スペースのための素材

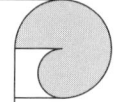

は，内側の感じられた体験に耳を傾けることができる程度に安全さは感じているものの，物事から距離を取るためのイメージの提案という，追加的な構造が必要なクライエントに用います。三つめに，エクササイズ7-3「アートを用いたクリアリング・スペースⅢ：具体的イメージ（開眼）」は，最も構造化されたアプローチで，より重篤な精神病のクライエントや，トラウマからの回復の初期段階にあるクライエント，解離傾向のあるクライエントに向けられたものです。

エクササイズ 7-1

アートを用いたクリアリング・スペースⅠ
：非指示的イメージ

（最初に，クライエントに居心地の良い姿勢を見つけるように促す）。何度か深呼吸をして，からだがリラックスするようにしてみましょう……もし目を閉じたいと思ったら，閉じてもかまいませんし，開けていてもかまいません……あなたにとって楽なほうでいいのです。できそうなら，「今，私の内側ではどんな感じかな」と問いかけてみましょう……からだを懐中電灯で照らしていくように注意を向けて，どんなことを見つけても，それがあることを知っておきましょう……そこで見つけたものを，どんなものでも無条件に受け取ることができるかどうか，やってみましょう……では，穏やかなところにいるイメージをしてみましょう……そこはあなたが知っている場所かもしれないし，イメージでつくり出した場所かもしれません……そして，できそうなら，こう問いかけてみましょう「私と『いい感じ』の間に，今あるのは何だろう」。何が浮かんでも，浮かぶままにしておきましょう……今は，どれか一つに入っていくことはしないでおきます……一つひとつ，浮かんできたら，あなたから少し離れたところに置いていくようなイメージをしましょう……たとえば，公園のベンチかもしれないし……箱の中

でもいいですよ……あるいは，浜辺でリラックスしているイメージを使って，あなたの「いい感じ」を邪魔しているものすべてをボートに乗せてもいいです……それぞれの問題や気がかりを包み紙に包むようなイメージでもいいですよ……それぞれのことが思い浮かぶたびに，それをあなたが楽な距離に置いて，あなたは穏やかなところにいます……（時間を取る）それぞれのことをいい距離のところに置いたら，もう一度内側を確かめて，やさしく聴いてみましょう。「今，私の『いい感じ』を邪魔しているのは何だろう」。同じように，何か浮かんでくるたびに，あなたからちょうどいい距離に置く方法を探してみましょう。浮かばなくなったら，静かに内側にこう聴いてみましょう，「それらを除けば，今私は『いい感じ』かな」……もしまだ何か浮かんできたら，それは積み重ねておきましょう。積み重ねたものからいい距離を保っておきましょう。

後景にある気持ち

　時に，私たちがいつも持っている後景にある気持ちを，感じることがあります……それはいつも少し不安だったり……いつもちょっと落ち込んでいたり，他のいつもある気持ちだったりするかもしれません……内側を確かめて，「いい感じ」を感じるのを邪魔している後景にある気持ちがあるかどうか見てみましょう……それがあれば，それも積み重ねておきましょう……もう一度確かめて……（時間を取る）「それらを全部除けば，私は今，『いい感じ』かな」。

　「いい感じのところ」：すべてから距離を取ったままで，「いい感じのところ」に注意を向けていくようにしたいと思います……「いい感じのところ」にぴったりな「ハンドル表現」のイメージがあるかどうか見てみましょう……そしてそれでいいかどうか，からだに確かめてみましょう。もしだめならば，「いい感じのところ」にぴったりな，「ハンドル表現」として新しいイメージが浮かんでくるのを待ちましょう……もし，浮かん

> でくるのが言葉や言い回しだったとしたら，それでもいいのです……それを受け入れましょう。
> **アートに表現する**
> 　できそうなら，アート素材を使って，あなたの「いい感じのところ」のフェルトセンスを表現するものを創りましょう。「いい感じのところ」の表現だけを創りたい人もいますし，脇に置いたものを創りたい人もいるでしょう。言葉や言い回しが浮かんできた人は，それを創造的に表現してもいいですよ。

■アートを用いたクリアリング・スペース II : 指定イメージ（開眼あるいは閉眼）

　この方法は，目を閉じたほうが比較的安全に感じられるクライエント，そして，気がかりや問題をからだの外に置いて距離を取るといったセラピストからの提案が必要なクライエントに，頻繁に用いられます。クライエントには，目を開けたままでもいいし，いつでも目を開けていいことを知らせておくことが重要です。以下に，クライエントが距離を取って置いておくイメージをするのに役立つ例を挙げておきます。

1. 穏やかな公園で，ベンチに座っているところをイメージしてみましょう。少し離れたところに別のベンチがあって，そこにあなたが「いい感じ」を感じることを邪魔しているものを，全部積み重ねておくことができます。
2. あなたが「いい感じ」を感じることを邪魔しているものを，全部貼り付けられるような，美しい凧を持っているとイメージしてみましょう。
3. 問題や気がかりをそれぞれ，風船に送っていくイメージをしてみましょう。それをひもでつないでおきたいかどうか，確認してみましょう。

第Ⅲ部　臨床的アプローチ

もしそうしたいのなら，そのひもはあなたからちょうどいい距離に，風船を浮かべるようなものだとイメージしてもいいですよ。あるいは，その風船を空に離して浮かべておきたいかどうか確かめてみましょう。

4. 気がかりで，それぞれの包みを作るイメージをしてみましょう，そしてあなたから少し離れたところに，それを置くイメージをしてみましょう。
5. あなたが「いい感じ」を感じることを邪魔しているものを入れられるような，大きなコンテナや容器をイメージしてみましょう。何か浮かんでくるたびに，容器に入れていくのをイメージしましょう。
6. あなたのために問題や気がかりを持っていてくれるような，生活上の人物（友達，セラピスト，家族，先生，スピリチュアルな人物）をイメージしてみましょう。
7. 「いい感じ」を感じられるまで，問題をボートに乗せ，それをちょうどいいと感じられる距離で，静かな湖に浮かべているのをイメージしてみましょう。

▶ボートに問題を乗せるイメージを使った例

エクササイズ 7-2

**アートを用いたクリアリング・スペースⅡ
：指定イメージ（開眼または閉眼）**

（最初に，クライエントに楽な姿勢を見つけてみるように促す）。何度か深呼吸をして，からだがリラックスするようにしてみましょう……そんなふうに感じられるようになってきたら，目を閉じていても，開けていてもかまいません……あなたにとって，楽なほうでいいですよ。さらに何度か深呼吸をしましょう……できそうなら，「今，内側で私はどんな感じかな」と聴いてみましょう。ただ，聴いています……からだのなかでその答えが形づくられるように時間を取りましょう。からだの内側を

第7章　アートを用いたクリアリング・スペース

照らす懐中電灯のようにからだに注意を向け，何を見つけてもただ挨拶をしておきましょう……そこで見つけたものは何でも受け入れます，無条件に……では，穏やかな場所に今自分がいるとイメージしてみましょう……空はクリスタル・ブルーで，空気は澄んでいます。この穏やかな場所には静かな湖があって，あなたは湖畔に座っています……あなたのためだけに切り取られた場所に座っているイメージをしてみましょう……そして，できそうならからだの内側を確かめて，「私と『いい感じ』を感じることの間に，今あるのは何だろう」と聴いてみてください。どんなことが浮かんできても，浮かんでくるままにします……今は，どれか一つに入っていくことはしないでおきます……何か浮かんできたら，湖の埠頭にあるボートにそれぞれを乗せるイメージをします。ボートをあなたにとってちょうどいい距離に置きます……離れていたほうがいい人，いくらか近づいているほうがいい人もいるかもしれません。ボートをかなり離して，湖の半分ぐらい，あるいはもっと遠ざけたい人もいるかもしれません。最終的にボートを離してしまいたい人もいるかもしれません。あなたにとって，ちょうどいい距離を感じてみましょう……からだに聴くプロセスを続けます。「私と『いい感じ』の間に今あるのは何だろう」。何か思い浮かぶたびに，積み重ねたり，ボートに乗せたりするイメージをしてみましょう。浮かんでこなくなったら，次のように確認してみましょう。「これらを全部除けば，私は『いい感じ』なのかな」……もしさらに何か浮かんでくれば，ボートに乗せているものに加えましょう。それらのことを乗せたボートと，ちょうどいい距離を取りましょう。

後景にある気持ち

　私たちが**いつも**抱えている，後景にある気持ちを感じることがあります……それは**いつも**少しだけ不安だったり……**いつも**少しだけ気分が沈んでいたり，何かほかの**いつもある**気持ちか

141

もしれません……内側を確かめて、「いい感じ」を感じられるようになるまでの間に、後景にある気持ちがあるかどうかを見てみます……もしあったら、それも積み重ねておきましょう……また確かめて……今はどんな感じでしょうか。

「いい感じのところ」: すべてから距離を取れたら、「いい感じのところ」に注意を向けてみましょう……「いい感じのところ」にぴったりのイメージや、「いい感じのところ」の「ハンドル表現」のイメージがあるかどうか見てみましょう……それがぴったりなことを確認するために、からだに確かめてみましょう。もしぴったりでなければ、「いい感じのところ」にぴったりの新しいイメージや、「いい感じのところ」の「ハンドル表現」の役割をする新しいイメージが浮かんでくるか、やってみましょう……言葉や言い回しが思い浮かぶこともあるかもしれません、それでいいのです……それを受け入れましょう。

アートで表現する

できそうなら、アート素材を使って、あなたの「いい感じのところ」のフェルトセンスの表現を創りましょう。「いい感じのところ」の表現だけを創りたい人もいます、脇に置いたものを創りたい人もいるでしょう。言葉や言い回しが浮かんできた人は、それを創造的に表現していいですよ。

■ アートを用いたクリアリング・スペースⅢ: 具体イメージ（開眼）

この指示的方法は、重篤な精神疾患をもつクライエントや、トラウマからの回復の初期段階にあるクライエント、目を閉じることに安全感をもてないクライエント、からだの内側に注意を向けることに安全感をもてないクライエントに有効です。一般的に、信頼、自我の統合、安全感に困難さをもつ傾

向がある人びとには，注意が必要です。しかし，個人面接をしているクライエントであれば，内側にフォーカシングすることを楽しみ，安全だと感じることでしょう。これは臨床家によって個々に査定されるべきことです。この方法では，セラピストが教示する声のトーンや言い回しによって，クライエントが目を閉じなくても，クライエントの注意が内側のフェルトセンスに向くようにできるでしょう。

エクササイズ 7-3

アートを用いたクリアリング・スペース III
：具体的イメージ（開眼）

1. 絵日記

（クライエントに空白の絵日記を渡す）。今，「いい感じだなぁ」「まずまずだなぁ」「ここにプレゼンスをもっているなぁ」と感じることを邪魔しているものに気づきましょう。そして日記に，それらを箇条書きしましょう。書くことによってわかってきた，それぞれの問題や気がかりのシンボルを見つけ，それから距離を取ることができるように，そのページのどこかにシンボルを創りましょう。シンボルは，あなたの気がかりのフェルトセンスにぴったりくるようなものであれば，色でも，形でも，質感でも，イメージでもいいのです。それぞれの問題について書き，シンボルを創ることができたら，それらの問題から離れたあなたの内側の場所，つまり「いい感じ」のところを表すようなものを，アート素材を用いて創りましょう。

2. 容器，箱，封筒

クライエントは問題や気がかりを紙（色画用紙，白い紙，見出しカード）に書き，容器や箱，封筒の中に入れます。これで脇に置くことができます。箱の中に気がかりを入れた後，セラピストは，「いい感じのところ」は容器の中に入れたすべての気がかりから離れた自分の部分であると説明します。それを表

すようなものをアート素材で創ります。クライエントは箱や容器，封筒を飾りつけることもできます。

3．オブジェクト／箱庭

「いい感じ」を感じるのを邪魔しているとクライエントが気づいた，問題や気がかりをシンボル化するために，いろいろなオブジェクト（玩具など）を使うことができます。たとえば，クライエントは弟を表すために小さな人形を選んだり，学校を表すために黒板を選ぶことがあります。クライエントはそのオブジェクトを，シンボル的に紙の上や箱庭の一部として置くことがあります。シンボル的なオブジェクトを置くと，「いい感じのところ」を表すものを見つけ，それをクライエントが置きたいと思うところへ置きます。クライエントはぴったりだと感じられる布置になるまで，オブジェクトやミニチュアを置き直します。

アートを用いたクリアリング・スペースの留意点

1. 臨床的な対象に応じて，適切な教示を使いましょう（すなわち，非指示，指示，開眼）。
2. アートを用いたクリアリング・スペースは，ストレス軽減のツールとして有効です。
3. クライエントが問題やストレッサーを特定し，それから距離を取り，気がかりとは離れた自己の側面を体験するのに役立ちます。
4. アートを用いたクリアリング・スペースは，クライエントが本来的に全体であるクライエント自身の存在を感じて，体験して，見て，知るのに役立ちます。

第8章

フォーカシング指向アートセラピー

　フォーカシング指向アートセラピーでは，アートセラピーをクライエントの体験的プロセスを導くために，ジェンドリン（Gendling, E. T）のフォーカシング法および理論的枠組みを基礎的な道標としています。フォーカシング指向アートセラピーへの応用を学ぶとき，クライエントの体験の実際を道案内するフォーカシングのステップを理解し，それらを把握しておくといいでしょう。最初のサラの事例は，個人面接でのフォーカシングのステップと，アートセラピーの統合を説明する事例です。フォーカシングのステップに慣れてくると，それらはより自発的な流れであるように感じられ，アートセラピーに取り入れやすくなります。二つ目のドナの事例では，毎回の面接で，フォーカシングとアートセラピーがどのように散りばめられているかを明らかにするものです。これは1年以上にも及ぶクライエントの進歩の事例です。

例：サラ

　サラは28歳の女性で，別の地域から引っ越してきた後，新しい仕事に適応しようとして，個人心理療法を受けるために私のところへ通っていました。彼女は，自分に現れている問題に取り組むために，フォーカシングとアートセラピーを用いてみたいと思っていました。フォーカシング指向アートセラピーでは，クリアリング・スペース（ステップ1）から始めても，気がかりを選ぶ（ステップ2）から始めてもいいのです。どこから始めるか

は，今この瞬間にクライエントがどうであるかについてのフェルトセンスを感じること，あるいは今日，最も注意を向けてほしがっているのは何かについて，クライエントがフォーカシングできるようにセラピストが導くところから始まります。

■ 気がかりを選ぶ

セラピスト：少し時間を取って，今あなたがどんな感じか，最も私たちに注意を向けてほしがっているのは何か，ということにフォーカシングしてみませんか（サラは「はい」と答える）。床や座っている椅子からの支えを感じながら，何度か深呼吸をしてみましょう。からだの内側に息を吸い込むのにそって，「今，私はどんな感じだろう」と聴いてみましょう。どんなことを見つけても，それにやさしくしてみましょう【フォーカシング的態度】。できそうなら，「今，最も私の注意を必要としているのは何だろう」と聴いてみましょう（サラが緩やかに目を閉じて内側を感じている間，セラピストは静かにサラとともにいる）。

サラ：（目を開ける）新しい街に引っ越してきて，いいお友達と離れてしまいました。ここには誰もいないし，新しい仕事も始めます。それらを全部いっぺんにすることは本当に辛いんです。

セラピスト：引越しをして，お友達から離れて，新しい仕事を始める，ということをいっぺんにするのは本当に辛いと感じている【体験過程的リスニング】。少し時間を取って，それら全部がどんなふうに感じられているかに，フォーカシングしてみませんか。

サラ：はい。

■ フェルトセンス

セラピスト：この変化が本当に辛いと感じているからだの内側の場所にまで，息を吸い込んでみましょう……それは引越し，お友達にさよならを言うこと，新しい仕事を始めることによるもの……それとともにいて，

静かに「この『本当に辛いと感じている』ところの全体の感じは何だろう」と聴いてみましょう（私が黙ってそこにいると，サラは静かに内側を感じていた）。

■ハンドル／シンボル表現

セラピスト：内側のフェルトセンスにぴったりで，ハンドル表現の役目をするイメージがあるでしょうか（サラはしばらく待って，そして目を開ける）。

サラ：私はそれを，ここ，ハートで感じます。それは締め付けられるような感じ。こころが，涙の入った箱の中に閉じ込められているイメージが浮かんできました。

■アートで響かせシンボル化する

セラピスト：それがぴったりしていると感じられるか，確かめてみましょう……それを描いてみませんか。

サラ：はい。（サラは赤いオイルパステルを選んで，ハートの形を描いた。それを水色の涙で満たしはじめた。また，ハートの周りに四角い箱を描き，それを水色で満たした。さらに，黒いオイルパステルを取って，水色の箱の周りに暗さを付け足した。図8-1参照）。私のハートは箱の中に閉じ込められていて，その中には涙が埋められています。私はこの痛みのすべてを感じるけれど，本当にそれを感じようとはしていないんです。ハートの周りの水色は悲しみのすべてで，黒いのは憂うつな気持ちです。とても重い。泣くことができたらいいのに。

セラピスト：あなたのハートは涙と悲しみでいっぱいなんですね——それは箱に閉じ込められている。そこには悲しみの気持ちがあって，それを囲む憂うつささえもある【アートとサラの言語表現に対する体験過程的リスニング】。

第Ⅲ部 臨床的アプローチ

図 8-1 涙を閉じ込めたフェルトセンス（サラ）

　この時点でサラは，生活における変化と，喪失にまつわる困難な気持ちのフェルトセンスに触れることができていました。彼女のフェルトセンスは，からだで感じられる感覚です——ハートが締め付けられる感じです。サラに浮かんできたシンボル／ハンドル表現は，イメージでした——箱の中に閉じ込められた涙でいっぱいのハート。サラはフェルトセンスとシンボルを，目に見えるアートという形で表現しました。箱の中に閉じ込められた涙でいっぱいのハートの絵を，サラと私で眺めてそれについて話をした後，私は彼女に，箱に閉じ込められているハートと涙に，もう少し耳を傾けて内側に触れてみることができるかどうか聞いてみました。彼女は同意しました。

■ 問いかけ

　セラピスト：「本当に辛い」と感じている内側の場所に戻ってみましょう……そこは，箱の中で涙がいっぱいのハートのイメージが浮かんできたところです。箱の中で涙がいっぱいのハートと一緒にいるのを，イメー

第8章　フォーカシング指向アートセラピー

ジしてみましょう【ともにいる】……それにいい感じで触れられると感じたら，それに「何が箱の中の涙とハートを生み出しているんだろう」とか，「それには何が必要なんだろう」と問いかけてみましょう（数分後，サラは目を開け，濃いブルーのオイルパステルを手に取り，プールに落ちる涙の形を描いた。涙に薄いブルーも付け足した〈図8-2〉。涙を描きながら，彼女の目からは涙がこぼれ，頬をつたっていた。私はそこにいて，サラと涙の場所に一緒にいた）。

サラ：小さいころ，私の家族はよく引越しをしたことを思い出しました。7年間で四つの学校に通いました。私はいつも友達にさよならを言っていました。

セラピスト：あなたが小さかったころから，内に閉じ込められていた悲しみと涙があるんですね……そしてそれはここで解き放たれつつある，そ

図 8-2　フェルトシフト「涙が解き放たれる」（サラ）

れは現在の状況でもあるんですね（サラは同意する）。内側に戻って，その場所には何が必要なんだろうと，問いかけてみることはできますか。

■ 問いかけと受け取りを交互に行う

サラ：この内側の悲しみは，解き放たれる必要があったんです【受け止める】。それは内側でやわらかく感じられるようになりました。悲しいけれども。よくなってきました。引越しは困難なことだけれど，私は新しい家庭を作ることができるし，新しいお友達と一緒にいられて，それは以前にやったことがあることです……それに，古いお友達ともつながっていられる。

フォーカシングは，クライエントがフェルトセンスから浮かんだイメージに触れるのを可能にし，アートの過程はそれを目に見える形にしていきます。フェルトセンスとアートの過程の間には，現在進行形の相互作用があります——互いに知らせ合っているのです。サラのケースで見たように，フォーカシングもアートも無意識の力に触れ，意識のアウェアネス（気づき）にそれを持ち込み，それによってそれらを乗り越えられるようになるのです。体験の枝は，フェルトセンスと創造的な過程によってつながりをもつようになり，幼少期の体験が現在においてどんなふうに影響しているのかを明快にします。サラの内側の変化（フェルトシフト）は，アートに映し出されました。箱に閉じ込められた涙から，涙の雨に変化していました。フォーカシングとアートセラピーは独自の理論と方法をもっていますが，それらは相補的に，どちらもフェルトセンスにかかわり，からだの知恵が開け，生を前進させる方向性へとクライエントを導くのです。

● ドナ：1年にわたる旅 ●

ドナは52歳の女性で，大学院に戻るために堅実な仕事を辞めた矢先に，

第8章　フォーカシング指向アートセラピー

突然夫の深刻な心臓病が発覚し，それによって引き起こされた抑うつ感情と取り組むために，私の個人アートセラピーにやってきました。ドナは言語による心理療法を受けていましたが，抑うつ感情は続いていました。彼女は，アートを基礎とする心理療法のアプローチによって，鋭敏な知性を超えた彼女自身の部分に触れることができるのではないかと感じていました。この事例解説では，1年間にわたる共同作業を初期，中期，終盤期の3期に分け，それらの重要な点を示します。ドナの感じられた体験に寄り添いながら，フォーカシングとアートセラピーが面接全体に織り込まれています。ドナが入室するまでに，私は簡単に使うことができるシンプルなアート素材――画用紙，オイルパステル，チョークパステル，マーカーなどを用意しました。

■ 初　期

　ドナと私は，関係する背景情報とセラピーのゴールについて話し合い，私はフォーカシングとアートをどのように使うことができるかを説明しました。ドナがどんな状態で，どんなことに取り組みたいのかをはっきりさせるため，私は彼女を「ちょっと見てみるフォーカシング」，つまり，クライエントにとって重要なことについてのフェルトセンスに触れるのを促すために内側を聴く方法を行いました。

　　ちょっと見てみるフォーカシング：深呼吸して，からだの内側にまで息を吸い込んでいく時間を取りましょう。からだの内側に息が入っていくのについていきましょう。できそうなら，「内側では今，私はどんな感じだろう」と尋ねてみましょう。（時間を取る）見つけたものにやさしくしましょう。内側のフェルトセンスにぴったりでハンドル表現の言葉，言い回し，イメージ，ジェスチャー，音があるかどうか見てみましょう。ぴったりした感じがあるかどうか確かめましょう。それが見つかれば，「今日私に注意を向けてほしがっているのは何だろう」と尋ねてみてください。

151

数分して，ドナは目を開け，仕事を辞めたことと夫の病気について話し始めました。私は彼女のからだの緊張のかすかな変化と，彼女の顔色のかすかな変化に気づいていました。私は，彼女は内側で大切な何かのエッジ（縁）にいると感じていました。この時点で私はクライエントに，話していて内側ではどんな感じがするかに気づく時間を取るように促しました。私はドナに，「**からだの内側でそれはどんなふうに感じられているか，確かめる時間を取ってみませんか**」と尋ねてみたのです。ドナは静かに目を閉じて待っていました。私も同じように待ち，彼女が内側を感じているのと一緒にいました。ドナの内側のプロセスにできるだけ調子を合わせるように，時に聴き入っていました。そしてこう言いました「**フェルトセンスにぴったりで，シンボル表現の言葉，言い回し，イメージ，ジェスチャー，音があるかどうか見てみましょう**」。1分ほどして，ドナは目を開けて，イメージについて語り始めました。私は浮かんできたイメージを描いてみてもいいことを伝えました。彼女は黒のパステルを手に取り，紙の中心から少し下に，重くて暗い形を描きました。そこにグレーの丸い丘の形を描き加えて，黒いものを取り囲んでいました（図8-3）。利き手でないほうの手を使って，ドナは「重い，悲しい，かたまり」と書きました。

ドナが，グレーの色と形のはっきりしないかたまりが，彼女の抑うつ気分にぴったりするとシェア（分かち合う）するのを聴きながら，一緒にアートを眺めました。ジェンドリンの問いかけるステップと受け取るステップを取り入れて，私はドナに，内側に戻って「重い，悲しい，かたまり」にやさしくし，それに耳を傾けるよう促しました。「**それの隣に一緒にいるのをイメージしながら，『何がそれを重く，悲しく，かたまりのようにしているんだろう』と問いかけてみてください**」。ドナは黙って内側を感じ，私は自分のプレゼンス（臨在）を通して，彼女と静かに寄り添っていました。ドナは目を開けて，茶色のオイルパステルを手に取って絵を描き始めました。絵が完成すると，彼女は絵を横切る長い水平の線を描き，それを見えないようにしていました（図8-4）。

第8章 フォーカシング指向アートセラピー

図 8-3 フェルトセンス「重い，悲しい，かたまり」（ドナ）

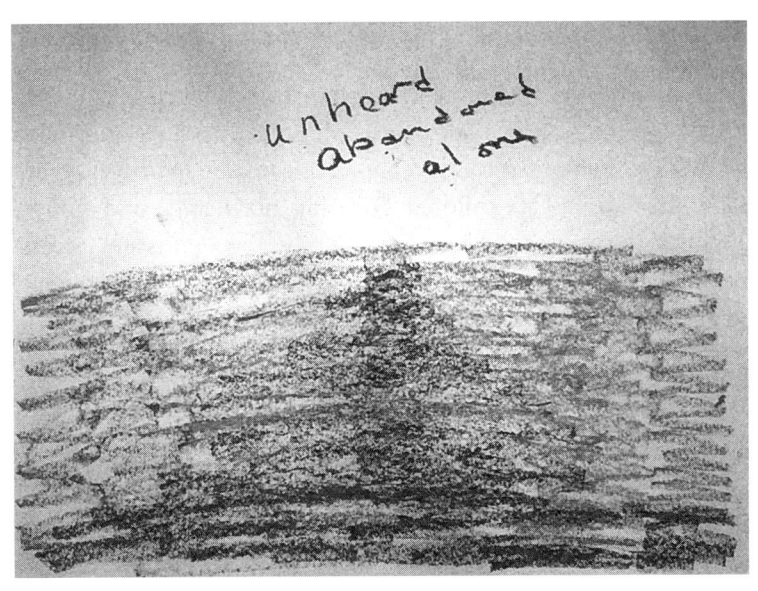

図 8-4 聴いてもらえない，見捨てられた，孤独（ドナ）

第Ⅲ部　臨床的アプローチ

　紙の上方の中心に近いところに，彼女は「聴いてもらえない，見捨てられた，孤独」という言葉を書いていました。私はドナが描いた絵が見えなくなっていくのに立ち会いながら，ドナの辛さを共感的に感じていました。
　フォーカシング指向アートセラピーでは，フェルトセンスを聴くこと，イメージとしてハンドル表現／シンボルを感じること，アートを創ること，シェアすること，フェルトセンスに戻って確かめることが，交替に起こっていきます。ドナがアートについてシェアした後，私は彼女に，その聴いてもらえない，見捨てられた，孤独な自己に，もっと耳を傾けてみるように促しました。「**聴いてもらえず，見捨てられていて，孤独だと感じる内側の自己の隣に，一緒にいることはできそうでしょうか……そして彼女は何を必要としているかと問いかけてみることはできそうでしょうか**」。ドナは目を開いて，「見てもらうこと……聴いてもらうこと」と言いました。私はこれらの言葉を伝え返しました。「彼女は見てもらい，聴いてもらうことが必要なのね」。これは二つのレベルで重要です。ドナは，彼女自身の子どもの部分と大人の部分の内なる対話に，没頭し始めています。子どもの部分は，大人の自己によって見てもらい，聴いてもらうことができています。子どもの部分は，アートによっても見てもらい，聴いてもらうことができ，ドナとセラピストの両方に立ち会ってもらっているのです。
　私はドナに，自分自身のこの部分に触れて，それを描いて，観て，私がそれに立ち会うことをどんなふうに感じているか，尋ねてみました。ドナは，それは辛いけれど，自分自身のその部分を打ち明けることはいい感じがするとシェアしました。ここには，悲しく，重い，かたまりから，聴いてもらえない，見捨てられた，孤独な，見えないようにされた自己から，内側でのいい感じへのフェルトシフトがありました。ジェンドリンは次のように述べています。

　　「このような一歩はいい感じがする——エネルギーを解放する。見つけたことがいいと感じられる場合も，悪いと感じられる場合もあるが，

その現れ——見つける一歩——は，新鮮な空気のようにいつも安心をもたらす。このような効果は，辛いものをより辛くすることはない。私はこれを『フェルトシフト』と呼ぶ」

(Gendlin, 1996, p. 26)

　治療の初期段階でドナは，病気の夫の世話をするために，自分のしたいことを脇に置いていることからくる最近の気持ちと，六人兄弟の長子であることに起因する，聴いてもらえなくて見てもらえない気持ちという，生涯にわたるパターンとのつながりをわかっていました。フォーカシング，アート，立ち会うことによって，ドナが無意識や問題の元となっている一家のことの覆いを取り，フェルトセンスのイメージに触れ，辛さに耳を傾け，未解決の問題を生を前進させる方向へ動かすことができたのです。

■中　期

　私たちの面接はだいたい，一週間の簡単な振り返りから始まり，それには概要，進歩したこと，出会った困難や「ちょっと見てみるフォーカシング」（前項とエクササイズ6-2参照）が含まれていました。「ちょっと見てみるフォーカシング」は，クライエントに自分自身の心理療法の方向性についての所有権を与えています。ドナが自分はどんな感じかを見るために，また今日，彼女に一番注意を向けてほしがっているものは何だろうと尋ねてみるために，フォーカシングをした後，彼女は目を開けてこう言いました。「私は私のためのことをしようと努力しているのに，いろいろなこと全部がそれを邪魔するんです。私のコンピューターは壊れるし，息子は私に孫の面倒を見てほしがっているし，夫をいろいろな医師の診察すべてに連れていかなくてはいけないんです。私は，私のための時間が必要なんです！」。私はドナに，もう少しそれを探っていかないかと尋ねてみました。彼女は「ええ」と同意しました。私は，ドナがついさっきシェアしたことについてのフェルトセンスに触れられるように，フォーカシングするのを促しました。「**深呼吸を**

何度かして、からだに息を吸い込みましょう。（時間を取る）今さっきあなたが話したことに気づいておきましょう。そして、『**内側では、そのことの全体はどんな感じだろう**』と問いかけてみましょう。（時間を取る）内側のフェルトセンスにぴったりなイメージがあるかどうか見てみましょう」。しばらくして、ドナは目を開き、赤いオイルパステルを手に取って、下のほうに赤とオレンジのタンクのような形を描き、それは爆竹のように爆発していました（図8-5）。二つの茶色い木槌のようなものが、タンクの両側を圧迫していました。彼女はその絵のタイトルを、「怒り」としました。

アートを振り返って、ドナは「私はこんな怒りを全部私の中に持っていて、それはとても抑制されているように感じます――私は爆発しそうなんです」。私は、ドナの怒りのフェルトセンスを伝え返しました。シェアすること、フェルトセンス、アート作製といったことは、交互にクライエントの体験的なプロセスに触れるジグザグ（Gendlin, 1970）でもあります。ここで、ドナはアートについてシェアし、フェルトセンスを確かめ、私たちはジェンドリンの問いかけるステップと受け止めるステップを、一緒にしました。私はドナに、もう一度フォーカスして怒りの部分――彼女の欲求が考慮されないことで失望している部分――の隣に一緒にいるのをイメージして、静かにそれに「**それには何が必要なんだろう**」【問いかけ】と問いかけてみるように促しました。ドナは30秒ほど目を閉じました。目を開けると、彼女は茶色のオイルパステルを取り出し、新しい紙に「**したい！（want）**」という言葉（図8-6）を書きました。

それから彼女は、黄色のパステルを持って紙全体に「オーケー（OK）」と書き始めました。赤いパステルに持ち替えて、紙全体に「オーケー（OK）」と書き続けていました。ドナは止まって紙を眺め、「**したい！と言えるように私自身に許可してあげることが必要なんです**」と言いました。ドナは手を使って、すべてのパステルを混ぜ合わせたいという、突然の衝動に駆られました。彼女がパステルをこすって混ぜ合わさるに連れて、「オーケー（OK）」と「したい！（want）」という文字が不明瞭になっていくように見えました

第 8 章　フォーカシング指向アートセラピー

図 8-5　フェルトセンス「怒り」（ドナ）

図 8-6　フェルトセンス「したい！(want!)」（ドナ）

第Ⅲ部　臨床的アプローチ

が，文字が色に混ざり，紙に混ざっていくと，「したい！（want）」の文字は消えずに，むしろもっと明瞭になっていきました。「したい！（want）」はオイルパステルで書かれたので，ドライパステルがその周りで全部混ざり薄れていくにつれて，そのダイナミックで力強いエネルギーが紙から飛び出てくるように見えました。ドナと私のどちらもがこれに釘付けになっていました——それはマジックのようでした！　ドナの「したい！（want）」が目立ち，なくなってしまうことなく，古い家族のパターンや最近の問題に隠されてしまわないことがどんなに重要であるかを，アートは表してくれていました。

　セラピーを通して，ドナは他の人に対する思いやりと気遣いをもったまま，彼女自身の欲求や，それらを満たすことの許可を，どのように彼女自身に与えればいいかについて取り組み続けていきました。ある面接では，ドナはフォーカシングをしてフェルトセンスからイメージを受け取り，内側と一緒にいて，内側に耳を傾ける時間を取りました。イメージを描いた後，彼女は「境界」という文字を書きました（図 8-7）。

　ドナの周りには保護的な境界のようなフェルトセンスがあり，それがあるからこそ，彼女は自分自身に触れていられたのです。また，彼女が選んだものは，境界の中に入って来られるようになっていて，それは柔らかい境界でした。

■終　結

　最後の面接で私はドナに，当初からのゴールや，面接を通しての変化と課題，そしてこの面接の終わりを反映させながら，一連のセラピーを振り返るように促しました。

　フォーカシングをした後，彼女は，下には緑の根，温かい茶褐色と茶色で塗った幹，外側へ放射線状に伸びて上端にまで届く枝に，先端に黄色と緑の丸い形がある木，というイメージのフェルトセンスを描きました（図 8-8）。

第8章　フォーカシング指向アートセラピー

図8-7　フェルトセンス「境界」（ドナ）

図8-8　フェルトシフト「すっきり，しっかり」（ドナ）

第Ⅲ部　臨床的アプローチ

彼女は「すっきり」と「しっかり」という文字を書きました。

フォーカシング指向アートセラピーでは，ドナの最近の生活上のストレッサーが，家族に助けてほしいという欲求の多くを諦めなければならなかったこと，それによって未解決の幼児期の深い悲しみが，どのように誘発されていたのかを特定することに至りました。幼児期からの深い悲しみと怒りを乗り越えるにつれ，彼女は，夫の病気と彼女自身の欲求に目を向ける時間の喪失にまつわる気持ちや，深い悲しみを乗り越えました。フォーカシングは，ドナが内なる本来的な声に耳を傾けることを助け，一方でアートは，それに触れたり観たりすることを可能にしました。ドナのアートは，明らかに多くのフェルトシフトを表していて，それは初期の描画における曖昧な形やかたまりや覆われた物から，怒りと「したい！（want）」のカタルシス的解放へのシフト，内側に留まって内側を聴く穏やかな人へのシフト，すっきり強く上部や外側にまで達する木へのシフトでした。アートに表されているように，ドナの人生も変化していきました。彼女は新しくなったエネルギーの感覚を得て，その感覚のなかで，他の人の欲求も気にかけながら，彼女自身を成長させるような活動や仕事への余裕をもちはじめました。

心理療法では，古くてしっかりと根付いたやり方と，より大きな全体性へと導く新しい道との間でのもがきが，しばしば生じています。古いやり方は完全に消去されず，特にストレス状態にあるときに再現されます。アートは旅を思い出させるものです――そしてまた，イメージ，創造性，可能性，内なる知恵の，豊かな源に触れる道具を思い出させるものです。セラピストは，プレゼンス，共感，リスニング（傾聴），臨床的技法，フォーカシングやアートの提案を通して枠を保ちますが，答えや知は，クライエントの内側から湧き上がるものです。クライエントは，継続的なセルフケアの道具を持っているのです。

第8章　フォーカシング指向アートセラピー

フォーカシング指向アートセラピーの要点

■フォーカシング指向アートセラピーの寄り添うもの
◆奥にいるその人
◆治療的関係
◆体験的な側面：からだにあるフェルトセンス
◆イメージと創造的なプロセス

■含まれる方法
◆フォーカシング
◆共感的リスニング，アートのリフレクション，ミラーリング
◆アート表現

　フォーカシング指向アートセラピーは，心理療法における出会いにおいて，いくつかの方法で導入されています。
　◆**フォーカシングへの導入／「ちょっと見てみるフォーカシング」**：面接の初期には，セラピストがクライエントに内側を確かめて，今日注意を向けてほしがっている何かがあるかどうか見てみることを促します。「内側を感じてみて，『今日一番私に注意を向けてほしがっているのは何だろう』と尋ねてみてください」。クライエントが気がかりを特定したら，セラピストはクライエントにフェルトセンスを感じ，それをシンボル化し，アートで表現するように導くといいでしょう。
　◆**気がかりを選ぶ**：いつも「クリアリング・スペース」から始める必要はありません。クライエント自身が何に取り組みたいかを，わかって来談することがあります。あるいは，クライエントは注意を向けてほしがっている気がかりに導かれる語りから，始めることもあります。これが起こるとき——深層志向心理療法ではよく起こることですが——クライエントのプロセスが

161

開けていくのに注意を向け，寄り添い続けることが重要です。

　◆**ジェンドリンのフォーカシング法**：面接中，動きのためのガイドとして，6ステップ法を使うことができます。クライエントにフォーカシング法を教えてもいいでしょう。表現アートを，すべてのフォーカシング・プロセスの教示の後に組み込んでもいいし，クリアリング・スペースやフェルトセンスのシンボル化や，共鳴，問いかけ，受け取りのステップといった，特定のステップの後に導入してもいいでしょう。

　◆**面接全体に散りばめる**：セラピストは，言語的なコミュニケーションや，わずかな非言語的なコミュニケーションの瞬間を聴きます。その瞬間には，クライエントが話していることについて，もっと把握できる何かがあるかもしれません。それは，からだで感じられるフェルトセンスとのつながりから，もっとわかってくる何かでしょう。本章で示したドナの事例は，このアプローチのよい実例だと思います。感じられた体験にクライエントが触れるのを促すために，セラピストは次のようなことを問いかけてもいいでしょう。

- ◆そのことを話していると，からだの内側ではどんな感じがしますか。
- ◆それはからだの内側ではどんなふうなのか，感じてみることはできますか。
- ◆少し時間を取って，それがどんなふうに感じられているか感じてみませんか。
- ◆内なるフェルトセンスにぴったりのイメージがあるでしょうか。
- ◆それをアートに表現してみませんか。

その①

特定のグループ課題へのアプローチ

第9章

精神科デイケアにおけるストレス軽減

　私がフォーカシングとアートセラピーを統合するきっかけとなった最初のグループは，成人向け精神科デイケアセンターでのグループで，それは1978年の脱施設化が始まったころのことでした。患者の多くは，大規模な州立病院から移ってきていました。50年近くも施設に収容されていた人たちでした。そのセンターの患者たちは，統合失調症，双極性障害，統合失調感情障害，境界性人格，大うつ病，不安障害と診断されていて，幻聴や幻視，思考障害，自殺念慮などに苦しめられていました。

　1980年代では，このような対象者とのフォーカシングについての研究や応用は，まだ限られていました。その研究と応用ではリスニング（傾聴），フォーカシング的態度，患者のフェルトセンスを指し示すようなリフレクション（伝え返し）を重視して，6ステップのフォーカシング法を応用する必要性が示唆されていました（Prouty, 1977；Gendlin, 1972；Egendorf & Jacobson, 1982）。マインドフルネス，リラクセーション，ストレスマネジメントは現在の治療の一般的な形態ですが，1980年代には割合知られていませんでした。私は，重い精神病の患者たちと「リラクセーション」はできないし，その患者たちに目を閉じてもらうことさえできない，と教えられていました。治療効果の研究法の進歩によって，今日，コロンビア大学医学部のドロレス・マラスピナ博士は次のように述べています。

　　「ストレスマネジメント諸法は統合失調症の発病を予防し，重症化の度合いを下げ，すでに発病している患者の再発を遅らせ，全般的な不安

第9章 精神科デイケアにおけるストレス軽減

を減少させる（Falloon, 1992；Linszen et al., 1998；Van Hassel et al., 1982）。それだけでなく，ストレスやコルチゾールが減少したとき，損傷した海馬内の細胞が再生できるということも，研究は示唆している」

(Malaspina & Corcoran, 2001, 第23段落)

この章が，私たちの分野における新しい適用を探るための，臨床的な繊細さと融合する創造的な予感と直観を導く，要点と刺激になることを願っています。

以下の表9-1の概要は，デイケアの成人精神病患者たちとストレス軽減に取り組んだ，12週間にわたるテーマを指定したフォーカシング指向アートセラピーの全体的構造を示しています。

表 9-1　グループテーマとスキル：12週間

週	テーマ	目 的
1	ストレスマネジメントへの導入：グループのゴール，ストレスマネジメントの心理・教育的説明，安心できる場所のエクササイズ	メンバーへのグループの目的と互いの紹介，リラクセーションの方法を学ぶ。
2〜3	からだで感じられた緊張を確認し，ほぐす	2番目のリラクセーション・エクササイズを学ぶ，ストレスおよびリラクセーションについてのこころ／からだのアウェアネス。
4〜5	ストレス軽減のためのクリアリング・スペース	フォーカシングの第一段階を学ぶ：ストレス軽減とウェルビーイング。
6〜7	フォーカシング・ステップ：取り組む気がかりを選ぶ	気がかりへの取り組み方を学び，変化のための各ステップを確認する。
8〜12	実践：前週までのリラクセーション，フォーカシング，アートセラピーのスキル	リラクセーション学習の強化，セルフケアのためのフォーカシングとアートセラピーの方法。

165

第Ⅲ部　臨床的アプローチ

グループ形式

- ◆ちょっと見てみるフォーカシングの導入
- ◆ストレスをちょっと見てみるフォーカシング：からだの緊張を確認する，イメージとしてシンボル化する
- ◆ストレスのフェルトセンスのイメージを描く
- ◆ストレス軽減のエクササイズ
- ◆フォーカシング：からだの緊張を確認する，イメージとしてシンボル化する
- ◆今そのフェルトセンスがどうなのかを描く
- ◆シェアリング（分かち合い）

■ 1週目：安心できる場所のエクササイズ

ゴール：グループの目的とゴールを説明し，安心できる場所を見つけることで，安全感をつくり出します。患者たちが知り合うのを促進し，フォーカシング的態度とフェルトセンスを紹介します。

セラピストはグループに，ちょっと見てみるフォーカシングを教示して，からだの中のストレスや緊張のあるところを気づかせ，イメージとしてフェルトセンスを感じるようにし，そのフェルトセンスをアートで表現するようにします。その後，セラピストはグループに「安心できる場所」のエクササイズを行い，フォーカシングを使ってイメージとしてフェルトセンスを感じるようにし，さらにフェルトセンスをアートでシンボル化していきます。

第9章　精神科デイケアにおけるストレス軽減

エクササイズ 9-1

ストレスをちょっと見てみるフォーカシング

　何度か息を深く吸い込んでください。からだの内側に息が入っていくにつれて、緊張やストレスを感じるところがあるかどうかに気づいていきましょう。そこに何があっても、やさしくできるかどうかやってみましょう。そして、ストレスや緊張の、内なるフェルトセンスのハンドル表現のイメージがあるかどうか見てみましょう。それがぴったりかどうか、確かめましょう。できそうなら、フェルトセンスのイメージを描いてみてください。

エクササイズ 9-2

安心できる場所と「やさしくすること」

　どこか安心できる場所にいるのを思い浮かべてください。それはあなたが知っている所かもしれないし、あなたの想像でつくり上げた所かもしれません。それはからだでどのように感じられるでしょうか。気づいたものにやさしくしましょう……（時間を取る）。今度は、その内なるフェルトセンスに一致するイメージがあるかどうか見てみましょう。できそうなら、そのフェルトセンスのイメージを描いてみてください。

▶例：ルーカス

　ルーカスは，統合失調感情障害でデイケアを受けていた，53歳の患者です。ちょっと見てみるフォーカシングの間に，ルーカスは自分のフェルトセンスの描画を説明しています（図9-1）。「私の頭の中はたくさんの厄介な考えでいっぱいで，自分が崖から落ちているような感じがします」。「安心できる場所」のエクササイズの後，ルーカスは自分の描画（図9-2）をシェアして，「今は前より穏やかな気分だ」と言います。このことは流れるような優雅な線と「前より穏やかな」（more peaceful）という言葉からも明らかです。フェルトシフトは，厄介に感じ，崖から落ちているように感じられることから，より穏やかな描画への変化としてルーカスに体験され，このことは彼のアートにとてもはっきりと表れています。アートは，フェルトセンスをとらえ，ストレスを軽減しながら，効果的なフィードバックの道具として役立つのです。

■ 2―3週目：からだで感じられた緊張を確認し，ほぐす

　ゴール：患者たちに，自分のからだとつながるための安全なやり方を教えます。からだのストレスを確認し，ストレス軽減の手段を学び，そしてアートに表現されるフェルトセンスやフェルトシフトを見ていきます。
　セラピストはグループに，ストレスをちょっと見てみるフォーカシング（エクササイズ9-1）を教示し，からだのストレスや緊張のあるところに気づかせ，イメージとしてフェルトセンスを感じるようにし，そのフェルトセンスをアートに表現するようにします。その後，セラピストはグループにエクササイズ9-3の「緊張をほぐす」を行い，続いてフォーカシングを使ってイメージとしてフェルトセンスを感じるようにし，そのフェルトセンスをアートでシンボル化していきます。

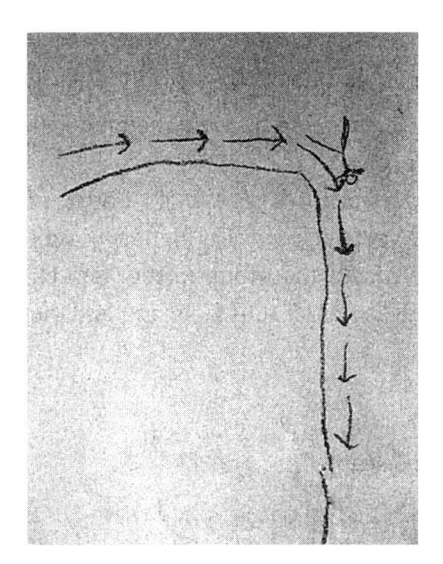

第9章 精神科デイケアにおけるストレス軽減

図 9-1 フェルトセンス「ストレス」(ルーカス)

図 9-2 フェルトシフト「穏やかな場所」(ルーカス)

> **エクササイズ 9-3**
>
> **緊張をほぐすエクササイズ**
>
> グループに，筋肉を緊張させてその後すぐにほぐす，リラクセーション・エクササイズを教えます（たとえば手，腕，足，腹部，目，顔）。その後，患者たちにフォーカシングをさせ，フェルトセンス（イメージ）を感じるようにして，そのフェルトセンス（イメージ）をアートで表現していきます。
>
> バリエーション：どんなリラクセーション・エクササイズでもいいですよ。

▶例：アダム

24歳の患者，アダムは，細い黒のマーカーで描かれた最初の描画（図9-3）を説明しています。「ハンマーで打つようなプレッシャーが，自分の頭と両足に向かってきているように感じます。エクササイズの後，そんなプレッシャー全部が自分から離れていく感じ……だから矢印が自分と反対を指しているんです」。

2番目の描画（図9-4）は，紫色のマーカーで描かれていて，緊張が生じている状態からほぐれている状態へのフェルトシフトが，はっきりわかります。大きな笑みとよりはっきりした目になっています。プレッシャーが彼に向かってくる状態からほぐれていく状態への，アダムのなかでのフェルトシフトと，結果としての見開いた目と大きな笑みが，アートで具体化されています。

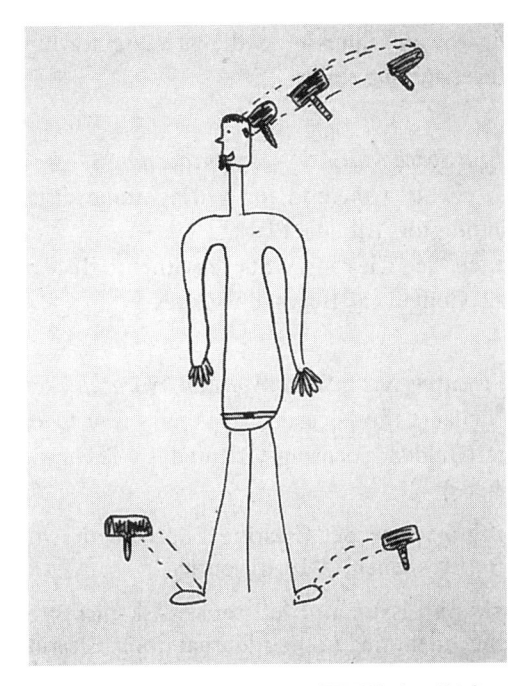

第 9 章　精神科デイケアにおけるストレス軽減

図 9-3　フェルトセンス「緊張」(アダム)

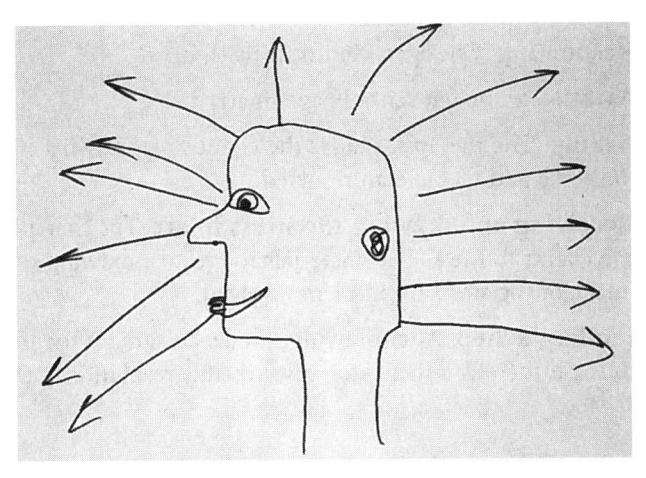

図 9-4　フェルトシフト「解放」(アダム)

■ 4週目：アートを用いたクリアリング・スペース——ストレス軽減

　ゴール：患者たちに，自分のストレス要因から距離を取り，「いい感じのところ」を見つける方法を教えます。

　クリアリング・スペース：アートを用いたクリアリング・スペースⅢ，具体イメージ（開眼）#2：容器，箱，封筒を参照してください。

■ 5—6週目：フォーカシング・ステップ——気がかりに取り組むことによるストレス軽減

　ゴール：ストレス要因を解決するような気がかりについて探っていく方法とし，フォーカシング・ステップを患者に教えます（第6章の「フォーカシング指向アートセラピーのステップ」の教示が利用される）。

1. **クリアリング・スペース**：アートを用いたクリアリング・スペースⅢ，具体的イメージ（開眼），#1：絵日記を参照してください。
2. **気がかりやフェルトセンスを選ぶ**：「クリアリング・スペース」によって日記に書いたことのなかから，取り組みたい気がかりを一つ選んでもらいます。フェルトセンスに触れるように促します。
3. **ハンドル表現／シンボル**：そのフェルトセンスに合うイメージがあるかどうか見てみます。
4. **響かせる**：そのイメージがふさわしいかどうか確認します。
5. **アート**：アートでフェルトセンスのイメージを創り出します。
6. **問いかける**：セラピストはそれらがすべて解決されたら，どんなふうになって，どんなふうに感じられるかを，感じてみるように促します。
7. **受け取りとアートにストレスを描画する**：セラピストは患者に，アート素材を用いて，ストレスや気がかりが解決されたときの感じられたイメージを，描画で創り出すよう促します。

第9章 精神科デイケアにおけるストレス軽減

8. **一歩を見つける**：描画の後，リーダーはグループに，この解決に向かう小さな一歩があるかどうか見てみるよう促します。

▶例：リサ

リサは，双極性障害の病歴がある43歳の患者です。彼女が取り組みたいストレスは，3人の子どもたちに自分が怒っていることでした。リサの最初のフェルトセンスのイメージ（図9-5）は，彼女のお腹のあたりにあるもつれと説明して，赤い，締め付けられた直立している形でした。

気がかりが解決されるイメージをした後，リサのフェルトセンスのイメージは，周りを滑らかな数字の8の形に囲んだ，柔らかくはっきりした黄色の花に変わっていました（図9-6）。「私のお腹のあたりの緊張が和らいで，穏やかな感じに変わった気がしました。私に起こった一歩は，息子たちの世話をすることの意義や，家族であることの意義を，彼らに話すこと。私はただ怒るばかりじゃなくて，息子たちに前向きなご褒美もあげたいの」と，リサはシェアしています。

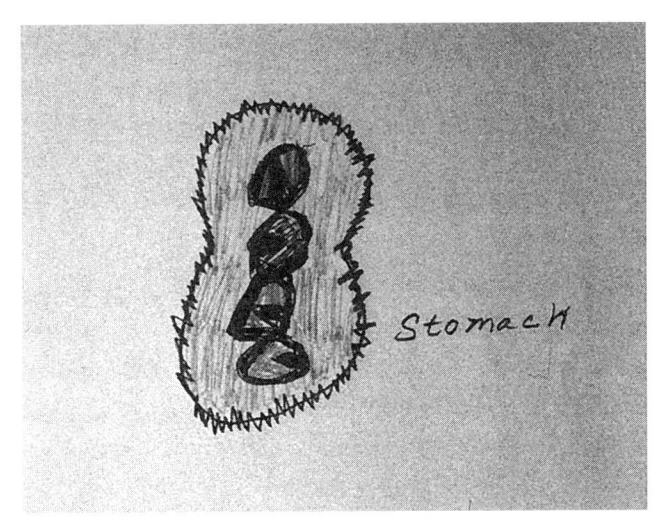

図 9-5　フェルトセンス「怒り」（リサ）

第Ⅲ部　臨床的アプローチ

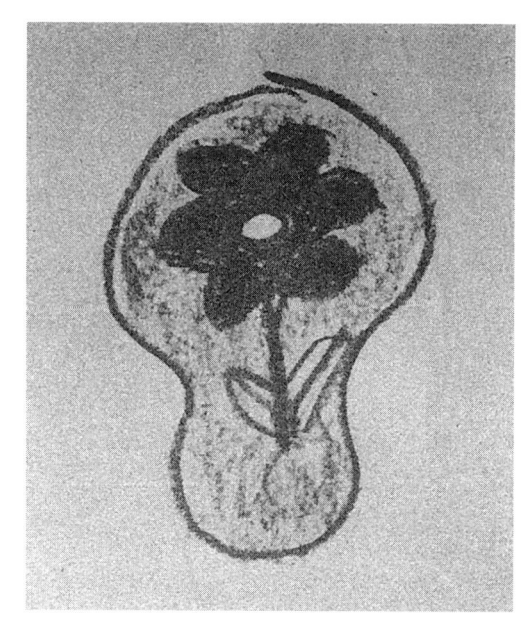

図 9-6　フェルトシフト「穏やか」（リサ）

　ディケアセンターで働くのを辞めて数年後，私は患者や職員たちを訪ねてみました。よく声が聞こえていたある患者が「いつも聞こえる他人の声のかわりに，今はときどきあなたの声が聞こえます，『深く息を吸って……リラックスした状態で呼吸して，ストレスを吐き出して……』という具合にね」と私に言ってくれました。

精神障害を対象とする場合の留意点

1. 目を開けて地に足をつけることや，ボディ・アウェアネス・エクササイズから始めましょう。今この瞬間に留まることや，からだとの安全なつながりがもてているか，患者の能力を査定してみましょう。
2. 患者が自分のからだと安全なつながりをもつことができ，今この瞬間に留まることができるということがわかった場合に限って，彼らに目を閉じ

るよう促しましょう。
3. フォーカシングの教示は，具体的で構造的に適応することができるので，このような対象に役立つものです。
   - ◆患者が目を開けていても，フェルトセンスに向ける教示をしましょう。「考える」のかわりに，「気づくようになる」「内側を感じる」と表現しましょう。
   - ◆頭で考えた迅速な回答よりも，知恵があるところを感じるための時間を患者に与えましょう。
   - ◆第7章，アートを用いたクリアリング・スペースⅢを参照してください。
4. リフレクション：体験過程的リスニング，アートのリフレクション，動作のミラーリングを行いましょう。

第10章

州刑務所における感情の癒しとセルフケア

　『癒しの家：囚人による内なるパワーと自由へのガイド』（*Houses of Healing: A Prisoner's Guide to Inner Power and Freedom*）の著者，ロビン・カザジャン（Casarjian, 1995）に招かれて，私は刑務所に収監された人びとのために行われている，感情の癒しを扱った12週間に及ぶシリーズの一部に，フォーカシングとアートセラピーのワークショップを提供しました。そのシリーズは，カザジャンの国立情緒的識字能力事業が支援する，グローイング・トゥゲザーと呼ばれる大規模なプログラムの第Ⅱ期でした。

　グループは，個人的な質問と感情の癒しのスキルの習得に専心したいと，自分で選んでやってきたメンバーで構成されていました。受刑者の多くは刑期が長く，仮釈放の資格がないか，あるいは終身刑に服すかのどちらかでした。グローイング・トゥゲザーの第Ⅰ期で彼らは，家族のルーツや力動，傷を負ったインナーチャイルド，核となる信条，怒り，自分たちが投獄された罪を犯すことへの無意識的かつ意識的な誘因，自責の念，許すことなどの問題に取り組んでいました。第Ⅱ期は，毎週招かれる講師が，感情の癒しについてのスキルを教えるために，プレゼンテーションをすることになっていました。今までの授業の一つには，フォーカシングの基礎のワークショップ[*1]があり，そのワークショップでフォーカシング的態度，リスニング（傾聴），

[*1] フォーカシング基礎ワークショップは，ジョーン・クラッグスブルン博士（心理療法家，フォーカシング・コーディネーター，マサチューセッツ州ボストン市在住）により提供された。

クリアリング・スペース，フォーカシングのステップなどが，グループに教えられていました。私の仕事はその基礎を広げ，フォーカシングにアートを加えることでした。

私は，刑務所内の講師になるための州の経歴チェックには合格しましたが，アートの素材の使用を許可してもらうのは，かなり時間がかかりました。素材は1人1箱のオイルパステルと，無地の白い紙（8.5×11インチ）に限られていました。刑務所の奥へと歩いて行くにつれ，全米の刑務所に，癒しの献身的な仕事とその奥深さをもたらしたカザジャンの先見の明に，私は深い敬意を感じました。

受刑者たちが大きな会議室に入る前に，意識的にアートの制作材料を並べる儀式——オイルパステルの箱を1箱，白い紙を数枚，そして「癒しのためのアートとフォーカシング」という表題のついたレジュメを，各自の椅子の上に置くこと——を通して，私は安全で神聖な空間をつくり始めました。受刑者たちは会議室に入ってくると，一人ひとり私のところに歩いてきて，まっすぐに私の目を見て，私の手を握ろうと自分の手を差し出し，いろいろな言い回しでこんなことを言ってくれました。「こんにちは，ラパポート先生。私は○○です。グローイング・トゥゲザー・グループⅡにようこそ」。目が合うことで，はっきりとした人間の尊厳が伝わり，私はこころを動かされていました——見てほしい，そして見たいという意思に。彼らは感謝を伝えるとともに，何かしらの学びを受け取りたいという，開かれた態度を伝えていました。彼らが今までになし得た変化の過程を感じ，私のこころは和らぎました。

テーマ：感情の癒しとセルフケア

■ワークショップ形式：2時間

1. セルフケアと癒しの道具としてのアート
2. アート素材に慣れる

3. フォーカシング指向アートセラピー：名前の描画──崇高な力またはスピリチュアルな心の栄養の源を描く

■セルフヘルプと癒しのための道具としてのアート

▶はじめに

　私はワークショップを始めるにあたり，私がティーンエイジャーのころ，混乱に対処するための方法として，アートや静かに内側に耳を傾けることをどのように見つけたか，個人的な話をしました。そして，アートとフォーカシングの接点をどのようにして探究しているのかを話しました。アート表現を行うことについての気持ちを考慮に入れた基盤づくりのために，私はアート表現を心地良く思っているか，そうでないかを聞きました。感情の癒しとセルフケアにアートを応用するために，アートを定義し直した「癒しのためのアートとフォーカシング」というレジュメの要点を説明しました。

- ◆この目的は，内側にあるものの表現を見つけることにあります──怒り，悲しみ，希望，絶望，不幸，愛，憎しみ，平穏，喜び──それがどんなものであれ。
- ◆美しい絵を描こうと努力したり，何か具体的なものに見えるようにきれいな絵にしようとすら，しないほうがいいのです。癒しのためのアートで最も大事なことは，内側の気持ちやイメージを表現するために，アートを使うことなのです。
- ◆気持ち，考え，反応は，線，形，材質感，色，そしてイメージを通して表現することができます。イメージは，抽象的でも具体的でもいいのです。
- ◆受容：評価しないようにしましょう。アートを創ることで安心がもたらされ，ストレスが軽減され，何かを主張し，何かを表現し，そして何かと通じ合えます。アートはコミュニケーションなのです。それがあなた

第10章　州刑務所における感情の癒しとセルフケア

に伝えているものを受容しましょう。アートを創り，そのアートを受容するようになると，内なる自己受容の癒しが生まれてきます。

▶アート素材に慣れる

　治療のためにアートを使うには，個人的な表現方法として，線や形，色を探って，アート作製の言語を学ぶことが大切です（第4章のエクササイズの教示を参照）。このウォームアップは，探索的に軽い気持ちで楽しく行えるようにデザインされたものです。

　私たちにとって描くのは自然なことで，重要なのは言葉としてのアートの使い方を発見することだと，受刑者たちに念押しをしました。それは，アートがどのように見えるかを，批評したり悩んだりすることではありません。本当に遊びのようなものです。ウォームアップが始まると，グループのエネルギーは，ためらいから積極的な関与に変化していきました。気持ちの表現と線・形・色をいかにつなげるかを試してみた後，受刑者たちはお互いにペアになってシェア（分かち合い）して，その後グループでシェアしました。彼らは，内なる経験とアートの色や形，材質感を結びつけることができ，この体験でからだがほぐれリラックスしたことに，驚きを表現していました。

▶アートとフォーカシング
●名前の描画

　名前の描画は，表現のためのアートの使い方を探り始めるのに，安全な方法です。なぜなら，単に人の名前を書いたり描いたりすることは，（ほとんどの場合）誰もが実施可能な始めやすい構造をもっているからです。

　フォーカシングした後，彼らは自分の名前の描画（図10-1）を創りました。そして，お互いにそれらをシェアしました——初めに三人組で，その後グループで。彼らは，お互いについて知らなかった面が多かったことに気づいて，驚いていました。肯定する様子，つながっている感じ，笑いもたくさんありました。

エクササイズ 10-1

名前の描画

　からだの内側の奥にまで届くように，何度か深呼吸をしましょう。そこでどんなことを見つけたとしても，今はただ挨拶して受け入れましょう。少し時間を取って，自分自身に自分の名前を言ってみましょう。からだの内側で自分の名前を聴いてみましょう。そして，からだの内側にこんなふうに尋ねてみましょう。「このグループで，私は私についてどんなふうに伝えたいかな……私は大胆かな，それとも控えめかな……何をして楽しむかな……私にとって大切なのは何だろう。誰だろう」。ただ待って，答えが内から浮かんでくるのに充分な時間を取りましょう。できそうなら，自分の内側にこう尋ねてみましょう。「私は誰なのか，このグループに自分についての何を知ってほしいのか，といったことの全体の感じは何だろう」。内側のフェルトセンスにぴったりで「ハンドル表現」の役目をする，あなたの名前のイメージがあるかどうか確かめてみましょう。その名前は大きく感じられたり，小さく感じられたり，ある色や厚みをもっているかもしれません。あなたの名前と一緒に浮かんでくるシンボル，形，色やイメージが，他に何かないかどうか確かめてみましょう。それをからだの内側で感じてみましょう。もしそれがぴったりしなければ，それは手放して，あなたの名前の新しいイメージが浮かんでくるようにしてみましょう。ぴったりな感じがからだの内側で感じられたら，ゆっくり目を開けて，注意をこの部屋に戻していきましょう。そしてできそうなら，アート素材を用いて名前の描画を創っていきましょう。

第10章　州刑務所における感情の癒しとセルフケア

図 10-1　名前の描画

▶崇高な力またはスピリチュアルな心の栄養の源を描く

　私は1セッションだけのゲスト講師だったので，受刑者たちが今後も心の栄養のために描き続けること，そして肯定のためのイメージの力について教えて，そのセッションを終わりたいと思っていました。私はカザジャンから，彼らの多くは宗教やスピリチュアルな信仰をもっていることを知らされていました。私は彼らに，「崇高な力」や心の栄養の源にフォーカシングさせることにしました。私は，もう一つフォーカシングのエクササイズをするのでもう一度目を閉じてみましょう，あるいは開けたままでもいいですよ，と彼らに促しました。

　フォーカシングの教示の後，彼らはすぐに描画を始め，それから小グループで自分たちのアートについてシェアしました。大グループでは，普段は説明するのが難しい自分たちのスピリチュアリティの気持ちを，どのようにしてアートで表すことができたかについて話しました。グループのある人が，周りに黄色い光がある赤いハートを描き，そこには「グローイング・トゥゲザー」というグループ名の文字をいろいろな色で書いて（描いて）いました（図10-2）。

第Ⅲ部　臨床的アプローチ

エクササイズ 10-2

フォーカシングの教示：崇高な力や心の栄養の源

崇高な力や心の栄養の源，あるいは安全な場所（スピリチュアルな世界にかかわっていない人のため）に気づいてみましょう。それを自分のなかで思い描いてみてください……それを見てみましょう……それがあなたのからだでどんなふうに感じられているか見てみましょう。内なるフェルトセンスにぴったりで，「ハンドル表現」になるイメージがあるかどうか見てみましょう。もしぴったりこなければ，そのイメージは手放して，ぴったりくる新たな言葉や言い回し，イメージを浮かべてみましょう。その感じがつかめたら，目を開けて，線や色，形，イメージを用いて，感じられたイメージを描いてみましょう。抽象的でもいいし，現実の何かを描写するものでもいいですよ。

　ある受刑者は，このグループが自分にとっていかに大切で，どれほど心の糧になっているかを語っていました。彼は感謝を伝える方法として，描画を私にくれました。

　私たちの共同ワークショップの2, 3週間後，私はこのグループから感謝の手紙を受け取りました。私は受刑者たちの声をより広い世界へ届かせるために，そして癒しは可能であることを肯定するために，ここにその手紙を皆様に紹介します。

第10章 州刑務所における感情の癒しとセルフケア

図 10-2 スピリチュアルな心の栄養の源

拝 啓
　　ラパポート先生
　私たち，「グローイング・トゥゲザー第Ⅱ期」は，この機会を心から感謝したいと思います。先生がずっと続けておられる人類とその（平和的）共存への関心は，受刑者に希望を与えるものです。
　先生がここへ来られた日は，描画というアートを通して自分の気持ちを表現することを私たちに教えてくれた，すばらしい時でした。はじめは，ここにはちゃんとした絵が描ける人は二人しかいないと信じていました。そのうちの一人は本当に描

> けます。しかし今や，自分自身を信じて，その信頼の表現に対して敬意をもつことができる人たちは，20人もいます。「グローイング・トゥゲザー第Ⅱ期」の人たちは，本当に先生のプレゼンテーションを楽しみました。
>
> 　私たちはこの機会に，先生にもうひとつのお誘いをしたいと思います。私たちのパンフレットが仕上がったらすぐに先生に必ずお送りします。重ねて，先生の専門性に対して多大なるお礼を申し上げます。先生とご家族の皆さんに安心と幸せがありますように。
>
> 　　　　　　　　　　　　　　　　　　　　　　　　敬　具
> 　　グローイング・トゥゲザーⅡのメンバーより

　この手紙が人びとのなかに思いやりを育み，刑務制度のなかに気持ちの癒しが取り入れられることを願っています。

第11章

内なる批評家を変容させる

　フォーカシングでは,「批評家」という用語は,フォーカシング・プロセスを邪魔する原因と考えられています（Cornell, 2005；Gendlin, 1996；Purton, 2004）。批評家は,内なる体験へ向かおうとする態度を邪魔し,フォーカシング的態度と相反しています。やさしくし,受容し,迎え入れるというよりは,厳しく,批判的,否定的,批評的なのです。フォーカシング的態度は,フェルトセンスが生まれるのに安全な状態をつくり出しますが,「批評家」は不快な内的環境を助長します。たとえば批評家は,「なんて変なイメージなの」と言い,潜在的なフェルトセンスの「ハンドル表現」へのフォーカサーの信頼を,傷つけることがあります。あるいは批評家は,「こんなことはばかげている！」や「おまえは正しく理解していない！」と内側へ波紋を投げかけて,フォーカシング・プロセス全体を傷つけることもあります。批評家は,ネガティブな言葉,たとえば,「おまえには絵は描けない！」「これは見苦しい！　絵を描くなんて子どもがすることだ」を使って,アート表現を邪魔する可能性があります。

　ジェンドリン（Gendlin, E. T.）は,内なる批評家をフロイト（Frend, S.）の超自我概念と比較しています。

>　「それは,人のあらゆる望ましい活動を批判したり邪魔したりする内なる声である（p.247）……その声は,ほとんど理解がなく,まったく思いやりもない（p.248）……超自我は,声だけではない——それには態度も含まれる。それはたいてい,ネガティブ,怒り,敵意,非難,卑

劣,軽蔑である。それは,人を悩ませることを楽しんでいる」

(Gendlin, 1991, p.255)

しばしば批評家は,内在化された自己の一側面で,その存在が気づかれないままになっていることがあります。一般的にクライエントは,内在化された批評家の攻撃が起こっていることに気づかず,批評家の影響——恥,抑うつ,低い自尊心や自己イメージ,不安,恐怖——を受けています。批評家を和らげるためには,まず批評家の存在に気づき,批評家の扱い方を見つけることが重要です。やがて,フォーカシング的態度がより強くなるにつれて批評家は静かになり,その結果より寛大で穏やかな内的な関係をもつようになります。私は,ある学会でジェンドリンが批評家について話していたことを覚えており,その話を聴いてから私自身の内なる批評家を,より有効的に扱えるようになりました。彼はこう述べていました。「その声に気づいたら,こう言えばいいのです……また出てきたんだね。また何か新しく言いたいことが出てきたら,また戻ってくればいい」。彼の言葉は私にぴったりときました。そう,批評家の声は決して新しいものをもたらすわけではありません。ジェンドリン (Gendlin, 1996) は,もし可能なら,批評家を却下する,それを拒む,それに待合室で待っているように促す,その他の似たような戦略を使って批評家に邪魔させないようにすることを強調しています。アン・ワイザー・コーネル (Cornell, 1990, 2005) は,批評家に異なった方策を用いています。彼女は,フォーカサーが批評家に挨拶をし,批評家との関係を築き,その意図や恐れ,気がかりに耳を傾けることを勧めています。批評家の攻撃の性質と同様に個人差にもよって,批評家に効果的に対処するさまざまなアプローチがあり,それを要点 Box11-1 に要約しました。

批評家との関係を変容させる

フォーカシング指向アートセラピーは,内なる批評家との関係を変化させ

第11章　内なる批評家を変容させる

アウェアネス
・マインドフルネス：内なる批評家に気づきます。その声の調子，口調，発言に気づくのです。
・挨拶をする：それがそこにあることを私はわかっているよと，それに知らせます。

距離を置くこと
・距離を置く：たとえば，隣の部屋で批評家に待っていてもらうというように，批評家から離れる方法を見つけましょう。それのための特別な場所をつくるために，アートを用います。それに対して，何か新しいことを言いたくなったら戻ってくればいいよ，と伝えます。アートを用い，あるいは用いずに，批評家を「クリアリング・スペース」へ組み入れるのです。

批評家にフォーカシングする
・それに優しくする：少しの間，批評家の隣に留まりましょう。批評家と一緒にいましょう。
・フォーカスする：批評家のフェルトセンスを感じましょう。批評家のハンドル表現／シンボルがあるかどうか見てみましょう。批評家のフェルトセンスをシンボル化するようなイメージを創りましょう。
・批評家に問いかける：批評家はあなたに何を望んでいますか。批評家は何を怖がっているのかな。批評家はどんな安心することがほしいんだろう。
・受け取る：批評家が言わずにいられないことに耳を傾けてみましょう。

批評された部分にフォーカシングする
・それに優しくする：少しの間，批評された部分の隣に留まりましょう。それと一緒にいましょう。
・フォーカシングをしてみる：批評された部分のフェルトセンスを感じます。それのハンドル表現／シンボルがあるかどうか見てみましょう。批評された部分のフェルトセンスをシンボル化するようなイメージを創りましょう。
・問いかける：批評された部分が言わずにはいられないのはなに？　それは何を必要としているの？
・受け取る：批評された部分が言わずにはいられないことを聴きましょう。

解　決
健康的な解決には何が必要なのかな。
正しい方向へのよい小さな一歩は何だろう。

要点 Box 11-1　批評家の扱い方についての戦略

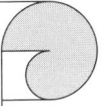

るのに役立つ戦略をもっています。まず，フォーカシングは，フェルトセンスから批評家に耳を傾けるためのステップを与えてくれ，また批評家への友好的な態度をもたらすのに役立ちます。さらに，表現アートは，目に見えるイメージで批評家を具現化するのに役立ち，それを観察する者から健全な距離を取る能力を高めていきます。批評家をテーマにしたグループでは，心理学者で長年のフォーカシングの指導者である，ジョーン・クラッグスブルン（Klagsbrun, J.）と共同創作したさまざまなエクササイズを用います。

■ ゴール

1. 内なる批評家と，批評された部分以外の他の自己の部分に，心を留めておきましょう。
2. 自己の立会人のような側面に，内なる批評家を観察させましょう。
3. 批評家や批評された部分にやさしくする，フォーカシング的態度をもちましょう。
4. 批評家や批評された部分のフェルトセンス，ハンドル表現／シンボルを見つけましょう。
5. 批評家や批評された部分に，耳を傾けましょう。
6. 批評家との新しい関係や，批評家と自己の批評された部分との間の新しい関係を，こころに描いたりアートで表現したりして，築いていきましょう。

■ グループの形式

フォーカシングの教示：批評家と批評された部分との関係（エクササイズ11-1）

アート：批評家と今批評されている部分を取り上げ，それがどうなってほしいのか，フェルトセンスのイメージを描きます。

　アート素材：描画素材（オイルパステル，チョークパステル，マーカー）。粘土，塑像用粘土，拾ったもの，糸，フェルト，色画用紙，編み物用

糸など。

対話：クライエントは，批評家や批評された部分に問いかけ，アートに耳を傾け，フェルトセンスが答えるようにすることから始めます。問いかけや答えは，書き留めてもいいし，声に出して行ってもいいでしょう。

役に立つ批評家への問いかけ：そんなに批評する意図は何だろう。あなたは何を怖がっているの。あなたは私にどうしてほしいの。

役に立つ批評された部分への問いかけ：何を批評されている感じがするの。あなたは何が言いたいの。あなたは何を必要としているの。

次の二つの例は，フォーカシングと表現セラピーの大学院コースの院生のものです。自己の一部としての批評家について話した後，私は「批評家と批評された部分との関係」についてのフォーカシングの教示（エクササイズ11-1）を，クラス全体に行いました。

エクササイズ 11-1

批評家と批評された部分との関係

居心地の良い座り方を探してみてください。何度かからだの中へ深く呼吸をして，からだに息が入ってくる感じ，出ていく感じに気づいておきましょう。あなたが座っている椅子や，あなたの足の下の地面から支えられている感じを感じましょう。そして，ここにいる感じを感じましょう……目を閉じてもいいし開けたままでもいいですよ。あなたにとって心地良いほうにしましょう……（時間を取る）。これから，自己批評的や批判的，否定的，あるいは自滅的になることのある，内側の場所に気づいていきます。このような場所といくらか距離を置くことが重要です……あなたが映画館にいて，椅子に座っていて，ただそれを見ることができるような距離をイメージしましょう。

第Ⅲ部　臨床的アプローチ

> 批評的な部分をちらっと見ると，からだがどんなふうに感じているかに気づきましょう……それにぴったりで「ハンドル表現」のイメージがあるかどうか見てみましょう……イメージがぴったりかどうか確かめましょう……今度は，批評され，攻撃を受けている部分に気づいていきます。それのフェルトセンスは何でしょう。フェルトセンスにぴったりくるイメージがあるかどうか見てみましょう……それがぴったりかどうか確かめましょう……二つの関係はどんなものでしょうか。二つの部分の関係についてのフェルトセンスに，ぴったりくるイメージがあるかどうか見てみましょう……そしてそれがぴったりかどうか確かめましょう……何度か深呼吸をしましょう……今度は，あなたがこの二つの関係をどのような関係にしたいのか，イメージしてみましょう（時間を取る）。この新しい関係をもつと，あなたのからだはどのように感じているのかを感じてみましょう。フェルトセンスにぴったりくるイメージがあるかどうか見てみましょう。ゆっくり自分のペースで……イメージがぴったり合ったと感じたら，この部屋にいることに注意を戻して，静かに目を開けましょう。
>
> **表現アート**：二つのイメージを創り出します。批評家と批評された部分との関係についての今のフェルトセンスと，あなたがその関係をどのようにしたいかについてのフェルトセンスです。

▶例：アンジー

　26歳のアンジーは，私の「フォーカシングと表現セラピーコース」の大学院生です。アンジーの最初の描画（図11-1）では，不気味な雲から青や黒の雨粒が降っているなか，テーブルの下に縮こまっている人の姿がありました。アンジーは「批評家は，批判的で好ましくない批評の雨を降らせてい

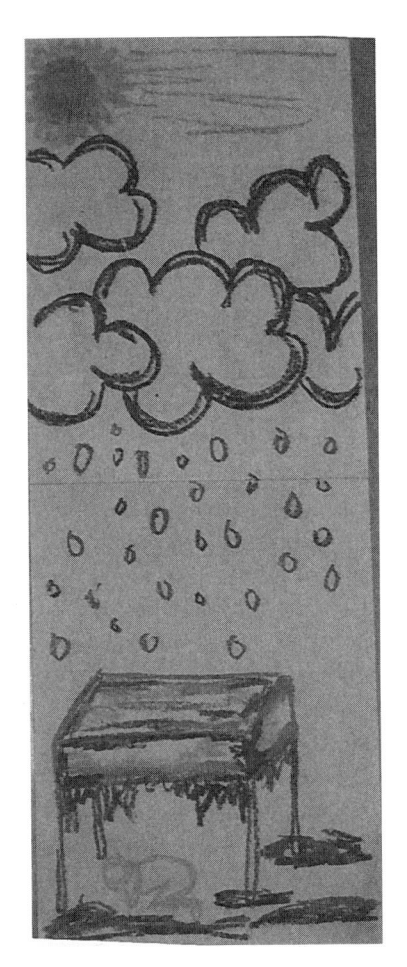

図 11-1　フェルトセンス
　　　　「批評家の攻撃」

図 11-2　フェルトシフト
　　　　「新しい関係」

ます。そして，批評されている部分は，テーブルの下に隠れようとしています」とシェアしていました。

　二つ目の描画（図11-2）では，アンジーがどのような関係を築きたいかが描かれており，小さな人を抱えた人が，テーブルの上に立っています。太陽はより明るく照り，雨は止んでいました。

第Ⅲ部　臨床的アプローチ

●対　話

（批評家が批評された部分へ話している）

批評家：あんたは何が言いたいの。

批評された部分：あなたの絶え間なく続く激怒で，私は一人ぼっちな感じ，それに無防備に感じます。傷つきやすくなっていて，絶え間なく続く罵倒にもう我慢できない。

批評家：あんたは私を必要としているのよ，成功するために！

批評された部分：あなたは私に失敗や欠点を，全部思い出させるの。こんなことで成功するの？……成功にどう役立つの？　あなたは何を恐れているの？

批評家：あたしは，あんたがいろいろなことに気をつけるように，思い出させているのよ。あたしは，あんたがいつか耳を傾けなくなることを恐れてる……そのとき，あんたは失敗するね……だから，あたしは大声で言うのよ。

批評された部分：あなたは私の声を奪ってしまうように感じる。あなたの意図はなに？

批評家：あんたが自分自身の強さを知ること。私は，あんたに諦めてほしくない——だから，あたしの声はとても強くなるのよ！

批評された部分：わかった——あなたの意図を理解できた。それは素晴らしいことだけど，私たちは一緒に，だけど別々に動きましょう。

アンジーは，二つの部分を抱えるのがどれほど辛く，どちらもがどれほど聴いてほしがっていたのかをわかっていなかったとシェアしました。彼女は，これからは批評家に気づきやすくなるだろうと感じていました。また，丁寧なやり方で気がかりを挙げてほしいと，批評家に向かってより強い声で言えると感じていました——同じ目標に向かうチームとして。この新しい内的な関係は，二つ目の描画に反映されています。それは頭上で太陽が明るく照っているなか，二人がテーブルの上で抱きしめ合っています。

▶例：ジャネット

ジャネットは32歳の学生で，彼女もいったん両方の部分——批評家と批評された部分——の相互作用に声を与えることができると，批評家に本来備わっている良い意図を発見しました。

ジャネットは批評家のフェルトセンスを，「……腫れ上がっているような胸のあたりの重い感じ」として説明し，批評された部分をこう表しました。「……喉のあたりで息が詰まる感じ。批評家のハンドル表現／シンボルは，大きな海の波と，乳が不快なほどにはち切れそうになって納屋の庭につながれている牛です」。

批評家と批評された部分との新しい関係にフォーカシングをしていると，ジャネットはフェルトセンスのハンドル表現に，あるイメージが浮かんできました。「批評家ショー」という移動式シアターの作品のイメージでした。彼女は赤い色画用紙で立体のステージを作り，クレープ紙で黄色のカーテンを吊るしました。ステージ上に，ジャネットは金色のキラキラしたパイプ掃除用具を持った，青い粘土人形を置きました（図11-3）。

ジャネットは対話を通して，それぞれの部分についてさらに洞察を得ました。

●対　話

批評された部分：そんなに批評するあなたの意図はなに？
批評家：俺は早く行きすぎないように君を引き留める必要があるんだ。こういうことを俺たちが話し合うことができなかったら，人は君についてきやしないし，君の考えも却下されてしまうだろうよ。
批評された部分：あなたは何を恐れているの？
批評家：人の邪魔をすることだよ。俺たちは，しばしば，わがままで思いやりがないと避難されているだろう。
批評された部分：あなたは私に何をしてほしいの？
批評家：感情的にならないでほしい。後悔することになるからな。

第Ⅲ部　臨床的アプローチ

図 11-3　批評家ショー（ジャネット）

■ 批評された部分との対話

批評家：君は何が言いたいんだ？

批評された部分：私は，はち切れそうなぐらいいっぱいになっている——絞る必要がある牛の乳のように。窒息しそう。

批評家：何を批評されているように感じるんだ？

批評された部分：がっかりしています。私が失敗者みたいで。腹が立つ！

批評家：君は何を必要としているんだ？

批評された部分：腹を立てること。感情的になること。動くこと。自信。

批評家：何か正しい方向への小さな一歩はないのか？

批評された部分：ここにいる批評家の部分だけじゃないことに気づくこと——傷ついた部分もあるのよ。そして話すためには二枚舌でないといけない，ということも。

第11章　内なる批評家を変容させる

　フォーカシングや対話やアートを通して，ジャネットは実際には批評家によってケアされ，守られていると感じていたことを発見しました。それは彼女に批評家に対する新しい見方を与えました。同時に，批評された部分から深い思いやりが沸き起こりました。ステージのイメージは，声（二枚舌）が必要だった両方の部分の表現と前進を助けています。上演の間，観客と役者の両方が尊重されます。なぜなら，彼らはお互いがいなければ存在しないからです。ジャネットは，話す場を与えることで批評家の声に敬意を払うことができ，一方で，彼女自身に，批評家の意見を超えて進む許可を与えることもできました。彼女は，批評された部分がとても腹を立てていることがわかって，驚いていました。ジャネットは，アートを通して怒りに対する健康的なはけ口を見つけました。「もし，舞台が本当に悪かったら，私はそれに腐った野菜を投げつけるし，街からとっとと出て行けと言います！」。ジャネットはこの新しい理解と，二つ部分の新しい関係を把握できたことを喜んでいました。彼女はこう述べています。

　　「批評家の演劇は，次の『パフォーマンス』を待ちながら，私の無意識の広大な景色の中を放浪していることがわかって，私はいくらか心地良くなりました――事前予約不要で，一般入場ができて，万一に備えて古い腐った野菜を持っていけばいい……どんな演劇が行われても，私はそのメッセージを運び去り，単にエンターテイメントの価値として見ることができます」

　バリエーション：このエクササイズは，対話をせずに行うこともできます。批評家と批評された部分との関係についてのフェルトセンスの表現をつなげるために，次のような問いかけをフォーカシングの教示に加えてもいいでしょう。応答はアートワークに反映されます。「新しい関係を邪魔しているのは何だろう」「それを達成するのに何が必要かな」「何が正しい方向への小さな一歩なんだろう」。

批評家に取り組むための留意点

1. 批評家が必ずしも真実を話しているとは限らない，内在化された声であることを知っておきましょう。
2. 批評家から離れる方法を見つけましょう。「小休止」を与え，隣の部屋で待たせておくなど。距離を取るのに有効ならば，どんな方法を使ってもいいのです。
3. 批評家を知りましょう。批評家にやさしくしてみましょう。問いかけてみましょう。「あなたの意図はなに？」「あなたは何を怖がっているの？」「あなたは私に何をしてほしいの？」。
4. 批評家の心配や気がかりに対して，あなたもより思いやりのある解決方法を見つけたいと思っていることを，批評家に知らせましょう。

第12章

文化の架け橋となる
フォーカシング指向アートセラピー

　この章は，2005年にトロントで行われたフォーカシング国際会議で，私が発表した，フォーカシング指向アートセラピー入門ワークショップの要点です。ワークショップを始めたとき，北アメリカ人に比べ日本人のフォーカサーがたくさんいたことに，気づかずにはいられませんでした。私は温かい歓迎を述べた後，全員が落ち着いてからだに向かい，さらにプレゼンス（臨在）を感じ，このワークショップに参加するきっかけとなったそれぞれの望みや期待が何なのか，内側に耳を傾けられるように「ちょっと見てみるフォーカシング」の導入（フォーカシング・チェックイン）を行いました。私がグループに教示していると，私の言葉を日本語に通訳する，美しく柔らかい音楽のような声が聴こえました。日本のフォーカシング・コーディネーターである日笠摩子さんが，7人の日本人フォーカサーに通訳していました。

　グループでそれぞれの女性が，名前や期待していることをシェアして（分かち合って）いると，英語から日本語，日本語から英語に通訳されるのに耳を傾けているうちに，時間の感覚が伸びていっていることに気づきました。このグループは，フォーカシング的態度の性質——「やさしくする」や「ともにいる」——といったことが自然にできていたので，深いリスニング（傾聴）と受容の雰囲気をつくり出すことができました。私はグループの多様なニーズに気づいていました。日本人女性が話したことを理解できるぐらいゆったりとした時間と，発表の内容に飛び込む準備のできている北アメリカ

人のニーズに合うぐらいの，ちょうどよいスピードでした。そこで私は，予定していた長めのアートセラピーの入門的な話を中断して，その本質についてもっと話すことにして，アートとフォーカシングを直に体験することに，重点を置くようにしました。

アート素材に慣れる

フォーカシングにアートセラピーを用いるには，まず参加者がさまざまなアート素材を知ること，線や形，色，イメージの表現可能性を感じ，アートの言語について個人的体験をすることが不可欠です（第4章にあるエクササイズ4-1「線や形，色を探索する」を参照）。

ウォームアップの後，参加者の一人は，彼女の体験を次のように説明していました。「私のフェルトセンスは，フェルトセンスが求めている適切な素材や色を選んでいます。私はアート素材を選ぶことで，フェルトセンスがいかにうまく表現できるかよく理解しています。その結果，私，いい感じで満足しています」（図12-1）。もう一人の参加者は次のように言っていました。「私はたいてい自意識が高すぎてアートを創ることができないのですが，この『ウォームアップ』のエクササイズは，私を束縛から自由にしてくれました。フェルトセンスを表現する多くの方法を与えてくれたこのエクササイズに，私は本当に感謝しています」（図12-2）。

カンバーセーション・ドローイング

参加者がペアになって絵を描くことで会話をする，「カンバーセーション・ドローイング」（第4章参照）と呼んでいるアートセラピーの教示を紹介した後，日本人フォーカサーの一人は興奮しながら，「言葉を使う必要はないということですか」と尋ねていました。私は「そのとおりです。会話はしません。ただ一枚の紙の上に線や形，色，あるいはイメージを使って会

第 12 章　文化の架け橋となるフォーカシング指向アートセラピー

図 12-1　アートに慣れる①：フェルトセンス

図 12-2　アートに慣れる②：フェルトセンス

第Ⅲ部　臨床的アプローチ

話をするのです」と返答しました。その参加者は,「私は日本人以外の人とワークをしたい」と言いました。他の人はその希望に沿って,二つの違う文化からなるペアになりました。グループがカンバーセーション・ドローイング（図12-3）に夢中になっていくにつれ,私は静かに深いつながりが広がっていくのを感じていました。「カンバーセーション・ドローイング」の後,いつもは直後に,これらの体験を人びとに話してもらいます。しかし,私はこのグループに,アートでフェルトセンスを表現するために,フォーカシングがどのように使われているかを学んでもらいたいと思っていたので,フェルトシフトが,目に見えるアートでどのように見られるのかについても理解してほしかったのです。

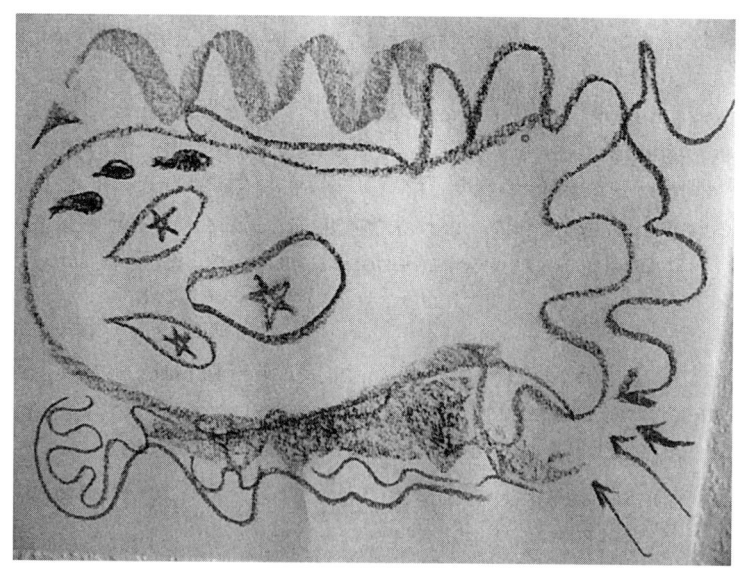

図 12-3　アナとタカラのカンバセーション・ドローイング

第 12 章　文化の架け橋となるフォーカシング指向アートセラピー

フォーカシング：
🔴 アートでフェルトセンスとフェルトシフトを表現する 🔴

　「カンバセーション・ドローイング」に没頭した後，私はグループに「ちょっと見てみるフォーカシング」の教示をしました。「**何度か深い息をからだに吸い込み，何を見つけたとしてもやさしくしながら，内側でどのように感じているか気づいていきます。内なるフェルトセンスにぴったりでハンドル表現のイメージ（言葉，フレーズ，ジェスチャー，音）があるかどうか見てみましょう**」。その後，グループにアート作製を通じて，フェルトセンスのイメージ【ハンドル表現／シンボル】を創るよう促しました。フェルトセンスを描いた後，私はグループに，からだの内側に戻ってフォーカシングをして，描画後それはどうなっているかに気づくように教示しました。フェルトセンスが同じかどうか，変化（フェルトシフト）しているかどうかを確かめてみるように促しました。両方の絵を描き終えると，ペアにお互いの体験を話してみるように言いました。

　突然，言語の課題が戻ってきて，通訳を頼むペアや，なんとか理解しようと奮闘しているペアがありました。それぞれのペアが，自分自身のアートについて，どれほどエクササイズが楽しかったかの興奮をシェアしていました——そして，共感的理解を感じ，言葉を使わずにアートを使ってつながりを感じるのが，どれほど簡単だったかをシェアしていました。

▶例：アナとタカラ

　アナ（北アメリカ）とタカラ（日本）の「カンバセーション・ドローイング」（図 12-3）の例は，アートが言葉の違いの架け橋となる方法や，フォーカシングのステップが，アートやグループのプロセスに統合できる方法を示しています。アナはカンバセーション・ドローイングの描画のパートについて，次のように述べています。「私たちの 1 人が赤い線を描き始め，

もう1人は青い線で後に続きました。最初，私たちはためらいがちだったけれど，だんだん流れ始めました。中間を過ぎると，私たちは調和したチームになりました」。タカラ（日本）は，「彼女は私の線に近づいてきたけれど，決して私の線には侵入しませんでした。私が線を描けば描くほど，自由で遊び心いっぱいになっていきました。私が紙の真ん中に黄色いモンスターを描いたとき，私たちの会話はもっと遊び心いっぱいになりました」と加えました。

「カンバーセーション・ドローイング」の後に，フェルトセンスを感じるためにフォーカシングをすると，アナのハンドル表現／シンボルは音として浮かんできました——楽しそうで満足そうな音でした。タカラのフェルトセンスのハンドル表現／シンボルは，イメージとして浮かんできました——黄色の星と赤いチューリップのイメージ（図12-4）でした。

タカラは，「チューリップと星が，体験の楽しさや遊び心いっぱいな感じをシンボル化しています。流れ星の尾は，楽しさや陽気さのフェルトセンスがやって来ることを表しています」とシェアしています。描画後にフェルトセンスを確かめると，「何かがチューリップと星の輝きを覆っています……だから私は，初めに描いたもののすべてを，薄いグレーで塗りつぶしました（図12-5）。私はこの『覆っている』ものが何なのかわかりませんでした。私は今，それはおもしろさや遊び心，楽しめる感じを削ぐものだとわかりました」。

ラージグループでのシェアで私はタカラに，フェルトセンスに戻って，それと一緒にいて【フォーカシング的態度】，それに問いかけてみたいかどうか尋ねました。彼女は「ええ」と答えました。フェルトセンスにやさしくするように彼女に穏やかに教示しながら，内側のフェルトセンスに耳を傾けてみるように言いました。それに「この覆っているものは何だろう」と問いかけてみるように促してみました【問いかける】。しばらくして，彼女は「それは，私の寂しさです……私は豊かなつながりを楽しんだけれど，今は離れてしまっているんです」と言っていました（涙を流し始める）【受け止め

第 12 章 文化の架け橋となるフォーカシング指向アートセラピー

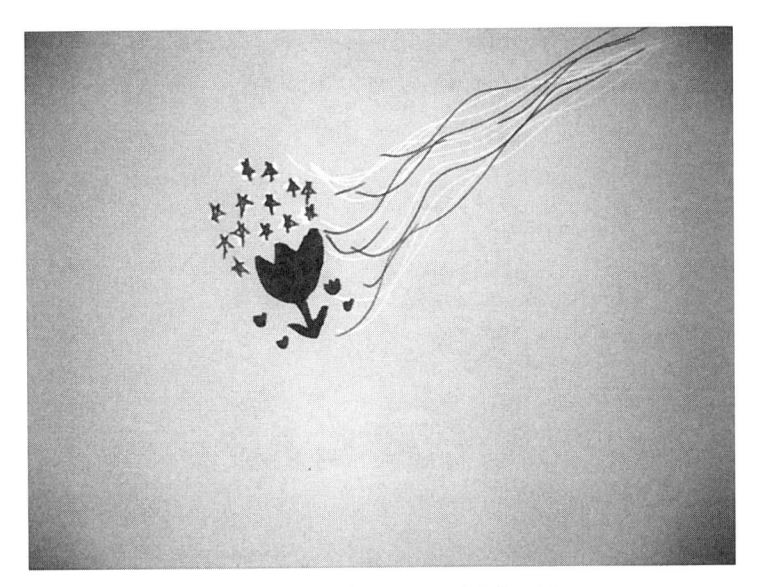

図 12-4 タカラのフェルトセンス

図 12-5 タカラのフェルトシフト

る】。私は「寂しさが何を必要としているのか聴いてみることはできますか」と言いました【問いかけと受け取りを交互に行う】。タカラは内側に耳を傾け,「それは,私がアナに描いたものをあげてほしがっています。そうすれば彼女は家にそれを持って帰ることができて,つながりが続いていくから」とシェアしました。タカラがアナに描いたものを手渡したとき,温かさで部屋中が満たされました。

　このグループは,言葉や文化の違いを越えた共感的なつながりの直接性を育み,フェルトセンスをシンボル化し,その知恵を開けさせるアートの力によって動かされていました。ワークショップの後,私は参加者に,フォーカシングとアートの統合についての体験をシェアするように勧めました。一人の参加者はこう綴っています。「私はフォーカシングとアートの力で,平和がもたらされることを願います」。

　この本が,その方向への一歩を促進するものでありますように。

図 12-6　文化の架け橋となる

第12章　文化の架け橋となるフォーカシング指向アートセラピー

● **留意点** ●

◆アートは，万人に通じる言語で，言葉を超えています。
◆フェルトセンスは文化を超えています。
◆シェアリング（分ち合う，語り合う）や，セラピーに対する態度や気持ちについては，文化の違いに気を配る必要があります。

その②

特殊な応用

第13章

健康とウェルネス：
あるがん患者サポートグループ

　フォーカシング指向アートセラピーは，からだを通して癒しのイメージに触れる深い方法です。それは，イメージにアートという目に見える形を与え，からだの知恵を聴くものなのです。フォーカシングとアートセラピーは，健康促進における役割，病気そのものに働きかける役割について，それぞれ研究されてきました。複数の研究が，フォーカシングの最初のステップである「クリアリング・スペース」は，ストレスの軽減，リラクセーション，そして生を前進させる方向を引き出し，ウェルビーイングを促進することを示しています（Grindler Katonah, 1999；Klagsbrun et al., 2005）。フォーカシングのステップは，がん患者の態度の肯定的変化と同様に，抑うつの減退やボディ・アティチュード（からだに対する意識），ストレス耐性の促進と相関していました（Grindler Katonah & Flaxman, 2003）。医療分野におけるアートセラピーの適用は，米国国立健康研究所代替医療室が，アートセラピーは心身の介入療法であると公表したことに加え，アートセラピーそのものの専門化や医療アートセラピーによって，拡大し続けています（Malchiodi, 1999）。

　フォーカシング指向アートセラピーは，クライエントがただ単に病気や痛みを体験するのではなく，からだと前向きな関係をもつ機会，そしてからだの力の源を見いだす機会を与えてくれます。フォーカシング的態度は，クライエントが自身の病気に対して嫌悪の念を抱くのではなく「やさしくする」助けとなります。フォーカシングのクリアリング・スペースは，からだのス

トレスから距離を置くこと，そして内側の「いい感じ」に触れること，または病気や疾患から離れるのに役立ちます。「いい感じのところ」は，ウェルビーイングの感覚を促進し，人生を肯定するエネルギーを高めます。フォーカシングの後半のステップ（すなわち，取り組む気がかりを選ぶ，フェルトセンスを感じる，フェルトセンスをシンボル化する，問いかける，そして受け取る）は，からだが意味を明らかにし，からだの知恵を開けていくにつれて，身体的，感情的，スピリチュアルなニーズを教えてくれて，クライエントが病気と親密な関係を築く一助になります。

アートセラピーは，からだで感じられたフェルトセンスを具体化し，眺め，それに取り組む方法を与えてくれます。病気のフェルトセンスの目に見える表現には，人生を豊かにする特性を刺激するような色，形，そしてイメージが含まれています。注意しなければならないことは，積極的に視覚化し，アート作製する目的は，病気を「治癒すること」ではないということです。（イメージを）視覚化する最初の段階では，たくさんの患者が，正しいイメージを視覚化し実践すれば，自分の病気は治癒するだろうと信じていました。多くの人がこれらの方法を実践するなかで，病気が小康状態に入ったという人もいれば，調子が悪くなった人，亡くなった人もいます。あまりにも多くの人が罪悪感にとらわれました——しっかりと視覚化しなかったから，または正しいイメージを見いださなかったからだと思ったのです。イメージ，視覚化すること，そしてアート作製でもたらされる恩恵は，さまざまなかたちで現れるのであって，けっして治癒というかたちでは測れないものだと理解しておくことは，とても大切なことです。たとえば癒しが生じるのは，病気による拒絶，怒り，悲嘆，喪失に向き合うとき，病気をもっと受け入れられるようになるとき，自らの内にさらなる穏やかさを育むとき，そしてセルフケアの方法を学ぶときなのです。

以下に紹介されているのは，あるがん患者サポートグループへの，フォーカシング指向アートセラピーの応用です。身体的な痛みに取り組むことは，独特の課題を提示します。なぜなら，フォーカシングしたいと思っても，感

じられるのは痛みだけだということがあるからです。この章の最後の留意点の部分で，痛みに働きかける方略に触れておきましょう。

あるがん患者サポートグループ

米国のウェルネス・コミュニティー（Wellness Community）に入るやいなや，私は明るい瞳ときらきら輝く表情をしたがんサバイバーたちの，実物よりも大きな写真に心を打たれました。さらに，コミュニティールームへ入っていくと，希望の雰囲気が漂っていることが容易にわかりました。

ストレス軽減や感情の癒し，そして心理社会的なつながりのためのこころ／からだのセルフケア法として，テーマ別フォーカシング指向アートセラピーのグループが導入されました。グループメンバーは4週間にわたって，1回1時間半のセッションを行うことになっています。次には，グループの形式が記されており，それに続いてシンディーという結腸直腸がんの64歳の女性のケースが挙げられています。

■ グループの形式

第1週：導入とクリアリング・スペース（フォーカシングの第1ステップ）
第2週：強さの源
第3週：フォーカシングのステップ——気がかりに取り組む
第4週：私が持ち帰りたいと思うもの

▶素　材

バスケットに入ったさまざまな画材：無毒性のオイルパステル，細いのと太い色マーカー，色鉛筆，ペン，スティックのり，はさみ。

絵日記：第1回目のセッションで，患者たちにはそれぞれ自分用の新しい絵日記が配布されました。絵日記は，特別な意味をもっている心に描いた

アートイメージや，言葉を通して感じられたフェルトセンスをとらえるため，そして記録するために使用されます。毎週のグループワークで使用され，ワーク終了後も継続して利用されます。

CDプレイヤー：フォーカシングの教示や，アート作成／絵日記作成の時間に，さまざまな癒しの音楽が流されます。

▶第1週：導入とクリアリング・スペース

ゴール：グループメンバー同士で自己紹介をして，安全性を促進します。つまり，グループの趣旨や目的を明確にして，ストレス軽減法としてフォーカシングの第1ステップ「クリアリング・スペース」を教えます。

導入：導入は，グループ全体とそれぞれのメンバーに行います。

クリアリング・スペース：フォーカシングの第1のステップ，クリアリング・スペースでは，クライエントは「いい感じ」を邪魔している問題や気がかりを脇に置きます。参加者は，内側のフェルトセンスにぴったりくるシンボルやハンドル表現があるかどうか見てみます（第2章，第7章参照）。

アートと絵日記：「クリアリング・スペース」の教示エクササイズの後，グループメンバーは，「いい感じのところ」のシンボル／ハンドル表現を絵日記に描き，書き込むことを勧められます。フォーカシング・プロセスのなかで浮かび上がってきたどんなことでも，自由に描いてかまいません。

シェアリング：スモールグループ，そしてラージグループでシェア（分かち合い）します。

まとめ：それぞれのメンバーが何を受け取ったか，また参加者が次の週へ向けてここから何を持って帰りたいと思っているかについて，短時間のフォーカシングの教示を行います。

▶第2週目：強さの源

ゴール：強さの源を特定します。それは，がんとともに生きていくという身体的，感情的そしてスピリチュアルな試練を乗り越えていくうえで必要と

なる支えで，内面で体験しうるものです。

グループの形式：

ちょっと見てみるフォーカシング：メンバーが，からだで感じられたフェルトセンスに根ざし，気づき，つながるのを促すように，フォーカシングの教示を行います——短時間のクリアリング・スペース（第2章，第7章参照）。

ちょっと見てみる導入：ちょっと見てみるフォーカシング導入で感じた意味のあることを，それぞれ簡単にシェアします。

エクササイズ 13-1

強さの源

　何度か深呼吸をして，からだに息を吸い込みましょう……ゆっくりと息を吸って……吐いて。からだが椅子と触れているところ，足が床に接しているところに気づきましょう。からだがどのように支えられているのかを感じてみましょう。頭によぎった考えがどんなものでも，それに気づいてあげて，そして空に漂う雲のようにやり過ごしましょう。

　人生において，強さの源であった何かに気づいてみようと思います。それは，あなたが出会った人かもしれません。あるいは自然の何か，スピリチュアルな源，またはその他の何かかもしれません。

　あなたにとっての強さの源を表してみましょう……注意をからだの内側に向け，その強さの源に焦点を当てると，内側がどのような感じなのかに注意を向けてみましょう（時間を取る）。内側のフェルトセンスにぴったりで，「ハンドル表現」のイメージがあるかどうか見てみましょう（時間を取る）。そのイメージがぴったりかどうか，からだに確かめてみましょう。も

しぴったりでなければそのイメージから離れて，別の新しいイメージ（または言葉，言い回し，ジェスチャー，音など）があるかどうか見てみましょう（時間を取る）。できそうなら，この部屋にいることに注意を戻して，ストレッチをして，ゆっくりと目を開けましょう。アート素材を使って，あなたの強さの源のイメージを創ってみましょう。

アートと絵日記：指導されたフォーカシング・エクササイズの後，グループメンバーは，フォーカシングのなかで自分たちに関連のあったものの絵を描いたり，文字を書くことを促されます。

シェアリング：スモールグループ，そしてラージグループでシェアします。

まとめ：それぞれのメンバーが何を受け取ったか，また次の週へ向けてここから何を持って帰りたいと思っているかについて，短時間のフォーカシングの教示を行います。

▶第3週：フォーカシング・ステップ：気がかりに働きかける

ゴール：気がかりにどのように取り組むかについて学ぶことを強調して，グループにフォーカシング・ステップ全体を教えます。

ちょっと見てみるフォーカシング：第2週参照。

ちょっと見てみる導入：第2週参照。

フォーカシング・ステップ：ジェンドリンのフォーカシングの6ステップを導入し，説明します。

1. クリアリング・スペース
2. 気がかりとフェルトセンスを選ぶ
3. シンボル／ハンドル表現（言葉，言い回し，イメージ，ジェスチャー，または音）

4. 響かせる──そのシンボル／ハンドル表現があっているか確認する
   5. 問いかける──フェルトセンスに質問をする
   6. 受け取る──フェルトセンスが答えたものを受け取る

アートと絵日記：第2週参照。

シェアする：第2週参照。

まとめ：第2週参照。

▶**第4週：私がグループからもらったもの／私が持ち帰りたいと思うもの**

ゴール：グループでの学習を固めること，グループ終了後のセルフケアの道具を特定しておくこと，グループメンバーを大切に思うこと，終了に対して健康的な感覚を得ること。

ちょっと見てみるフォーカシング：第2週参照。

ちょっと見てみる導入：第2週参照。

エクササイズ 13-2

私が持ち帰りたいと思うもの

　何度か深呼吸をして，からだに息を吸い込みましょう……椅子，大地，空から支えられているのを感じましょう。ゆっくりと息を吸って……吐いて……あなたの今の状態にやさしくしてみましょう……内側を確かめる時間を取って，「私は今どんな感じ？」と尋ねてみましょう。内側のフェルトセンスにぴったりなハンドル表現の言葉や言い回し，イメージ，ジェスチャー，音などがあるかどうか見てみましょう。そして，それがぴったりかどうか確かめましょう。

　では，少し時間をさかのぼって，このグループで体験したことのいくつかを思い起こしてみましょう……このグループワークを受けてみようと最初に決めたときのことを，思い出してく

ださい……あなたをここに連れてきたものは何だったでしょうか，そして何を求めていたのでしょうか，それらに注意を向けましょう。

　次に，あなたの体験のいくつかを思い出してみましょう……「クリアリング・スペース」エクササイズを学び，強さの源へのフォーカシングを行いました。気がかりに取り組むフォーカシング・ステップを学びました……グループの人たちと，それらをシェアしたことを思い出してください。どんなことが最も重要なこととして際立ってきますか。それがどんなふうに感じられるか，からだで感じてみましょう……内側にこう尋ねてください，「このグループの後，私の生活に持ち帰りたいと思うものは何だろう」。耳を澄ませて，そして待ちましょう（時間を取る）。あなたが持ち帰りたいと思うものについて，からだで感じる全体の感じは何でしょう。あなたが携えていたいと思うもののフェルトセンスのイメージ（または言葉，ジェスチャー，音）があるか見てみましょう。それがぴったりかどうか，からだに確かめてみましょう。もしもそれがぴったりでなければ，そのイメージから離れて，別の新しいイメージ（または言葉，言い回し，ジェスチャー，音など）があるかどうか見てみましょう。（時間を取る）できそうなら，この部屋にいることに注意を戻して，ストレッチをして，ゆっくりと目を開けましょう。アート素材を使って，あなたがこのグループからあなたの生活に持ち帰りたいと思うもののイメージを，創ってみましょう。

アートと絵日記：第 2 週参照。

シェアする：第 2 週参照。

感謝：絵日記をグループ内で回して，それぞれがグループのメンバーに感

謝の気持ちを書き込みます。

まとめ：グループ全体について，そして最後のグループワークに参加して得た気づきについて，短時間のフォーカシングの教示を行います。そして，体験についての内側のフェルトセンスにぴったりな，シンボル／ハンドル表現（言葉，言い回し，イメージ，ジェスチャーそして音など）を見つけます。

■ 例：シンディー

▶セッション1

シンディーは，結腸直腸がんと診断された64歳の女性です。教師として充実した職歴をもっており，活気があり，聡明な女性です。グループワークの導入でシンディーは，体中で絶えず続く痛みを抱えて日々生活していること，そして何らかの痛みを軽減する方法を見つけたいと願っていることを語りました。第1週の「クリアリング・スペース」エクササイズの後，シンディーはパートナー，そしてラージグループと次のようにシェアしました。

> シンディー：（自分の絵日記を持ち上げて，図13-1のイメージを指差しながら）これは，心地の良い絨毯と癒しの植物，それからページの上部にあるのは照明です。絵を描くことは，混乱がなく整理された感覚を与えてくれ，穏やかな気持ちをもたらしてくれました。私は，「しなければならないことリスト」を脇に置くことができ，その少し後で，「完全なリラックス感」と私が呼んでいる時間を過ごすことができました。痛みは少しの間治まり，とてもいい気持ちでした。

シンディーは痛みがないことを体験し，ほっとすることができました。彼女は絵日記に次の言葉を付け足しました。「痛みから抜け出した，穏やかで静か，そして浮いている感じは，時間や視覚，聴覚を忘れてしまう素晴らしい体験でした」。マルキオディ（Malchiodi, 1999）は，変化や超越のために

第13章 健康とウェルネス：あるがん患者サポートグループ

図 13-1 クリアリング・スペース（シンディ）

アート表現を利用するひとつの方法として，このような痛みからの解放を説明しています。シンディーはフォーカシング・エクササイズの「クリアリング・スペース」を，一時的に痛みから脱するために使うことができました。ビジュアルアートは体験を記録し，安心を思い出させる機能を果たすのです。

▶セッションⅡ

「ちょっと見てみるフォーカシング導入」のとき，シンディーはウェルネス・コミュニティに来てフォーカシンググループに参加することで，仕事環境から離れられる喜びを述べていました。強さの源へのフォーカシングの後，彼女はパートナーやグループとシェアしていました。シンディーは絵日記を持ち上げ，グループメンバーは小さな緑色の円形を見ていました。その円は，さらに大きいものを光線で照らしていました。それは細くて先のとがったマジックペンで，緑色に塗られていました。光線は，絵に書かれてい

る言葉,「創造性,喜び,エネルギー」を発していました(図13-2)。シンディーは描いたこととその体験を説明して,シェアしました。

> 「私は,不思議な力を持った緑色の月を描いた,あるフランス映画を覚えています。映画の詳細は覚えていないけれど,緑色の月の不思議な力の話で,その月は信じられないほど美しかったんです。私は緑色の月の強さと魔力を感じて,その月の創造力,喜び,エネルギーを取り込みました。緑色の月から溢れ出て,私のからだに注がれる不思議な力を感じることができるほどに,それは強烈な体験でした」

シンディーは再び,慢性的な痛みからの解放と超越を,少しの間体験しました。

グループ外でも,フォーカシングとアートを日々の生活に活かせるよう

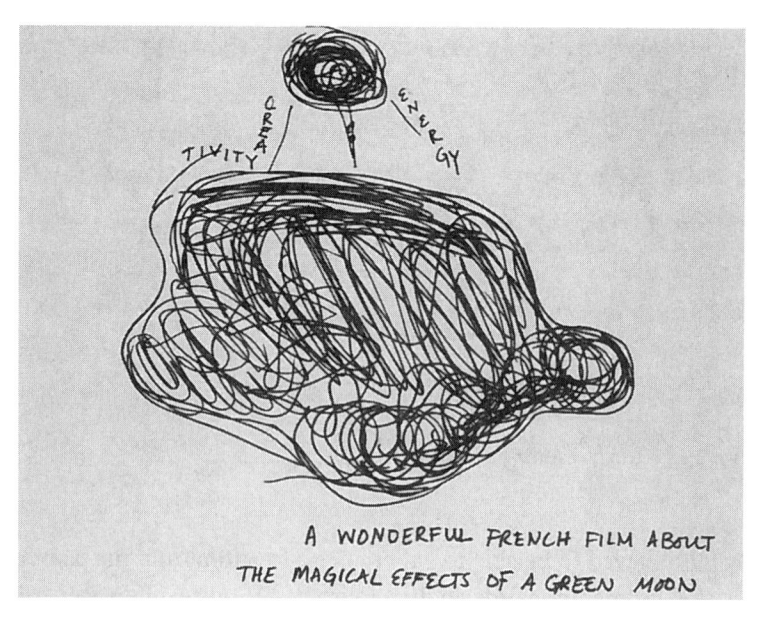

図 13-2　強さの源(シンディ)

に，私はメンバーそれぞれに，フォーカシング・エクササイズ「クリアリング・スペース」の教示が入ったCDを渡しました。シンディーは感謝しながらも，それを聞くことのできるCDプレイヤーを持っていないのだと話しました。私たちは，絵日記を見てどうやってエクササイズを行ったかを思い出すこと，フォーカシング・パートナーを持つことなど，グループ外でも練習できる他の方法を話し合いました。

▶セッションⅢ

　ちょっと見てみるフォーカシング導入のとき，シンディーは，ガレージセールに行ってCDプレイヤーが売られているのを見た，という話をシェアしました。彼女は大喜びでそれを買いました。そして，前週私が持ってきたフォーカシングのCDをまだ持っているかと私に尋ね，やっとCDを聞くことができるようになったので，できればそのCDを欲しいと言いました。その日私はCDを持っていました。というのも，フォーカシング・エクササイズが彼女にとても安心感を与えていたので，私は，シンディーがCDを聞けるように何とかするのではないかと思っていたからです。セッションⅢの目的は，グループにクリアリング・スペースや，働きかける気がかりを選ぶなどを含む，フォーカシング・ステップ全体を教えることでした。

　このセッションでシンディーは，絵日記に視覚イメージではなく，言葉を書き込んでフォーカシング・プロセスを表現しました。セラピストにとって大切なことは，浮かんでくるフェルトセンスのシンボルが，イメージで浮かんでくるか，言葉（またはジェスチャーや音）で浮かんでくるかの判断を保留することです。フォーカシング指向アートセラピーは，からだの言語を信頼しています。このセッションでは，シンディーのフェルトセンスは言葉によって表されました。

1. **クリアリング・スペース**：私のしなければならないことリストと，身体的な痛みのすべてを，脇に置きました。

2. **気がかりとフェルトセンスを選ぶ**：からだの痛みと不快感。
3. **フェルトセンス**：いたるところが痛みます。
4. **響かせる**：痛みはいつもあるので，痛みとあまり長く一緒にいたくありません。
5. **問いかける（フェルトセンスに質問する）**：この気がかりがすべて解決されたとしたら，からだはどんなふうで，どんなふうに感じられるのか想像してみます。
6. **受け取る（問いかけと受け取りの間を行き来する）**：こころとからだが互いに一致しています。どちらも忘れている。私はエネルギーで満たされているかのように感じます。

 ◆邪魔をしているのはなに？──途切れない不快感と恐怖です。
 ◆必要なものはなに？──もっと多くの時間，ベッドで横になること。または座り心地の良い椅子で休むことです。
 ◆正しい方向で，よい小さなステップはなに？──休憩時間が組み込まれている活動です。これからは，ベッドや心地の良い椅子で休むことを，自分に許そうと思いました。

シンディーは，慢性の痛みやからだの不快感という気がかりに取り組むことができました。

フォーカシングは，体験の内なる立会人を得ることと同時に，からだを感じていく方法をも可能にしました。シンディーが「クリアリング・スペース」によって痛みを脇に置くこと，そして同時に強さの源につながることを学んだ前回のセッションは，彼女が痛みからある程度の距離を取り，痛みから解放される助けとなったのです。正しい距離感を取ることによって，シンディーはただ痛みに苦しめられるばかりではなく，痛みを見ていくことができるようになりました。痛みと仲良くなっていくにつれて，シンディーはその痛みが言わんとしていたことに，耳を傾けられるようになってきました。フェルトセンスが，彼女に必要なのはベッドや心地の良い椅子でもっと休む

第13章　健康とウェルネス：あるがん患者サポートグループ

ことだと教えてくれていました。フォーカシング・プロセスは，からだで感じられたフェルトセンスから生じる変化への具体的な一歩を含んでいるのです。必要としていることに向かうための小さな一歩を尋ねる質問に，フェルトセンスは答え，「休憩が組み込まれている活動」とシンディーに伝えました。答えが内側から生ずるとき，それには内なる知恵がともなっています。正しいからだの感じは，活動していても，もっと休んでいいんだと，彼女自身への許しを与えさせました。この内なる癒しは，それまでの彼女の条件づけられた生き方や，「しなければならないことリスト」をすべてやり遂げなくてはという圧迫感，また活動的で生産的，そして社会の一員として「振る舞っていること」などからみれば，大変な変化といえるでしょう。

▶セッションⅣ

　最後のセッションでは，「私がグループからもらったもの／私が持ち帰りたいと思うもの」というテーマに取り組みました。シンディーは絵日記に絵を描き（図13-3），シェアしました。

> 「これは私が持ち帰りたいと思うものです。『しなければならないことリスト』，読む本，仕事用の机，そしてソニーのCDプレイヤーを描きました。でも『しなければならないことリスト』と本棚，そして仕事机にバツ印をつけました。私のスペースをすっきりさせるためです。そして，CDプレイヤーを聞いている間に，休むことのできる座り心地の良い椅子を描きました。これが私の『安全な場所』，私が持って帰るものです」

　シンディーのアートに見ることができる，この4週間の集大成を目にして，私はとても感動していました。そこには，セッションⅠでの「クリアリング・スペース」（バツ印で物を消しているのがそれを表している），セッションⅢのもっと安らぐための座り心地の良い椅子，セッションⅠでの体

第Ⅲ部　臨床的アプローチ

図 13-3　私が持ち帰りたいと思うもの（シンディ）

験，痛みが和らいだ「安全な場所」へ彼女が行くのに役立つソニーのウォークマン，そしてセッションⅡの緑色の月からの不思議なエネルギーが描かれていました。

　フォーカシングは，慢性的な痛みのまっただ中にいたシンディーが，からだの前向きな体験を見つけることを可能にしました。アートセラピーは体験を深める助けとなり，そしていかにして痛みからの解放の瞬間を獲得したのかを思い出させるもの，その記憶としての役割を果たしていました。私がインタビューをした他のグループメンバーも，フォーカシング指向アートセラピーの力をこう要約しています。「アートがもつ凄さのもうひとつは——描いてみて，それを見れば——フォーカシングの気持ちを思い出すことができます——そしてその気持ちを携えていることができます」。

第13章 健康とウェルネス：あるがん患者サポートグループ

痛みコントロールのためのウェルネス方策

　身体的な痛みの体験は，人のもつ最適に機能する能力を妨げ，機動性，集中力，そして気分に影響を及ぼし，また生きる目的は何だろう（どうして私が？）といった疑問を引き出すものです。フォーカシング指向アートセラピーは痛みを癒す，などという主張はしませんが，痛みに対処し，痛みの意味を見つけ，痛みとの関係性を変化させる，ウェルネスへの方策を提供するものです。痛みによってまったく不当に苦しめられていると感じ続けるよりも，クライエントをエンパワーメントするのです。フォーカシング指向アートセラピーの痛みに取り組む方策には，フォーカシング的態度，アートを用いたクリアリング・スペース，痛みのフェルトセンスに取り組むことが含まれています。

■フォーカシング的態度とそれと一緒にいること

　痛みに取り組む第1ステップは，痛みに友好的な態度をもち，挨拶してみることです。フォーカシング的態度は，痛みと対立し闘っていると感じるのではなく，内にあるケアの気持ちや思いやりの気持ちの促進に役立ちます。たとえば，背中に痛みのあるクライエントにこう言ってみるのもいいでしょう。「痛みのすぐ横に留まっているのをイメージできるでしょうか……一緒にいてみましょう……痛みにやさしくしてあげられるかどうかやってみましょう……挨拶をして……あなたがそこにいるって知っていますよ，と伝えてみましょう」。

■アートを用いたクリアリング・スペース：痛みから距離を取る

　アートを用いたクリアリング・スペースは，痛みとの離脱感や距離感を得るための，実用的な方法となるでしょう。痛みをからだの外側に置いておく

ことを具体化するためにアート素材を使ったり，痛みから解放された内なる体験（「いい感じのところ」）に触れたりして，アートセラピーは痛みからある程度の距離を置くのに役立ちます。第7章の教示を参照してください。

■痛みのフェルトセンスに働きかける

痛みがうまく距離を取らせてくれなくて，痛みのクリアリング・スペースができないときがあります。痛みが言ってくることの本質は，「あなたが唯一フォーカシングできるもの，それは私だ」と。フォーカシング的態度，フェルトセンス，問いかけと受け取りのステップが，痛みとのさらなる癒しの関係を見つける助けとなります。

▶痛みのフェルトセンス

痛みに対してフォーカシング的態度がもたらされると，セラピストはクライエントに，痛みのフェルトセンスを感じるように導きます。痛みのフェルトセンスを感じることは，二つのステップに関係しています。それは痛みへのマインドフル・アウェアネス（こころいっぱいの注意）と，からだの中心で痛みのフェルトセンスを感じることです。

●**痛みのマインドフル・アウェアネス**

このステップは，からだの痛みのある箇所に，注意深いアウェアネス（気づき）をもたらすことを必要としています。「何回かからだの奥まで届くような深呼吸をしましょう。どんなものを見つけたとしても，それにやさしくしましょう。からだの内側の痛みがあるところに注目しましょう……内なるフェルトセンスのハンドル表現となるイメージ（または言葉，言い回し，ジェスチャー，音）が浮かぶかどうか見てみましょう」。

●**からだの中心のフェルトセンス**

このステップは，痛みの感じの**全体**がどういったものかを感じることを必要とします。つまり，からだのある特定の位置にある痛みのフェルトセンスを感じるだけではなく，からだの中心で，その痛みの全体を感じようという

ものです。からだの中心というのは概して,肩とお尻の間のからだの内側のどこかです。「痛みを選び(たとえば,背中痛や頭痛など),そしてその全体の感じを感じてみます。その痛みをからだの中心(肩とお尻の間の胴体のどこかの内側)で感じてみましょう。そして,この(背中,頭の)痛みの全体の感じって何だろう」と尋ねてみます。

▶ハンドル表現／シンボル

セラピストは,痛みのフェルトセンスにぴったりくるイメージがあるかどうか見てみるように,クライエントを導きます。

▶響かせることとアート表現

クライエントは,ぴったりしているかどうか確かめます。フェルトセンスのイメージを得たら,それをアートで表現してみます。

▶フォーカシングとアートを用いた対話:痛みに耳を傾ける

痛みに耳を傾けると,セルフケア,からだとこころのつながり,洞察力,そして意味についての,からだのメッセージを聴くための入り口がもたらされることがあります。問いかけと受け取りのステップの組み合わせで,クライエントはその痛みが言わんとしていることに耳を傾けるようになります。クライエントには,次のような質問がなされます。**すべて治癒されたと想像してください——痛みから完全に解放されるのです。邪魔をしているものは何ですか。必要なものは何でしょう。正しい方向へのいい小さな一歩は何でしょう。**その答えはアートで表現されますが,アートセラピーの対話法が使われることもあります(McNiff, 1992;Rogers, 1993 参照)。

■例:ケリ

32歳の女性,ケリは,個人アートセラピーを受けたいとやってきました。彼女が示した気がかりは,慢性的な痛みと付き合うための健全な対処策と,

第Ⅲ部　臨床的アプローチ

仕事や人間関係のゴールに向かってより良く進んでいくことでした。

▶フォーカシング的態度

　ケリのこれまでの病歴やゴールを聞き，話し合い，治療方針について合意を得た後，まずはケリが痛みに対してやさしくする態度を身につけ，そして一緒にいられるように，フォーカシングに誘ってみました。

▶痛みへのマインドフル・アウェアネス

　それから私は，ケリが痛みにマインドフルになるように導きました。それは，彼女のからだのどこに痛みがあるのかに気づき，そしてフェルトセンスにぴったりくるイメージがあるかどうかを見てみるために行いました。しばらくして，彼女は目を開け，茶色の色鉛筆を持ち，顔の下半分の輪郭と首，

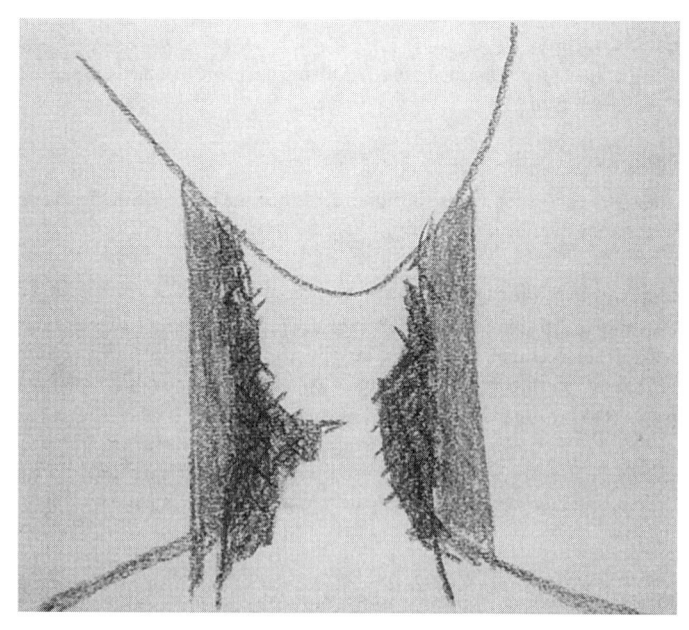

図 13-4　痛みのマインドフル・アウェアネス

そして外側に広がるラインの肩を描きました。ケリは首の両側を，黒と赤で交差させるような線で塗りました（図13-4）。それから，首を支えるような構造の2本の青い柱を，首の両側に描きました。

ケリは，「これは首の痛みのイメージです。首の内側が特に痛くて，まるでそこに固定工具があるかのように感じます」とシェアしました（私は，ケリの言葉とアートによって表されたその痛みを，伝え返した）。

▶からだの中心で感じるフェルトセンス

次に，私はケリに首にある痛みの感じの**全体**を，からだの中心——肩とお尻の間の胴体のどこか——で感じてみるように勧めました。ケリはこころの中に耳を澄ませました。そして，2本の棒から立ち上がり，放射状に広がった黄色とオレンジの炎を描き，その周りを赤いギザギザの線で囲みました（図13-5）。

図 13-5　からだの中心で感じるフェルトセンス

第Ⅲ部　臨床的アプローチ

ケリは，「胸の内側に，この燃え上がる怒りを感じる。これは，この痛みに対する私の怒りです」とシェアしていました。

▶フォーカシングとアートを用いた対話

私たちはアート作製をしながら，問いかけと受け止めのステップを交互に行って，行ったり来たりのプロセスをたどりました。

セラピスト：すべてが治癒したらどうなるだろう，どんな感じだろう，と想像してみてください。

ケリ：（しばらくフォーカシングしてから，ケリは目を開け，黄色に塗られた顔を描いた。その首から肩のあたりでは，3人の緑色の人が踊っていた。図13-6）。

図 13-6　フェルトシフト「痛みが癒えたことを思い浮かべて」

第13章　健康とウェルネス：あるがん患者サポートグループ

「私の首，顔そして肩のあたり全体が，軽くて自由な感じがします」とケリはシェアしました。私はケリにもう一度フォーカシングをすることを勧め，「それ（首の健康感）を得るうえで邪魔になっているものはなに？」と尋ねました。しばらくしてケリはこう続けました。「私は，自分が本当はどう感じていたかを口にすることを許されずに育ってきました。いま思うと，子どものころの私は，いつも大丈夫だっていう振りをしていました。だから最初に描いたイメージは，とても空虚な感じだったんです。次に描いたイメージでは，私は生き生きしているし，自由なんです。私自身であることにくつろいでいるんです」。さらにフォーカシングを行いながら，必要なものはなに？　正しい方向でいい小さな一歩はなに？　と問いかけを続けました。ケリは，痛みにやさしくし，リラックスして痛みがすべて治癒したことを視覚化する時間を毎日取り，どんな気持ちがそこにあっても受け入れるというメッセージを，受け取っていました。

　ケリの事例では，彼女が身体的痛みに打ちのめされ，圧倒されるのではなく，やさしくすることで痛みに取り組めるように，フォーカシングが取り入れられています。首の痛みの感じの全体をからだの中心で感じることは，ケリが痛みについて感じられた意味に触れ，それをアートで表現し，そして痛みがすべて治癒したときに感じられたイメージをもつことに，役立っています。アートセラピーの対話法とともに，フォーカシングの問いかける受け取るステップを組み合わせたことで，ケリは感じたことを話させてもらえなかったという幼少時代の思いの真相を，見抜く力を得ていました。作品の中では，いくつかのフェルトシフトも見られました。首に持続する圧迫痛の描写（図13-4）から，黄色とオレンジ色に燃え上がる怒りの炎（図13-5），そして生き生きと明るい顔や首の周りで踊っている人物（図13-6）へ。ケリは痛みにやさしくし，耳を傾けることによって，気持ちや考えを尊重することの大切さもわかりました。その気持ちや考えが，本来的な自己に合った職業選びへと行動を移していくことでしょう。

健康に取り組むための留意点

◆クライエントが必要な治療を受けていることを，確認しておきましょう。

◆フォーカシング指向アートセラピーは，ストレスの軽減やリラクセーション，こころ-からだ-たましいのつながり，洞察力を得るのに有益です。

◆からだ／こころが「すべて治癒した」と想像することは，からだがもつ人生を肯定するエネルギーを高め，ウェルネスのために必要な，からだの知恵を得るのに役立ちます（このアプローチは治癒を主張するのではなく，セルフケアへのニーズを知るのに有効です）。

◆病気や痛みにフォーカシング的態度をもたらすことは，クライエントのそれに対する関係のもち方を変化させるのに役立ちます。

◆アートを用いたクリアリング・スペースは，病気や痛みから距離を取るのに行うことができます。セラピストはクライエントに，病気や痛みから少し距離を置けているかどうか，「一歩下がって」見てみることを勧めてもいいでしょう。

◆痛みが与えてくれるメッセージや教訓があるかどうかを見てみましょう。痛みやアートへのマインドフル・アウェアネス，痛みのフェルトセンスを，からだの真ん中やアートで感じてみましょう。フォーカシングの問いかける，受け取るステップを使った対話や，アートセラピーの対話法を用います。

第14章

トラウマに取り組む

　フォーカシングとアートセラピーは，以前からトラウマ治療のツールやプロセス（過程）として，適用されてきました（Armstrong, 1998 ; Hagood, 2000 ; Johnson, 1987 ; Malchiodi, 1997 ; Turcotte, 2003）。フォーカシングとアートセラピーは，クライエントが「自らの回復の創造者」となれるようにエンパワメントするために，リスニング（傾聴）し，尊重し，そして本来の内なる自己を表現する方法を与えるものです（Herman, 1992）。

　フォーカシングは，内なる体験に友好的な態度をとることで，クライエントにからだとの安全なつながりをどのように育てればよいかを教え，外傷体験の混乱させる側面にも耳を傾けることができる，立会人の部分に触れることを教えます。またフォーカシングは，クライエントが彼ら本来の純粋な自己から外傷体験を切り離す，手助けともなります。アートセラピーは，カタルシス的な解放感をもたらし，生を肯定するエネルギーをクライエントに注ぎ，外傷体験の記憶とその気持ちを抱える容器となる，素材や創造的な表現を提供しています。

　ジュディス・ハーマン（Herman, 1992）の3段階回復モデル――安全の確立，想起と服喪追悼，日常生活への再結合――は，フォーカシング指向アートセラピーのトラウマへの適用のための，有用な枠組みとなっています。これは段階モデルとなっていますが，トラウマ問題を乗り越える過程は複雑であることに注目すべきでしょう。たとえば，三つの段階がその他の段階と重複したり，一つ前の段階に戻ったり，後の段階で問題が扱われたりします。

第Ⅲ部　臨床的アプローチ

● 第 1 段階：安全の確立 ●

　クライエントとともにトラウマに取り組むための第 1 ステップは，彼らが情緒体験できる安全性のレベルを査定し，からだの内側につながり，それを感じることです。回復の早期段階では，外傷体験ストレスを抱えるクライエントは，その体験に関する記憶や気持ち，考えに圧倒され，溢れていることがよくあります。体験はからだの中に蓄積されていくので，ゆっくりと進め，クライエントにフォーカシングをしてみるようにお誘いする前に，まずクライエントが地に足がついていて安全感を感じているかどうか，確かめることが重要です。

■ からだと気持ちにおける安全の確立

1. **感情的，精神的，身体的な安全感**：方法や技法を行う前に，すべてのレベルにおいて安全が与えられることが優先されます。
2. **オープンに，非評価的に耳を傾ける**：クライエントがシェア（分かち合い）しているありのままの真実を，彼ら自身の体験から聴きます。
3. **地に足をつける**：フォーカシングを導入する前に，クライエントは地に足がついていて，安全にからだとつながっていることを知っておくことが重要です。有効なエクササイズとして，以下のようなものがあります。
   マインドフルな呼吸：あなたの呼吸が，からだの中に入ってきたり出ていったりするのに，気づいておきましょう。
   ボディ・アウェアネス：床についているあなたの足を感じてみましょう。からだと椅子が接している部分を感じてみましょう，**肩，腕，手，頭，首**を。
   安全な言い回し：息を吸うと私は安全だと感じられます。息を吐くと私は落ち着いていると感じられます。
4. **パーソナル・スペースと境界**：座るときにほどよい身体的距離をつくる

など(たとえば,セラピストとクライエントの間,グループのメンバー,夫婦あるいは家族などとの間の距離),クライエントが感じている境界への,身体的でエネルギッシュで感情的なニーズに注意を向けるように促しましょう。そのセッションの体験的な部分に参加するかどうか,選ぶ権限を与えられているのを感じることが大切だと,クライエントに知らせておきましょう。

5. **目を開ける,閉じる**:目は,開けたままでも閉じたままでもフォーカシングできることを,クライエントに知らせるのを忘れないようにしましょう。どちらでも心地良いほうでいいのです。もしクライエントが目を閉じておくほうを選んだ場合,いつでも目を開けることができることを知らせておきましょう(セラピストが目を開けてもよいと言うまで,待つ必要はありません)。トラウマを抱えたクライエントは,安全を感じるために過剰に警戒して周りを見ている人が多いので,自分の身の周りで起こっていることが見えている必要がある場合があります。

6. **アート作製**:非評価的な雰囲気をつくり出すことで,安全感をつくりましょう。必要であれば,色,形,質感,素材の選択を用いて,気持ちを表現するのにアートをどのように使えるか,デモンストレーションをしましょう。素材は,臨床的対象にとって安全なものを使用します(たとえば,自分を傷つけたり自殺する恐れのあるクライエントには,尖ったものは使用しません)。

第2段階:想起と服喪追悼

クライエントはいったん安全だと感じると,からだやフェルトセンスとつながることができ,外傷体験を乗り越える準備ができていきます。トラウマの領域において優れた専門家であるベッセル・ヴァンダーコーク(Van der Kolk, B.)は,こう述べています。

> 「外傷体験を受けた人びとは，最初に最も重要なこととして，気持ちや感覚をもつことが安全であると学ぶ必要がある……外傷体験を受けた人びとが過去を扱うために，自己内省力，つまり前頭葉前部の皮質を活性化させなければならない。セラピーでは，彼らの内なる体験に対する好奇心を引き出す手助けをする必要がある。この好奇心は，からだの感覚がわかるようになるため，また気持ちと感覚を伝達可能な言葉に──ほとんどは彼ら自身に伝達可能になるように──変換するために，きわめて重要なものである」
>
> (Ogden, 2006, XXVI)

　第2段階では，フォーカシングは内なる感覚を特定し，それと一緒にいることによって，友好的な好奇心をもつ方法を提供しています。一方，アートセラピーは，非言語・言語コミュニケーションのための創造的な媒体を提供しています。フォーカシングの問いかけと受け取りのステップは，アートセラピーと組み合わさり，自己を内省するための安全な手段となっています。フォーカシング指向アートセラピーは，次のようにクライエントを援助します。

■その人からトラウマ体験を切り離す：ほどよい(適当な)距離

　フォーカシングとアートセラピーはどちらも，外傷体験に圧倒されたり溢れたりせずにそれに取り組めるように，トラウマから健全な距離を保つ方法を示しています。フォーカシングは，「クリアリング・スペース」や心地良い距離に，「気がかり」を置く方法を教えてます。クライエントは自己のある側面を体験し，その「私」は，それに取り組むためにトラウマの外に立つことができます。アートセラピーは，情緒体験を含めるための素材や，それをアートのプロセスによって外在化する素材を提供しています。

■ともにいる

　フォーカシングに含まれているフォーカシング的態度は，トラウマの影響

第14章　トラウマに取り組む

によって傷ついた部分の隣に留まり，友好的，共感的にそれらに耳を傾ける方法を学ぶのに役立ちます。

■立会人になる

トラウマにはたびたび羞恥心がともなうため，セラピストの外的な立会いと同様に，フォーカシング的態度の内的体験から生まれる，思いやりのある立会いの体験は，クライエントに深い癒しをもたらすことがあります。

■カタルシス

トラウマから来る強い気持ちとフェルトセンスは，アート作製を通した安全でカタルシス的な方法で昇華され，解き放つことができます。サバイバーでもあるセラピストは，こうシェアしています。

> 「……アートは，辛い感情，特に辛い感情，腹立ちや憤怒のような爆発しやすい感情などのための，素晴らしい容器となる。アートを用いれば，私は本当に自分の激しい怒りと一緒にいることができる……紙をボロボロにしたり，引き裂いたり，つついたり……私は安全な状態のなかで，破壊的になりたいだけなることができた」
>
> （Rappaport, 1998, p.40）

■生を前進させる方向性

フォーカシングとアートセラピーは，生を前進させる方向性をもたらすからだの知恵と，創造的な知性を活用します。フォーカシングは「癒しのためには何が必要なのかな」，あるいは「正しい方向へのよい小さな一歩は何だろう」といった，前進させる質問を用います。アートセラピーは，個人の成長と癒しを導く人生を肯定する特性に，触れさせてくれます。

第3段階：日常生活への再結合

癒しの第3段階における特徴は，クライエントが現在と過去を区別し，自分の目標や願望，夢を追い求め，有意義な対人関係を結び，セルフケアを実践するための援助をすることです。

■例：アリッサ

アリッサは，アートセラピーを受けるために私のところを訪れた39歳の女性です。彼女は何年か前に，子どものころ性的虐待を受けていたことを思い出しました。彼女はすでにその虐待問題に取り組んでいて，トラウマを癒すために，話すことを越えた何か新しい取り組み方を見つけたがっていました。私が彼女に，フォーカシングとアートセラピーの両方について説明をしたところ，彼女は治療のアプローチとしてそれらを用いることに興味を示しました。

▶第1段階：安全の確立

私たちの最初のセッションは，アリッサの治療のゴールを明確にし，アートセラピーとフォーカシングを彼女のゴールに合わせてどのように用いることができるか検討し，そして彼女の病歴を概観することから始まりました。

3回目の面接でアリッサは，強い恐怖を感じたとき，どんなに彼女が圧倒され，我を失ってしまうかについて話しました。私は，アートで創ることができる「守ってくれるもの」のイメージをもつことが，役立つかもしれないと彼女に話しました。外傷体験からのサバイバーの多くは，トラウマ体験の一因となる，守ってくれるものの欠落を感じています。私はアリッサに，内側（彼女のフェルトセンス）を調べて「守ってくれるもの」を見つけることが，自分にとって良いものかどうか確かめるように促してみました。少ししてアリッサは，「はい」と言いました。私は，「守ってくれるもの」のフェ

ルトセンスに触れるために,フォーカシング・エクササイズ(エクササイズ 14-1)を教示することにしました。アリッサは,目を閉じているほうが落ち着くとのことでした。

エクササイズ 14-1

守ってくれるもの

何度か深呼吸して,からだに息を吸い込みましょう。あなたの座っている椅子や足もとの大地から,支えられているのを感じてみましょう【地に足をつける】。自分自身に「守ってくれるもの」という言葉を言ってみて,あなたを守ってくれるものとなる誰か,あるいは何かをイメージしてみましょう……それはあなたの知っているものでも,想像したものでもいいのです。それがイメージできたら私に知らせてください(時間を取る)。守るもののイメージを,あなた自身に説明してみましょう。からだの内側ではそれはどんなふうに感じられているか,感じてみましょう……その感じの全体はどうでしょうか。守ってくれるものにぴったりで,「ハンドル表現」になるイメージがあるかどうか見てみましょう……そのイメージがぴったりかどうか,からだの内側に確認してみましょう……できそうなら,アート素材を使って守ってくれるもののイメージを創ってみましょう。

彼女が内側に耳を傾けている間,私は黙って,アリッサに静かに穏やかに付き添っていました。目が開くとアリッサは,にっこりと笑っている天使を描いて,赤色でハートを縁取り,黄色のオイルパステルで色を塗っていました(図 14-1)。

第Ⅲ部　臨床的アプローチ

図 14-1　守ってくれるもの（アリッサ）

　アリッサは，「私は天使のイメージが浮かびました。彼女は子どもを守る，守護天使のように見えます」とシェアしました。アートを創った後，私はアリッサに，そのフェルトセンスに戻って確かめてみることを勧めました。私は，「彼女を見つけると，内側はどんな感じですか」と尋ねました。アリッサは「私はそのイメージを見るのは好きです。心地良くて……内側が温かい」とシェアしました。その描画は私のオフィスで保管し，アリッサがセラピーに来るたびに，安全のシンボルとして彼女を迎えるために，それを飾っておくことにしました。アートは一貫したリマインダー（目印）の役目をします。この「守ってくれるもの」のイメージは，彼女が少しずつ知り始め，つながりを深め始めた，彼女自身の内在化された部分なのです。

▶第２段階：想起と服喪追悼

　アリッサの原家族のダイナミクスに焦点を当てると，アリッサはその家族のなかで育ち感じた孤独と，ネグレクトについて語りました。話を聴いていると，私はアリッサの緊張が高まり，顔が紅潮していくのに気づきました。

第 14 章　トラウマに取り組む

これは，治療的な出会いのなかで，クライエントがまだ知らない何かの縁にいるところです。フォーカシングをする時間を取ることで，クライエントはそれをもっと感じ，からだがアウェアネス（気づき）に持ち込もうとしていることを聴くようになります。私はアリッサに，少し時間を取ってフォーカシングしてみるように勧めました。**「少し時間を取って，そこに何があるかを見てみることはできますか。それについて話していると，今からだの内側はどうでしょうか」**。アリッサは目の前にあったオイルパステルを手に取り，細長くねじれた線の腕と脚を持つ，幼い人物画を描きました。この人物には足の部分がなく，ぐらついた地面を表現した赤い線の上に浮いていました。その顔には，青い涙が流れ落ちていました（図 14-2）。

　アリッサは，「これは，私が子どもとして感じることです……孤独で，悲しくて，傷つきやすい」と話しました。私はアートの中に，また彼女の中にいる子どもの悲しみと傷つきやすさを，伝え返しました。フェルトセンスとともにいて，それが開けるのを促すために，私はフォーカシングの「問いか

図 14-2　フェルトセンス「悲しみ」（アリッサ）

け」と「受け取り」のステップを取り入れました。

> セラピスト：幼い，悲しくて震えているアリッサの隣に留まっているのを，イメージしてください……あなたは彼女にやさしくできているでしょうか【フォーカシング的態度】。そして，「その涙はどこから来たの」と尋ねてみてください【問いかけ】。
>
> アリッサ：（涙が流れ，やがて深くむせび泣く。私は彼女に付き添い，痛みを放つための安全な空間を与えた。少したった後，彼女は泣きやんだ）。私は無垢でした。誰も私を見てくれなかったし，守ってくれなかったんです。私は目に見えない存在でした。
>
> セラピスト：あなたの無垢さについての深い悲しみがあるんですね。見られることも，守られることもない……そして目に見えない存在だった【体験過程的リフレクション】。
>
> アリッサ：（息が穏やかになり，筋肉も緩まり，顔つきもやさしくなる）。そうです。私は，私のその部分になって，感じています。
>
> セラピスト：あなたの子どもの部分に何があったのか，感じてあげるのですね。子どもの部分に何を欲しがっているか，尋ねることができますか【問いかけ】。
>
> アリッサ：（しばらくして）絵を見ると……そこに彼女がいることなんて，全然わからないみたい。見てもらえること，聴いてもらえること，受け入れてもえることが，彼女に最も大切なことです。そして「すべてうまくいくよ」って知ることです【受け取る】。
>
> セラピスト：大人のあなたと私は，彼女の声を聴くことができるし，彼女に「すべてうまくいくよ」と知らせてあげることができますよ。

この段階の後の面接でアリッサは，虐待に関して彼女が感じている怒りを語り始めました。私は彼女にフォーカシングをしてみることを勧めました。「椅子と床からの支えを感じながら，何度か深呼吸して，からだに息を吸い

第14章　トラウマに取り組む

込んでみましょう。その怒りが内側でどんなふうに感じられているかに，気づいてみましょう……そのフェルトセンスにぴったりなイメージがあるかどうか見てみましょう」。アリッサは，顔といっぱいに広げられた両手のある，上半身を描きました。目は開いているけれど，虚ろでした。口はギザギザで，髪の毛と手は濃い黒と赤のオイルパステルで描かれ，強いエネルギーで輝いていました（図14-3）。

　アリッサは次のようにシェアしました。「これは私の**激しい怒り**です！　**とっても長い間**そこにあったんです！」。私は，彼女の言葉とアートから伝わったその怒りを，リフレクション（伝え返し）しました。体験の激しさを統合し，アリッサが面接を終えて帰る前に地に足をつけることができるように，私は「ちょっと見てみるフォーカシング」をするように促しました。「私の内側はどんな感じでしょうか」。しばらくして，彼女は目を開いて言いました。「いい感じです！　力強さ感じます！」

図 14-3　フェルトセンス「怒り」（アリッサ）

241

▶第3段階：日常生活への再結合

　アリッサは彼女自身の内に，他者との間に安全なつながりを感じ始めました。彼女の取り組みの焦点は，幼児期のトラウマを解決することから最近の気がかりに移っていきました。ある面接でアリッサは，彼女の仕事環境でうまく機能しないことをシェアしました。私は彼女にフォーカシングをして，フェルトセンスを感じてみるよう勧めました。アリッサは閉じ込められているように感じられて，お腹が締めつけられている感じと，激しい怒りを感じていました。彼女は黒のオイルパステルを使って，用紙の下の部分に噴火口のようなものを描き始めました（図14-4）。

　アリッサは熱心に山のような形を描いて，それを濃い赤色で塗り，そしてその上のところどころに黄色を重ねました。彼女が描いている間，彼女のからだと顔がリラックスしていくにつれて，肌の色が変化するのが私には見てとれました。描画が完成すると私はそれを持ち上げて，彼女がそれを眺めら

図 14-4　フェルトセンス「怒りの変換」（アリッサ）

第14章　トラウマに取り組む

れるようにしました。アリッサはこう言いました。「私は，その怒りのすべてがそこにあったなんて，知りもしなかった。そのすべてが解放されて……それがこんなふうに（美的に）変わったことが気に入っています」。ここに私たちは，怒りを安全に解放し，変換するアートの力を見るのです。

　私たちは2年ほど，一緒に取り組み，常に精神力や回復力を身につけながら，さらにトラウマ（トラウマ体験）や後遺症としての抑うつ，恐怖，不安を乗り越えていきました。セラピーの最終段階で，アリッサは自分の仕事を，もっと本来の自己に合っていて見聞が広く，支援コミュニティの一部であるものに変えていきました。

　セラピー開始時に彼女はどこにいたのか，今現在彼女はどこにいるのかを扱う，セラピーの終結過程を始めるとき，私はアリッサに，フェルトセンスを感じるために内側にフォーカシングをすることを勧めてみました。アリッサは目を開け，オイルパステルに手を伸ばし，一本の木を描き始めました。彼女は広がった根と地面から描き始め，空へ広げていきました――上部に広がっていく，オープンで喜びに満ち，輝く緑と紫とピンクの葉でいっぱいにして。アリッサは，彼女をオープンにして成長させてくれる彼女の周りの要素を育み，地に根ざしていることを感じながら生き始めていると感じていると話しました。私は彼女にもう一度フォーカシングをするように勧め，からだでどんなふうに感じられているのかに気づき，フェルトセンスにぴったりな言葉や言い回しで，それのタイトルになるようなものがあるか見てみるように促しました。しばらくして，アリッサは目を開け，緑のオイルパステルを手に取り，「生きる（LIFE）」と書きました（図14-5）。

　フォーカシング指向アートセラピーは，幼児期の性的虐待による体験の複雑さに対して，やさしくするフォーカシング的態度を用いて，彼女自身のなかで，さらには治療的関係のなかで，アリッサが安心感をもち始める手助けとなりました。アートは激しい怒りや怒り，悲しみ，深い悲しみのための安全な容器となりました。フォーカシングの問いかけと受け取りのステップによって，耳を傾けることが必要な自己の傷つきやすい部分に，やさしく触

第Ⅲ部　臨床的アプローチ

図 14-5　フェルトセンス「生きる (Life)」(アリッサ)

れられるようになりました。フォーカシング指向アートセラピーは，立会人役と，トラウマ体験の外にいられる自己のその他の部分を強化しながら，感覚レベルにおいてトラウマ体験を解放する手段を提供していました。アリッサのアートに見られる変化は，多くのフェルトシフトをはっきりと示しており，それはためらいがちな線と恐怖のイメージから，大胆な線と色で表現された怒りのイメージへの変化で，力強さと生命力，美しさのイメージの開けを示していました。過去の体験による外傷後ストレスに取り組むうち，アリッサは生を前進させる方向性を連続的に利用していました。そして，「生きる (Life)」ことを包含した，内側と外側の変化をつくり上げました。

留意点と示唆

◆安全感が何よりも第一です——どんな技法や介入，フォーカシングやアートよりも。安全感が，治療関係，クライエント自身，からだや内なる体

験，グループとの関係などのなかで，確立されるようにしましょう。
◆地に足をつける――たとえば，マインドフルな呼吸や安全な言い回し，床についている足のボディ・アウェアネスなどを通して，クライエントが地に足がついていると感じるのを促す方法を教えましょう。
◆リスニングが鍵となる介入です――クライエントの体験を真に理解し，抱えるために。

第 15 章

スピリチュアリティと心理療法

　フォーカシング指向アートセラピーでは，スピリチュアリティは，憐れみ，平穏さ，慈愛，希望，光，寛容さ，知恵そして超越など，普遍的な個を超える性質のことで，すべての生命を持つもの，持たないものに宿る，たましいについてです。それは，宗教教義や伝統によって定義されるものではありません。

　私がリトリート・センターに勤務していたとき，私たちは心理学とスピリチュアリティを，飛ぶために必要な二つの羽，と説明していました。心理学は個人の性質——自己概念，感情，防衛機制，家庭や社会の影響，耐性，才能——についての理解と洞察を与え，最適な生き方のために障害を乗り越える方法を列挙してくれています。スピリチュアリティは，私たちの超越した性質という別の奥深い部分へのドアを開き，卓越したマインドフルネス，慈悲，平穏さを育てる一助となります。フォーカシングとアート作製のどちらもが，私がスピリチュアルなエネルギーと呼んでいるものに触れることを可能にしているのです。

フォーカシングと
アートセラピーのスピリチュアルな側面

　スピリチュアリティは，フォーカシング（Amodeo, 1981；Campbell & McMahon, 1985/1997；Chutroo, 2003；Hinterkopf, 1998；Milgram, 2003；Rome, 2004；Saunders, 2003）と，アートセラピー（Allen, 2005；Farrelly-

第15章　スピリチュアリティと心理療法

Hanson, 2001；Franklin, 2001；Horovitz, 2002）の両者において探究されてきました。これら二つの領域にスピリチュアリティを統合するために発展した，さまざまなアプローチについての考察は本書の範囲を超えています。しかし私は，私自身の体験と他の人の体験に立ち会った経験から，フォーカシングとアートセラピーが，どのように自然に生のスピリチュアルな側面の開けを促進するかについて，一緒に見ていきたいと思います。

　フォーカシング的態度——**やさしく**，受容的に，**一緒にいる**——ことは，開かれたこころの真の性質です。熟練するとフォーカシング的態度は，自分自身との関係，他人との関係，そして人生そのものとの関係を変化させていきます。最初はフォーカシング的態度は，習慣になっている否定的で，非受容的で，批評的なセルフ・トークを，変化させることを思い出させてくれるでしょう。困難で辛く，複雑な体験に**やさしくする**ことは，最初こそ努力が必要ですが，後に内側のさらなる平静な迎え入れるスペースに，たやすく入っていくことができるようになるでしょう。どのようにして**一緒にいる**かを学ぶことは，自己，他者，世界へのさらなる憐れみをもつようにするプレゼンス（臨在）の性質に導かれます。フォーカシングは無条件のプレゼンスを育てます。最も困難に感じられるフェルトセンスであったとしても，生を前進させる方向性をサポートする贈り物として，尊重されるように導かれていきます。

　クリアリング・スペースは，シンプルですが奥深い実践です。気がかりから距離を置くことによって，誰もが本来備えもっている「いい感じのところ」を明らかにしていきます。この「いい感じのところ」は，スピリチュアルな伝統では別の名前——たとえば，意識，自己，アウェアネス（気づき）など——で呼ばれていますが，私は，それは，そこへの扉を開くように思えます。人に教示するエクササイズのなかで私が最も好きなのは，クリアリング・スペースと「いい感じのところ」を，アートでシンボル化するものです。最も頻繁にイメージされるものは，静寂さ，平穏さ，全体性，そして光です。

第Ⅲ部　臨床的アプローチ

　アーティスト，アートセラピスト，この領域を学ぶ人やアートセラピーのクライエントは，痛み，恐怖，恥やその他の困難な気持ちを表現しているときでさえ，創造のプロセスは生得的に全体で，生を肯定するものであることを経験的に知っています。創造するとき，「内なる創造者」に接近していて，自然に生の根源的エネルギーにつながり，生を高める性質や「スピリチュアルな」性質に，引き寄せることになっていきます。

フォーカシング指向アートセラピーにおけるスピリチュアリティ

　フォーカシング指向アートセラピーは，スピリチュアリティを探索する方法として有効です。それは，言い表すことが困難な体験の，とらえどころのない領域を具体化するのに役立ちます。フォーカシングを通して，スピリチュアリティはからだのフェルトセンスとして体験され，同時にアートは，色，形，光やイメージを通して外的な形を与えます。

■アートを用いたクリアリング・スペース

　アートで表現された「いい感じのところ」（第7章参照）は，スピリチュアルな性質の体験に触れさせてくれます——慈愛，内なる平穏，静寂といった質に触れるのです。それはまた，瞑想への導入の助けにもなります。

■フォーカシング指向アート心理療法

　クライエントがスピリチュアリティに関心があり，またセラピストが熟練している場合，スピリチュアリティを心理療法に直接織り交ぜていくことができます。クライエントがスピリチュアリティへの関心や，その体験があるかどうかを知るために，私はインテーク面接で，友人，家族，宗教，スピリチュアリティなど，クライエントにとって支えの源となるものに焦点を当てる質問をするようにしています。また，運動，栄養，その他のウェル

第15章　スピリチュアリティと心理療法

ネスの実践を含むセルフケアについての質問も含めています。インテークでの質問によって，クライエントのスピリチュアリティへの関心度の感覚をだいたいつかみ，それを元に共同作業でクライエントの感触や私の直感に従って，いつ，どんなふうにスピリチュアリティについて話し合い，スピリチュアルなアプローチを統合していくかを決めていきます。

　フォーカシング指向アートセラピーでは，信仰の役割や宗教・スピリチュアルな源の支えの探究について話し合いながら，アートを用いたクリアリング・スペース，瞑想，他のスピリチュアルな行いを含めた，さまざまな方法とスピリチュアリティを統合することができます。セラピストは，クライエントの個人的な宗教とスピリチュアルな好みと，逆転移に敏感になっておくことが重要です。

　以下のパトリシアの事例は，フォーカシング指向アート心理療法に，心理学とスピリチュアリティを統合したものです。

▶例：パトリシア

　パトリシアは52歳の女性で，抑うつと心的外傷後ストレス障害の症状に取り組むために，私の個人アートセラピーを受けに訪れました。私たちのワークは，ジュディス・ハーマン（Herman, 1992）の3段階のトラウマ回復モデル（第14章参照）——安全感の確立，想起と服喪追悼，日常生活への再結合——に関連していました。パトリシアの事例は，フォーカシングとアートセラピーのスピリチュアルな側面が，セラピーの最初の2段階でいかに暗示され（これはスピリチュアルな性質を含む，生を肯定するエネルギーを引き寄せること），最後の段階で直接的に焦点を当てられるかを示しています。

　はじめの1年間は，私たちの面接はおよそ次のようなものでした。ちょっと見てみるフォーカシングから始め，アートを用いてフェルトセンスを表現し，望まれる変化を眺めるためにフォーカシングを行い，再びアートを創るようにしていました。パトリシアが，目を閉じていることに安心感をもてる

ようになってから，私は，ちょっと見てみるフォーカシングに彼女を誘いました。「何度か深呼吸をしてからだの奥にまで息を吸い込みましょう……何を見つけたとしても，やさしくしましょう。そして，こう尋ねてみましょう『今私は，内側でどんなふうに感じているだろう』……内なるフェルトセンスにぴったりで，ハンドル表現のイメージ（または言葉，言い回し，ジェスチャー，音）があるかどうか，見てみましょう」とガイドしました。

ある面接で，パトリシアはイメージ（ハンドル表現／シンボル）がしっくりきているかどうか確かめ，目を開け，黒く，不快な，とがった，引っかいたような線を，トゲのあるワイヤーのような形をした赤い線に囲まれた六角形の中に描きました。六角形の中の右手下の角に，ピンク色で小さな円形を描き，紫で塗りました（図15-1）。

彼女は，「この小さなパーツは，この恐怖と辛さすべてに囲まれた私なんです」とシェア（分かち合い）していました。パトリシアが言葉とアートを通して表現した，恐怖と辛さの両方をリフレクション（伝え返し）した後，私はフォーカシングの「問いかけ」のステップを提案しました。「何度か深呼吸をしましょう……あなたがもっていたいと思う安全感をもつと，からだはどんなふうで，どう感じられるかをイメージしてみましょう」。パトリシアは，少しの間内側を感じて，アメーバのような形を描き，紫のマーカーでそれを塗り，黄色で囲いました（図15-2）。パトリシアのからだと表情は柔らかくなりました。彼女は，「私はこのような拡がりを感じています。私はスペースを取り上げることができるし，私の周りにはこんな守ってくれる光があるんです」。パトリシアが最初に描いた小さなピンクと紫の形（図15-1）が拡がり，ページ全体を埋め，光で囲まれるようになっていました。

フェルトセンスをちょっと見てみることから始めて，アートでハンドル表現／シンボルをシンボル化し，そのすべてが癒されたときのフェルトセンスを感じ，アートを用いて新しいハンドル表現／シンボルを表現する方法は，パトリシアがカタルシス的な記憶を安全に解き放ち，光の方向【生を前進させる方向性】を拡げる手段を与えていました。図15-2に描写されたように，

第15章　スピリチュアリティと心理療法

図 15-1　今の私の感じのフェルトセンス（パトリシア）

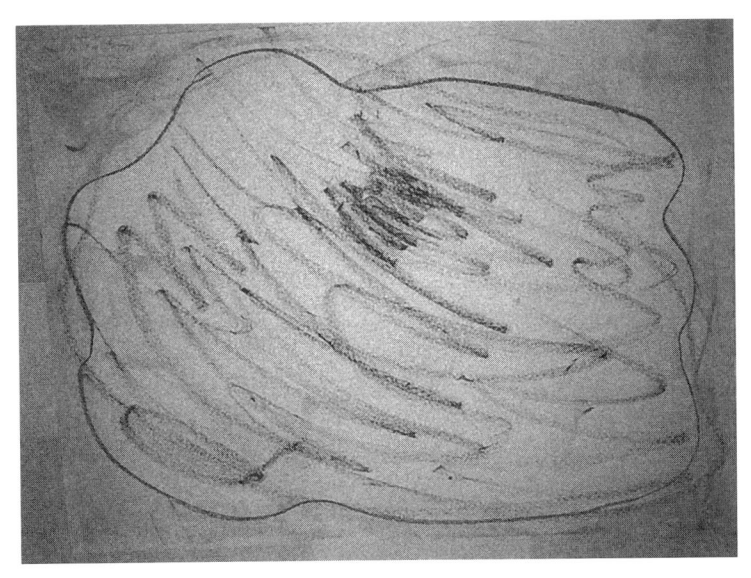

図 15-2　安全をイメージした自分のフェルトセンス（パトリシア）

パトリシアは「完全に癒され」「すべて安全」になっているわけではありません。彼女がそうなってほしいと思う安全感のフェルトセンスにフォーカシングし、それを描くことで、パトリシアは彼女自身の内にある生を肯定するエネルギーに触れながら、トラウマの外で感じられた体験をもつことができるようになったのです。

多くのトラウマが解き放たれ、言葉となって現れた後に、セラピーはハーマン（Herman, 1992）のトラウマ回復段階の第3段階である、日常生活への再結合に向かっていきました。パトリシアは、私が瞑想のトレーニングをしていることに気づき、それについてもっと学びたいと興味を示しました。地域で学べるところを紹介するのに加えて、私たちは、短時間の瞑想を取り入れ、続いてフォーカシングとアートを行いました。ある面接では、パトリシアに10分間マインドフルネス瞑想をするよう促し、その後フェルトセンスを感じ、それにぴったりなイメージ【ハンドル表現／シンボル】にフォーカシングするように促しました。パトリシアは、「私は心の中の平穏な感じをもち、鳥のイメージが浮かんできました」（図15-3）とシェアしました。「心の中の鳥は回想する──真実の精神のシンボル」という言葉も聞こえてきました。

瞑想、フォーカシング、アートは、パトリシアを平穏と真実の内なる場所に触れさせました──そうしながら、過去（トラウマ）を見ることができるようになりました。心理療法面接のなかでの取り組みに加え、私はパトリシアの了承のもと、「宿題」を出すことにしました。これは過去に立ち会う力を深め、内なる平穏の質を強めるためです。パトリシアはフォーカシングやアート、日記で、肯定感とスピリチュアルな詩を表現するようにしました（後述のテーマ別アプローチ参照）。パトリシアが鳥のスピリチュアルな羽を強めると、過去を、より過去のものとして保つことができるようになっていきました。パトリシアのマンダラ（図15-4）は、彼女の安全感の増大とたましいの拡がりを祝福しているようです。それは、放射線状に伸びるらせんと、手を広げた女性、腕、そしてたくさんの張りつけられた言葉に表されて

第15章 スピリチュアリティと心理療法

図 15-3 瞑想後のフェルトセンス（パトリシア）

図 15-4 フェルトセンス「たましい」（パトリシア）

います。ホーム，豊かな生活，今日の喜び！　からだ，こころ，知恵をシェアする，若返る，瞑想，息抜きの場所，そして祝福！

テーマ別アプローチ

スピリチュアリティに関連したテーマは，スピリチュアルな直観，体験，実践を振り返ることで，探究していくことができます。スピリチュアルな資源を表し，フェルトセンスを見つけることにフォーカスし，ハンドル表現／シンボル（イメージ）を見つけ，それをアートで表現していきます。

■スピリチュアルなテーマ，体験，フォーカスする対象

- ◆閃き（ひらめ）がわく文章，詩，一節，読書，神聖な書物。
- ◆自然のなかでの体験，たとえば，日没，日の出，山の景色，空。
- ◆マインドフルネスと瞑想の実践，たとえば，座禅，歩行瞑想，マントラの復唱，呼吸瞑想など。
- ◆歌うことや賛美すること，読経。
- ◆ヨガ，ムーブメント，太極拳，気功

セラピストは，クライエントの価値観や好みに一致する実践を提供することが重要です。スピリチュアルな一節や瞑想は，クライエントのスピリチュアリティ，もしくは宗教の習慣から用いることがあります（たとえば，キリスト教，ユダヤ教，イスラム教，ヒンドゥー教，仏教，アフリカの宗教など）。

以下のテーマ別の例は，フォーカシング指向表現アートセラピーにおけるスピリチュアリティの応用を教える，大学院の授業からのものです。

第15章 スピリチュアリティと心理療法

エクササイズ 15-1

スピリチュアルな閃（ひらめ）きにフォーカスする

材料：詩，文章や写真のスケッチやコラージュ。

フォーカシングの教示：文章，写真，瞑想，賛美や他のスピリチュアルな閃きの源を選びます。それを数分じっくり鑑賞しましょう。からだの内側に注意を向けて，それ（たとえば，文章，写真，詩やその他の閃きの資源）について，感じられることの全体に気づいてみましょう。そして，静かに「このスピリチュアルな閃きの源の，全体の感じは何だろう」と尋ねてみましょう（時間を取る）。内なるフェルトセンスにぴったりで，ハンドル表現の役目をするイメージ（または言葉，言い回し，ジェスチャー，音）があるかどうか見てみましょう。それがぴったりかどうか，からだに確かめてみましょう。それが出てきたら，アート素材を使ってフェルトセンスのイメージを表現してみましょう。

■テーマ：マインドフルネス瞑想を通したスピリチュアリティの探求

ゴール

1. マインドフルネスの実践を教えること。
2. 平穏と中心に留まることの，内なるつながりを育てること。
3. 内なる立会人――考えや感情，感覚を眺めることのできる自己の部分――のアウェアネスを強めること。
4. 表現アートに表された，マインドフルネスのフェルトセンスを見ていくこと。

5. グループの相互作用とつながりを促進すること。

素材：瞑想のためのベル，小石や石，描画素材，チョーク，パステル，オイルパステル，紙。オプション：水彩絵の具，アクリル絵の具，絵筆，コラージュの材料。

▶形　式

　Ⅰ．マインドフルネス瞑想への導入：座禅
　Ⅱ．小石瞑想（Pebble meditation）
　Ⅲ．フォーカシング：瞑想の後のフェルトセンス
　Ⅳ．アート
　Ⅴ．メール・エクササイズ：フェルトセンスの言葉や言い回し
　Ⅵ．詩とシェアリング

　これらの瞑想は，ティク・ナット・ハン（Hanh, 1991, 2002）の教えに基づいています。彼はベトナムの仏教僧で，1967年にマーティン・ルーサー・キング牧師によって，ノーベル平和賞に推薦されました。彼は，マインドフルネス瞑想を心理療法に応用することを教えています。

エクササイズ 15-2

マインドフル座禅瞑想：10分間

ベルを鳴らす
　ベルの音を聴きながら，呼吸を楽しむよう，クライエントを促します。

呼吸瞑想（Breath meditation）
　からだ，呼吸，こころを調整するために，リーダーは以下のような台詞を用います。これをクライエントは，からだに呼吸

第 15 章　スピリチュアリティと心理療法

が入り出て行くのに合わせて，黙って繰り返します。

息を吸うと，私は息を吸っていることがわかります

息を吐くと，私は息を吐いていることがわかります。

（何回か繰り返す。数回繰り返したら，内側の言い回しは，「吸う」や「吐く」と短い言葉にしてもよい）。次のような言葉やフレーズを付け加えてもかまいません。「吸うと落ち着き，吐くと平穏になります」。ティク・ナット・ハン（Hanh, 2001）もまた，難しい感情をともなうワークの方法を教えています。「息を吸うと，私は私の中の怒りに気づく。息を吐くと，怒りは私から離れていく」。私はクライエントのニーズに合う，いくつかのガーサー（短い言い回し）を用意しています。

エクササイズ 15-3

小石瞑想（Pebble meditation）

小石や石は，円の真ん中に置きます。

ベルを鳴らす

ベルの音を聴きながら呼吸を楽しむよう，クライエントを促します。

小石瞑想

それぞれの人が四つの石を持ちます。それぞれの小石は違った要素を表しています。花，山，水，そして宇宙です。セラピストはグループのメンバーに，一度に一つの小石を選び，それを持ったまま，マインドフルに呼吸するように誘います。セラピストは以下の言い回しを 2, 3 回朗唱し，クライエントはそれらを黙って自分自身で繰り返します。

- 1番目の小石：息を吸うと，私は花のような自分が見えます。息を吐くと，私は新鮮な感じがします（クライエントは小石を横に置く）。
- 2番目の小石：息を吸うと，私は山のような自分が見えます。息を吐くと，私は頑丈な感じがします（クライエントは小石を横に置く）。
- 3番目の小石：息を吸うと，私は池の中の静寂な水のような自分が見えます。息を吐くと，私ははっきりと見えます（クライエントは小石を横に置く）。
- 4番目の小石：息を吸うと，私は宇宙のような自分が見えます。息を吐くと，私は自由を感じます（クライエントは小石を横に置く）。

　瞑想の後，グループに，フェルトセンスに触れ，フェルトセンスにぴったりなイメージがあるかどうか見てみるよう教示します。

●アート
　フェルトセンスのアート表現を創ります。

●メール・エクササイズ
　グループがアートを完成させた後，作品は部屋の周囲に円状に配置します。メンバーは，それぞれのアート作品の周りを歩きながら，それらを内側で感じ，フェルトセンスにぴったりの言葉やフレーズがあるかどうか探してみます。それぞれ小さな長細い紙に言葉や言い回しを書き，アート作品の前に表を下にして置いておきます。メンバーは自分のアート作品と「メール」の束に戻ります。そして，メールを見て，どの言葉や言い回しが自分の内側に響いてくるか感じてみます（図15-5）。響いてくる言葉やフレーズを使って，詩を創作してみます。響いてこない言葉は詩に使わなくてもいいですし，また新たな言葉を加えてもいいでしょう。

第 15 章　スピリチュアリティと心理療法

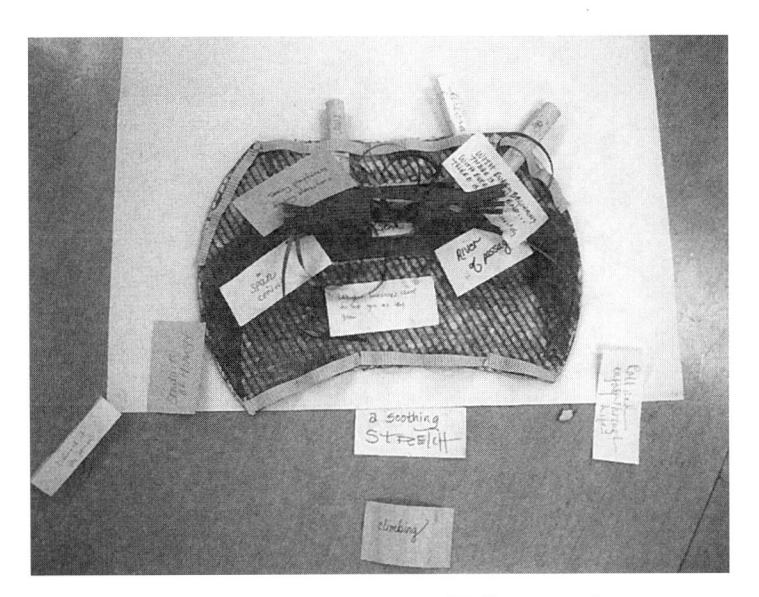

図 15-5　フェルトセンス「言葉，メール」

▶例：メリンダ

　メリンダはこのクラスの大学院生で，瞑想の後に，彼女のフェルトセンスについてこう述べました。

　　「私のフェルトセンスは動き，変容し，それはエネルギーの流れでした。私の内側でブンブン音を立てて唸っていて，それはもう動く準備ができているように感じられました。これを面白く感じました。なぜなら，スピリチュアリティのエクササイズを通して，私はとても地に足がついて，石を通して地面とつながっているのを感じながらも，拡がっていく感じもあったからです。このフェルトセンスのイメージのハンドル表現の役目をするのは，トンボです」（図 15-6）

　メリンダのトンボは，水色のオイルパステルで描かれています。白と黄色，そして軽い運筆の青と緑で，トンボから放射線状に伸びる，池の波紋

259

第Ⅲ部　臨床的アプローチ

のようなものを描き，それは循環する広がりを思わせる円でした。メリンダは，「私は目の前にある言葉の正確さと痛切さに，くぎづけになりました。それぞれのメッセージは，私にとって異なった方向で意味をもっていて，私は素晴らしい贈り物を受け取っているかのように感じました」とシェアしました。メール・エクササイズの言葉をつなぎ合わせて，メリンダは次のように書いています。

　　私の中に自然が流れ込んでくる
　　躊躇しないで——飛んで！
　　繊細な宝物
　　複雑で，強い
　　渦を巻いて，くるくる回って，バランスをとっている
　　陽気に——周りを回っている

図 15-6　瞑想後のフェルトセンス（メリンダ）

第15章　スピリチュアリティと心理療法

夏の太陽，夏の成長は私に上昇を送っている
美しい飛行
トンボは輝きを守るもの

留意点

◆あなたのスピリチュアルな見解を，クライエントに押しつけないようにしましょう。
◆それぞれの人の見解を，快く受け入れましょう。
◆スピリチュアリティと宗教との違いに気づきましょう。
◆スピリチュアリティと必ずしも絡み合わせなくても，日々の実践としてのアウェアネスやマインドフルネスを教えるための方法を，探究しましょう。
◆親切さ，思いやり，面倒見の良さ，誠実さ，真実，寛大さ，そして知恵は人間の質であり，私たちはそれに触れて，育てることができます。

第16章

他の表現アートへのひろがり

　本書はフォーカシング指向アートセラピーに焦点を当てていますが，その理論上の枠組みや方法論は，音楽療法，ダンスセラピー，詩セラピー，ドラマセラピー／サイコドラマ，インターモーダル・表現アートセラピーに応用可能です。本章では，すべての表現アートセラピーにフォーカシングを適用するための展望を簡単に述べて，すべての表現アートでフェルトセンスとフォーカシングの豊かな探求がなされることを，奨励していきたいと思います。

　筆者は，ジェンドリン（Gendlin, E. T.）のフォーカシングを表現アートセラピーに適用したことを，包括的に**フォーカシング指向表現アートセラピー**と名付けました。第6章で挙げたフォーカシング指向アートセラピーの法則（安全感の確立，プレゼンス〈臨在〉，体験過程的リスニング，アートによる応答，奥にいるその人，治療関係など）は，フォーカシング指向表現アートアプローチの基礎となっています。フォーカシング指向アートセラピーが，フェルトセンスをイメージとしてシンボル化するのに重きを置く一方で，フォーカシング指向表現アートセラピーは，シンボル化をジェスチャーやムーブメント，音，ライティングなどに拡げていきます。アートの様相を提供する鍵となる要素は，フェルトセンスです。クライエントは，フォーカシングを通してフェルトセンスに触れ，内なるフェルトセンスにぴったりなハンドル表現の言葉，言い回し，イメージ，ジェスチャー，音があるかどうか見ていきます。フェルトセンスのシンボル化は，すべての表現アート形式への入り口を開くのです。

第16章　他の表現アートへのひろがり

シンボル／ハンドル表現		アート様相表現
言葉，フレーズ	発展して	詩，クリエイティブ・ライティング
イメージ	発展して	視覚的アート
ジェスチャー	発展して	ムーブメント，ダンス
音	発展して	音楽，音の探索

　ジェンドリン（Gendlin, 1996）の心理療法への計り知れない貢献のなかで際立つのは，彼が「さまざまな道筋で取り組むこと」を提唱したことで，私は，これは表現アートセラピストが覚えておくべき，重要な概念だと思っています。ジェンドリンは，数多くの心理療法の学派があるにもかかわらず，それぞれが違う枠組みをもちながら（たとえば，フロイト派，ユング派，ゲシュタルト，クライエント中心，認知，行動，そしてトランスパーソナル），それぞれの学派を越えて見られる，共通の「道筋」があるとしました。それらは，「……イメージ，ロールプレイ，言葉，認知的信念，記憶，気持ち，感情のカタルシス，個人間に生じる相互作用，夢，ダンスムーブ，筋肉運動，習慣的行動」などです（Gendlin, 1996, p.170）。フロイト派とユング派のセラピストでは，夢を扱う方法は違うけれども，どちらもイメージの道筋を使います。アートセラピーもイメージの道筋で行われます。ダンス・ムーブメント・セラピー，ヨガ，太極拳，生体エネルギー療法は，からだの道筋で起こります。特定の理論的アプローチや方法が違っても，それぞれの道筋は特定の利点を提供しています。たとえば認知行動的アプローチは，こころ（精神）の道筋で認知的歪みと信念を特定するのによく作用します。アートセラピー，指定イメージ，夢は，イメージの道筋における問題を特定するのに有効です——たとえば自己知覚のイメージ，希望するゴールを視覚化する，夢のシンボル的なイメージを探索するなど。ダンス・ムーブメント・セラピー，ヨガ，太極拳，生体エネルギー療法，ライヒ派心理療法，感覚運動療法は，からだのレベルを特定し，さらに地に足をつけること，こころ-からだの統合を高めること，身体的に感情を探索することに，よく作用します。

表現アートセラピーもまた，別の道筋に作用すると考えることができます。視覚的アートはイメージの道筋で，音楽療法は聴覚の道筋で，詩や文章は言語の道筋で，ダンスやクリエイティブなムーブメントはからだの道筋で，ドラマセラピーはいくつかの道筋で作用します。それぞれの道筋は，他の道筋にはないものを提供しています。フェルトセンスは，ある道筋や道筋（あるいは，表現アートの様相）の間へと導いてくれます。ジェンドリンはこのプロセスを，次のように明らかにしています。

> 「私たちセラピストは，クライエントのフェルトセンスに取り組んでいると考えれば，すべての道筋がそれを推進する方法である……どの道筋からもフェルトセンスはもたらされるし，他の道筋もそれを推進することができるので，フェルトセンスは道筋と道筋のを結ぶ要となる」
>
> (Gendlin, 1996, p.171)

インターモーダル表現アートセラピストは，それぞれの道筋を理解し，ある道筋に取りかかるのにベストなタイミングを査定し，また別の表現アートの様相（モード）に移行するときを特定する専門家です。セラピストのスキル，訓練，好みや直感，クライエントの好み，開け，抵抗のコンビネーションは，どのアートの様相を用いて取り組んでいくかを決定するのに役立ちます。しかしながら，フェルトセンスを知っていることは，クライエントの感じられた体験に沿って，方向性や表現アートの様相を選択するのに有益です。たとえば，外来治療センターのクライエントであるマークは，ちょっと見てみるフォーカシング中に，からだに重い感じのフェルトセンスを感じました。彼のフェルトセンスにぴったりなハンドル表現／シンボルは，しだれている柳の木でした。しだれている柳の木のイメージを，視覚アートに表現するのは自然なことでした（なぜなら，視覚アートはアートにうまく移行するからです）。フェルトセンスはとるべき道筋を示していたので，その表現アートの様相が用いられたのです。マークは，しだれている柳の木の絵を描

第16章　他の表現アートへのひろがり

き終え，それ描いているときのフェルトセンスにフォーカシングしてみることもできるし，描いた後，どんな感じがしているかを見てみることもできます。このとき，マークがフォーカシングしてみると，スペースとともに，涙のようなもの，というフェルトセンスを感じました。このフェルトセンスのハンドル表現／シンボルとして，「あわれみのなかの悲しさ」という言葉が浮かんできました。これらの言葉は，詩や自由な文章に発展させることができ，歌の歌詞にしていくこともできます。フェルトセンスは，一つの表現アート様相（モード）から，他の様相（モード）へとギア（道筋）チェンジを可能にする，クラッチのようなものです。この例では，イメージから言葉へのギアチェンジでした。ジェンドリンは次のように記しています。「多様な道筋への感受性は，一つの道筋を通して何ができるかを調整し，それぞれのクライエントの，それぞれの状況の複雑さに，個性的に応答することを可能にしている」(Gendlin, 1996, p.171.)。これは，インターモーダル表現セラピー（Knill, 2004）や，ナタリー・ロジャーズのクリエイティブ・コネクション（Rogers, 1993）の中心となる概念です。それぞれの表現アート様相（モード）についての詳説は，本書の範囲を超えていますが，読者が表現アートへのフォーカシングの適応を継続することを促すための種となるものを，以下に述べておきましょう。

■クリアリング・スペース

◆**ムーブメント**：スカーフやボールを使って，「いい感じ」を邪魔する気がかりを表します。本来的またはクリエイティブなムーブメント（動作）で，「いい感じのところ」を表現しましょう。

◆**音楽**：フェルトセンスに触れることにフォーカスし，「いい感じ」を感じるのを邪魔している気がかりに，ぴったりなハンドル表現の音があるかどうか見てみましょう。それぞれの気がかりを脇に置くために，声，楽器などの音源を使いましょう。「いい感じのところ」のフェルトセンスを感じ，音や音楽で表現しましょう。

第Ⅲ部　臨床的アプローチ

◆**ドラマ／サイコドラマ**[*1]：このエクササイズは，グループのメンバーと行ったり，シンボルとなる対象を用いて行ったりします。

1. **クリアリング・スペース**：クライエントは，「いい感じのところ」を表すグループのメンバーやシンボル化された対象を選び，部屋の真ん中に置きます。次に，クライエントは「いい感じ」を感じるのを邪魔しているものに気づいていきます。クライエントは気がかりのフェルトセンスを感じた後，ロールプレイを用いて，そのフェルトセンスをシンボル化するようなグループのメンバーがいるかどうか見てみます。はじめに，クライエントはフェルトセンスをシンボル化する姿勢や，ジェスチャー，音（一文）でそれを表現します。──そして彼らに「いい感じのところ」から一定の距離の位置についてもらいます。気がかりを表現した後，役割を決められた人は，クライエントが表現した姿勢，ジェスチャー，一文をやってみます。

2. **後景にある気持ち**：クライエントは後景にある気持ち（**いつもあるような気持ち**，たとえば**いつも**疲れているような気持ちや**いつも**憂鬱なような気持ち）があるかどうか，確かめます。フェルトセンスが感じられた後，グループメンバーを通してシンボル化します。ステップ1のように，クライエントが最初に，後景にある気持ちをシンボル化する姿勢やジェスチャー，音（一文）で表現します。そして，選ばれたグループメンバーは役を演じます。後景にある気持ちがクライエントの周りについてきます。

3. **「いい感じのところ」と，気がかりと後景にある気持ちの対話**：ロールプレイを用いて，気がかりは「いい感じのところ」に話しかけ

[*1] このエクササイズは，フォーカシングと表現セラピーの大学院コースにおける小グループで発展した方法である。Amanda Beck, Eric Beeman, Nancy Beardall, Terry Bond, Melanie Browndorf, Julie Casella, Amy Corral, Robin Maggio Dawkins, Beth Hackler, Ellen Jackson, Matt Kraus, Lauren Lavoie, Laurie Moskowitz-Corrois, Kristy Rapp, Aleta Robison, Shannon Smith に感謝します。

第16章　他の表現アートへのひろがり

ることができ，その逆もできるのです。
4. **問いかけと受け取り**：解決への一歩を探求するのに適切なフォーカシングのやり方で，クライエントに問いかけてみます。たとえば，「気がかりが解決されるのを邪魔しているのは何だろう」「何を必要としているんだろう」「すべて治ったらどんなふうになるだろう」というように。クライエントが答えを得られれば，セラピストはロールプレイを用いて表現する方法に，導きましょう。

◆**ライティング**：細長い紙を用いて，「いい感じ」を感じるのを邪魔していることを描き，かごや封筒に入れます。「いい感じのところ」についてのストーリーを書いたり，詩を創ってみたりします。

表現アートセラピーにフォーカシング統合するとき：フェルトセンスを確かめてみることは，治療的な出会いの全体のなかで，さまざまなタイミングで起こります。始めるにあたって，地に足をつけ，からだの何が注意を向けてほしがっているのかを見てみるとき，表現アートのプロセス全般でアート様相を決めるとき，様相間での移動するとき，対話でからだの知恵に触れるタイミングを知らせるとき，締めくくりに体験に根ざし，それを深め，拡げ，移行し，包み込むときなどに行います。アートセラピーにフォーカシングを統合するタイミングについてのヒントは，第6章を参照してください。

第Ⅳ部

フォーカシング指向アートセラピーのエクササイズ

# 第17章

エクササイズの教示

● 個人，グループ対象 ●

■ 17-1 「私はどんな人」のコラージュ

アート：あなたがどんな人かを表す，コラージュを創ります。

素材：雑誌，またはあらかじめ切り出してあるコラージュ用のイメージ，はさみ，のり，台紙または箱。

ゴール：自己を確認し，自己をほかの人とシェア（分かち合い）します。

フォーカシングの教示：何度か深呼吸して，からだの内側にまで息を吸い込んでいく時間を取りましょう。床や座っている椅子からの支えを感じましょう（目を開けて行うのか閉じるのかについては，セラピストの臨床上の判断で行う）。からだの奥深くに注意を向け，穏やかにやさしく「私はどんな人なんだろう」と尋ねてみましょう。じっと待って……何が現れてくるか様子を見てみましょう……生活のなかでこなしている役割とは違うものが現れてくるかもしれません……家族のなかでの役割，または場所が浮かんでくるかもしれません……仕事，趣味，あなたの好きなこと，嫌いなことが浮かんでくるかもしれません……どんなことが現れてきても，それを受け入れましょう。できそうなら，ここにいることに注意を戻して，ストレッチをしましょう（目を閉じていたなら，ゆっくりと目を開ける）。コラージュの素材に目を通して，あなたがどんな人かという内側のフェルトセンスにぴったりのイメージ，または言葉を見つけましょう。それを集めて……フェルトセンスに従い「私はどんな人」のコラージュを創

りましょう。

■ 17-2　私が惹かれる10のものについてのコラージュ

アート：あなたが惹かれる10のものについての写真や言葉を組み合わせて，コラージュを創ります。

素材：雑誌，またはあらかじめ切り出してあるコラージュ用のイメージ，はさみ，のり，台紙または箱。

ゴール：自己を確認する，そして自己をほかの人とシェアします。

フォーカシングの教示：(地面に足をつけ，からだの中心を感じ，マインドフルな深呼吸をすることから始める)。雑誌のイメージや言葉に目を通して，あなたが惹かれる写真についてのからだの感じを味わいましょう。そして写真を切り出しましょう(あらかじめ切り出されたものなら，それらを集める)。

■ 17-3　私の中／外

アート：自己の箱，または袋を作ります。それは，他の人に紹介する自己を表すものであったり，より内在化されたものとして自分がもっている自己だったりします。自分が外側に表したいと思っている内面も含めます。

素材：雑誌，ハサミ，のり，箱か紙袋。

ゴール：内に秘められたことと他人に見せていることを自己認識し，変化への願望を明確化します。

フォーカシングの教示：(地面に足をつけ，からだの中心を感じ，マインドフルな深呼吸をすることから始める)。からだに入り，そして出ていく息に，注意を合わせましょう……(時間を取る)……あなたが周りに見せている自分，そしてあなたが内側に秘めている，またはとても親しい人にしか見せていない自分に気づきましょう。周りにどう見せているのかについての，イメージ，写真，思い出が現れてくるままにしましょう……その人たちからどのように見られたいですか……あなた自身はどのように見てい

ますか……あなたの外見について，周りの人にどのように見てもらいたいですか……しばらくの間，その感じと一緒にいましょう……内側に問いかけてみましょう，「周りに見せている自分の外見，自分が表しているものの全体の感じは，どんなものだろう……内側のフェルトセンスにぴったりのイメージがあるかどうか見てみましょう……色や形，他のものかもしれません。では，少し時間を取り，内側のスペースを内省してみましょう……そこは，あなただけのための秘密にしているようなスペースです……または一人か二人の，わずかな人にしか見せていないスペースです……あなたが人に見せてもいいのだろうかと感じている事柄やあり方などがあるかもしれません……それとしばらくの間，一緒にいてみましょう……内側のスペースにぴったりのイメージ，または言葉，色，形があるかどうか見てみましょう。さて，もう一つのこともチェックしましょう。あなたが外側に出してみたいと思うもので，まだ内側に秘められているものは何かありますか……それは今，出してみたいものですか，もう少ししてからですか。じっと待って，何か思い浮かんでくるか見てみましょう。もし，一つまたはそれ以上の事柄が浮かんできたら，それらをからだで感じるフェルトセンスに確かめてみましょう。それを外側に動かし始めるのは正しいと感じますか。からだが教えてくれることに注目し，受け入れましょう。できそうなら，目を開けてこの部屋に注意を戻しましょう。紙袋または箱を使って，あなたの内側と外側をシンボル化しましょう。外側には，あなたが周りに見せている「あなた」についてのフェルトセンスを表現するために，アート素材を使います（絵を描く，色を塗る，コラージュ）。内側には，自分自身や本当に親しい人たちだけにしか見せていない，あなたを表現するのに可能なアート素材を使います。もしも外側に動かしてみたいと思う内側の一部があるのなら，それらを入れるプラスティック袋があります。箱か紙袋の内側にプラスティック袋を入れておいて，それから（グループとのシェアのときに）どうやって，またはどこに，その袋を置いて外側に出したいのかを探るために，取り出してもいい

でしょう。

17-4 今，自分自身をどう見ているか／自分自身をどのように見たいか

アート：今，自分自身をどう見ているか，そして自分自身をどのように見たいかについて，絵を描くかコラージュを創ります。

素材：アート素材（オイルパステル，チョークパステル，マーカー）や，コラージュの素材（雑誌，はさみ，のり，台紙）。

ゴール：自己像——具体的な人生の一歩をともなった，前向きな変化に向けたゴールを定めます。

フォーカシングの教示：（地面に足をつけ，からだの中心を感じ，マインドフルな深呼吸をすることから始める）。自分自身に気づいてみましょう……今，あなたは人生のどのあたりにいるのでしょうか……あなたは何をしていますか……あなた自身についてどう感じているでしょうか。自分のもつ強さに気づきましょう……自分が心地良いと感じるものについて……そしてあまり心地良いとは感じられないものについて……内側のフェルトセンスのハンドル表現のイメージや形，または色があるかどうか見てみましょう。そしてぴったりかどうか確かめましょう。もしそれがぴったりでなければ，新しいイメージが浮かぶのを待ちましょう。では，自分自身についてどのような気持ちでいたいのか，感じてみましょう。自分についてそんなふうに感じてみると，どういうものか想像してみましょう……自分について感じたい方法で感じることを想像すると，からだの内側はどんな感じですか。内側のフェルトセンスのハンドル表現のイメージや形，または色があるかどうか見てみて，そしてそれがぴったりかどうか確かめましょう。ぴったりだと感じたら，やさしく問いかけてみてください，「それらの間には何があるのだろう……私自身の感じ方と私が感じたい感じ方，その間に何があるのだろう」。その答えが形づくられるまで，少し時間を取りましょう。最初のイメージが2番目のイメージになるには，何が

必要なのでしょうか（時間を取る）。できそうなら，「正しい方向へ進むのに役立つ小さな一歩は何だろう」と問いかけてみましょう。できそうなら，アート素材を使って，一つ目から二つ目に移るには何が必要なのか，その一歩も含めて二つのイメージを作成しましょう。

■ 17-5　自分自身をどう見ているか／周りの人は私をどう内側に見ているか

アート：今，あなたが自分自身をどう見ているか，そして自分自身をどう見たいかについて，絵を描くかコラージュを創ります。

素材：台紙，絵を描く，またはコラージュのための素材。

ゴール：自己知覚，投影の明確化。

フォーカシングの教示：（地面に足をつけ，からだの中心を感じ，マインドフルな深呼吸をすることから始める）。自分自身に気づいてみましょう……今，あなたは人生のどのあたりにいるのでしょうか……あなたは何をしていますか……あなた自身についてどう感じていますか……自分のもつ強さに気づきましょう……自分が心地良いと感じるものについて……そしてあまり心地良いとは感じられないものについて……内側のフェルトセンスのハンドル表現となるイメージや形，または色があるかどうか見てみましょう。そしてそれがぴったりかどうか，からだの感じで確かめてみましょう。もしそれがぴったりでなければ，新しいイメージが浮かぶのを待ちましょう。周りの人たちがあなたをどう見ているとあなた自身が感じているか，想像し，感じてみましょう……周りの人たちがあなたを見ていると想像すると，からだではどんなふうに感じられますか。内側のフェルトセンスのハンドル表現のイメージや形，または色があるかどうか見てみて，そしてそれがぴったりかどうか確かめましょう。ぴったりだと感じたら，アート素材を使って，二つのフェルトセンスのイメージを表現しましょう。シェアリングで，自己知覚と人の見解の類似点と相違点に気づくのは，とても興味深いことです。

■ 17-6　ソーシャル・アトムズ

アート：あなたの人生で重要な人間関係を，あなたがどれだけ近くに，または遠くに感じているかを表現するために，アート素材を使いソーシャル・アトムを創ります。ソーシャル・アトムは，ジェイコブ・モレノのサイコドラマのワーク（Moreno, 1983）に由来するものです[*1]。

素材：アート素材，色彩材の組み合わせ，粘土，そしてボタン，羽根，より糸，毛糸などの工芸材。

ゴール：他者との関係のなかで自分を探る，他者との間での喪失や解決していない問題を探る，サポート体制を探ります。

フォーカシングの教示：深呼吸して，からだの内側にまで息を吸い込んでいく時間を取りましょう。床や座っている椅子からの支えを感じましょう（目を開けて行うのか閉じるのかについては，セラピストの臨床上の判断で行う。周りの人びと，グループ，そしてペット（あなたが望めば）など，あなたにとって重要な存在に注意を向けましょう。それは生存している人かもしれないし，もうお亡くなりになった人かもしれません。そんな人や，グループ，ペットが思い浮かんできたら，一人ずつ，一つずつからだで感じていきましょう。その人，またはグループやペットの全体の感じはどういうものですか。しばらくの間，思い浮かんでくる一人ずつ，一つずつを感じてみて，内側のフェルトセンスにぴったりで，ハンドル表現の役目をする色や形，イメージがあるかどうか見てみましょう（時間を取る）。そして問いかけましょう，「私のソーシャル・アトムの全体は，ど

[*1]　原注：ソーシャル・アトムとは，家族，友人，同僚などになりうるグループで，アルコール依存者更生会や教会，シナゴーグ，読書会，ペットの会などである。治療的状況によって適切なものを決める。

訳注：Social atoms は直訳すると「社会の原子」となる。物理学でいう原子，すなわち電子が原子核の周りを取り巻いているありさまを，自分を取り巻く社会や他者を意味したものと思われる。

んな感じだろう」。それぞれに対して，あなたがどれだけ近くにまたは遠くに感じているか見てみましょう。感じることができたら，この部屋にいることに注意を戻して，ストレッチをしましょう……（目を閉じていたなら，ゆっくりと目を開ける）。では，アート素材を使って，あなたのソーシャル・アトムを作成しましょう。まずは，あなた自身のシンボルを真ん中に創りましょう。それから他のシンボルを創っていきましょう。シンボルは描いても，他の素材を使って創ってもかまいません。立体物や，動かせる形のものを使うなら，あなたとそれぞれの人たちとの関係の配置を試してみてもかまいません。それらを糊づけする前に，いろいろと動かしてみましょう。決まったやり方はありません。描くこと，色づけすることが好きだという人もいるでしょう。あなたのフェルトセンスを信じましょう。

ソーシャル・アトムのいくつかのバリエーション：グループ内の人について，ソーシャル・アトムを創ります。ソーシャル・アトムのワークを発展させ，重要なライフステージを描写します（Lyn, 1978）。現在のソーシャル・アトムとあなたが望むソーシャル・アトムを作成します。

■ 17-7 今，このグループにいてどう感じているか／どうありたいか

アート：今，このグループについてどう感じているか，どうありたいかについての，二つのフェルトセンスのイメージを創ります。

素材：オイルパステル，マーカー，チョークパステル，紙。

　オプション：糸，毛糸，芸術素材。

ゴール：グループとの関係性を探り，望む変化を生み出す責任をもつこと。

フォーカシングの教示：（地面に足をつけ，からだの中心を感じ，マインドフルな深呼吸をすることから始める）。少し時間を取り，このグループにいてどう感じているかに気づきましょう。グループの一員になったときのことを思い出してみましょう。どんな感じでしたか。あなたの願い，希

第17章 エクササイズの教示

望……恐れは，どういったものでしたか。安心できる場所，グループメンバーで一緒にいて安心できる人，安心できない人，どちらでもない人に気がつきましょう（時間を取る）。映画を見ていると想像してみましょう。それは，今までのこのグループにおけるあなたの体験のハイライトを，時間を追って見ていくものです（時間を取る）。あなたがこのグループのどういう位置にいると自分で見ているかに，注目しましょう。注意を内側に移して問いかけてみましょう，「このグループで体験したことの全体の感じは，どういうものだろう」（時間を取る）。内側のフェルトセンスにぴったりで，ハンドル表現の役目をするイメージ（言葉，言い回し，ジェスチャー，音）があるかどうか見てみましょう。それがぴったりだと感じるか，からだに確かめてみましょう。もしそれがぴったりでなければ，そのイメージから離れ，新しいイメージが浮かぶのを待ちましょう（時間を取る）。それが見つかれば，それを息とともに吐き出し，そしてあなたがいいと思うグループとの関係が，あなたにとってどのようなものか，どのように感じるかを想像してみましょう。どう感じても，それにやさしくしましょう。内側のフェルトセンスにぴったりで，ハンドル表現となるイメージ（言葉，言い回し，ジェスチャー，音）があるかどうか見てみましょう。それが合っていると感じるか，からだの感じで確かめてみましょう。もしそれが合っていないのであれば，そのイメージから離れ，新しいイメージが浮かぶのを待ちましょう（時間を取る）。

オプション：以下の質問は，フォーカシングの教示に組み込まれることもあるし，クライエントが作品づくりに進んでから，書いて答えてもらうこともあります。では，次のように問いかけてみましょう「邪魔をするものはなに？──あなたがこうあってほしい思う関係と，実際の関係との間にある差はどんなものでしょう」（時間を取る）「必要なものはなに？」（時間を取る）「正しい方向で，小さいけれどいいステップはなに？」。できそうなら，この部屋にいることに注意を戻して，ゆっくりと目を開け，グループのなかで今どのように感じているか，どうありたいか，そして何

277

が邪魔をするのか，何が必要か，さらにはそこに至るイメージについての
フェルトセンスのイメージを描きましょう。

■ 17-8　資源のツールボックス

アート：箱または他の入れ物を使い，セルフケアのツールや，資源を持ち
運べるツールボックスを創ります。フェルトセンスの言葉やイメージで，
ツールボックスを飾ります。

ゴール：セラピーで受け取ったことや学んだことを，日々の生活に持ち帰り
ます。

素材：箱または他の入れ物，紙，ビーズ，羽，スパンコールなどの装飾材。

フォーカシングの教示：（地面に足をつけ，からだの中心を感じ，マイン
ドフルな深呼吸をすることから始める）。少し時間を取り，セラピーやグ
ループから受け取ったツールや資源に気づきましょう。内側に問いかけて
みてください，「私の日々の生活に持ち帰りたいものは何だろう」。資源を
一つひとつ感じてみましょう。そしてぴったり合うイメージや色，形，質
感があるか見てみましょう。イメージするには，フェルトセンスを使いま
しょう。では資源のツールボックスを作成しましょう。

● 健康とウェルネス ●

■ 17-9　現在の健康状態はどうか／今後どうなりたいか

アート：現在の健康状態と，今後どうなりたいかを，アートで目に見える形
にします。

素材：紙とアート素材，またはコラージュ用の素材。

ゴール：自分の健康状態の評価。健康な状態のビジョンをもつ，健康な状態
を手に入れるうえでの障害物を特定する，そしてそれに向けた計画を立て
ます。

フォーカシングの教示：深呼吸して，からだの内側にまで息を吸い込んで

第17章　エクササイズの教示

いく時間を取りましょう。床や座っている椅子からの支えを感じましょう（目を開けて行うのか閉じるのかについては，セラピストの臨床上の判断で行う）。これからあなたの健康にフォーカシングしていく時間を取ります……現在どういう状態ですか，今後はどうありたいですか。懐中電灯の光を当てるように，注意を内側に向けましょう。やさしい調子で問いかけましょう，「さあ，今の私の健康状態はどうだろう」。少し待って……エネルギーレベル，緊張しているところ，からだのストレス，不快感や痛みのあるところ……そして安心している，活力のあるところ……など，そこにあるものを感じましょう。現在の健康状態の内側のフェルトセンスにぴったりで，シンボルの役目をするイメージ，色，形があるかどうか見てみましょう。それがフェルトセンスにぴったりかどうか，からだの内側に確かめてみましょう。もしそれが合っていなければ，そのイメージから離れ，新しいイメージや色が，からだのフェルトセンスから浮かぶのを待ちましょう……見つかれば，それを息とともに吐き出しましょう。そして，新しい息を吸い込み，新しい人生を受け取りましょう。あなたが望んだとおりになった健康状態がどんな感じか，からだがどう感じているかを想像してみましょう。活力，エネルギー，安心感，そしてあなたの健康に必要だと思うものを，今まさに，その健康を手に入れたように，目に見える形で，そしてからだで感じるように，味わってみましょう。現在の健康状態の内側のフェルトセンスにぴったりとくる，またはシンボルとなるイメージ，色，形があるかどうか見てみましょう。それがフェルトセンスにぴったりかどうか，からだの内側に確かめてみましょう。もしそれが合っていなければ，そのイメージから離れ，新しいイメージや色が，からだのフェルトセンスから浮かぶのを待ちましょう……見つかれば，やさしい調子で問いかけましょう，「現在の健康状態と，こうでありたいと思う状態の二つのフェルトセンスのイメージの違いはどう？」。その答えを出すまで少し時間を取りましょう。そして内側に問いかけましょう，「最初のフェルトセンスのイメージから，2番目のフェルトセンスのイメージへ移

るには何が必要でしょう」(時間を取る)。別の質問もしたくなるかもしれません。「正しい方向で，小さいけれどいいステップはなに？」。その答えにただ耳を傾けましょう。できそうなら，この部屋にいることに注意を戻して，ストレッチをしましょう。目を閉じていたなら，ゆっくりと目を開けましょう。アート素材を使って，一つ目から二つ目に移るには何が必要か，そのステップも含めて，二つのイメージを作成しましょう。

■ 17-10　どのように時間を使っているか／どのように使いたいか

アート：現在どのように時間を使っているか，そしてどのように使いたいかを図示した，二つの円グラフを作ります。円グラフは，活動ごとの使用時間の割合に比例した大きさに区切ります。

素材：二つの大きな円，アート素材。

ゴール：生活のなかにある問題を突き止め，変化への計画を立てること。

フォーカシングの教示：深呼吸して，からだの内側にまで息を吸い込んでいく時間を取りましょう。床や座っている椅子からの支えを感じましょう（目を開けて行うのか閉じるのかについては，セラピストの臨床上の判断で行う）。現在どのように時間を使っているか，そしてもっと健全な状態やより良い時間管理を実現するために，どのように時間を使いたいか，じっくり内省してみましょう。家でどのように時間を使っているか，その見直しから始めましょう……テレビを見る，独りで過ごす，誰かと過ごす……食事を摂る，摂らない……食べ物の種類……読書をしますか……運動は……仕事をしているなら，どんなお仕事ですか。あらゆる角度から，どのように時間を使っているか見てみましょう……からだに注意を向けましょう。そして，「どのように時間を使っているかを見直したときの，全体の感じはどういうものだろう」と問いかけてみましょう。内側のフェルトセンスにぴったりくる，またはシンボルの役目をするようなイメージがあるかどうか見てみましょう。それを感じることができたら，健康状態

と時間管理を，あなたの望んだとおりに向上させる時間の過ごし方ができたと想像してみましょう。どう変わりましたか。そのように生活することを，からだがどう感じるか見てみましょう。この健全な感じの内側のフェルトセンスに，ぴったりのイメージがあるかどうか見てみましょう。その感じをもっているとき，「現在の私と，そのように生活している私との間に，何があるだろう」と問いかけ，耳を傾けましょう。さらに「それを実現するためには何が必要だろう」「その健康な状態と時間管理を実現するために，この1週間に私ができる小さな一歩は何だろう」と問いかけましょう。できそうなら，この部屋にいることに注意を戻して，もし目を閉じていたなら，ゆっくりと目を開けましょう。二つの円グラフを作成しましょう。一つは，使用時間の割合に比例した大きさに分割して，現在のあなたの時間の使い方を表したもの……もう一つは，どのように時間を使いたいかを表したもの。この先1週間のどの時点でその一歩を実行するか，それを見つけましょう。

トラウマ

第1段階：安全の確立のためのエクササイズ

17-11　安全な空間

アート：安全を表す空間を，アートとして表現します。
素材：紙とアート素材。
ゴール：内側の安全を確立し，現在そして今後の面接で使用するために，この安全のリマインダー（目印）となる目に見えるものを創ります。
フォーカシングの教示：（地面に足をつけ，からだの中心を感じ，マインドフルな深呼吸をすることから始める）。安全な場所を想像しましょう。もしかすると，すでに知っているところかもしれません。その場所についてあなた自身に説明してみましょう——そのイメージ，色，音または静け

さ，温度，そしてその全体の感じについて。からだの内側で，その安全さの全体を感じていきましょう……あなたのからだの内側では，その安全の全体の感じは何でしょう。その安全な場所を説明するイメージや言葉，または言い回しがあるかどうか見てみましょう。アート素材を使い，安全な場所のフェルトセンスのイメージを作成しましょう。

■ 17-12　個人的境界

アート：あなたの境界を明確にする自己像を創ります。
素材：雑誌，人のイメージ，人の輪郭像または人物像，アート素材。
ゴール：からだへのアウェアネス（気づき）と個人的境界を介した，セルフ・エンパワーメント。
フォーカシングの教示：（地面に足をつけ，からだの中心を感じ，マインドフルな深呼吸をすることから始める）。この部屋のどこにいるか，安全と感じるには，もしくはもっとリラックスするためには，あなたと他人との間にどれだけの空間が必要であるかなど，あなたのからだに気づきましょう。台紙に，あなた自身を表す人物像，またはイメージを貼り付けましょう。これはコラージュ，写真からの人物像かもしれないし，人の輪郭像かもしれません。色や人の形を使って，安全やもっと安心と感じるのにちょうどいい個人的境界を，その人物像の周りに描きましょう。

第2段階：想起と服喪追悼

■ 17-13　気がかりとフェルトセンスを特定する

アート：あなたが抱えている気がかりをアートで表現し，シンボルで表された安全な空間から程よい距離に，その気がかりを置きます。
素材：工作用紙，コラージュ，ビーズ，アート素材，粘土（グループの人数による）。
ゴール：気がかりを特定し，それらを扱いやすいと感じる距離に置きます。

気がかりに取り組む自己を強くすることです。

フォーカシングの教示：(地面に足をつけ，からだの中心を感じ，マインドフルな深呼吸をすることから始める)。あなたにとっての安全な場所を想像することから始めましょう。そのイメージ，色や形がどんなものか感じてみましょう……そして，アート素材を使って安全な空間を創りましょう……では，いい気持ちや安全の邪魔になっている気がかりを特定しましょう。アート素材を使ってそれぞれの気がかりを表現し，それらを「安全な空間」から離して，扱いやすいと感じる距離に置きましょう。内側の気がかりの表現には，どんなアート素材を使ってもかまいません。たとえば，それぞれの気がかりのシンボルを描いたり，工作用紙に言葉で書き表す，紙をちぎったり，はさみで切って気がかりを形に表すこともできます，また粘土やビーズその他，気がかりをシンボル化するものを使ってもかまいません……創り終わったら，ぴったりと感じる安全な場所から距離を取って，その作品を置きましょう。この作業を行ったら，気がかりを置いた場所がぴったりかどうかを確かめ，内側でどう感じているかに気づいておきましょう。

■ 17-14 マンダラ：トラウマについてどう感じているか

注意：これは個人に対して，そして安全と一体感が構築されたグループに対してのみ，行われるべきエクササイズです。

アート：トラウマについての気持ちを維持できるマンダラを創ります。

素材：あらかじめ描かれたマンダラ，またはピザ型の段ボール紙，アート素材，コラージュ。

ゴール：マンダラは，トラウマ体験を抱える安全な容器となります。マンダラの円は，気持ちの入れ物や境界線としての機能を果たし，同時に全体性や統合されたものの元型的な特質を伝えます。

フォーカシングの教示：(地面に足をつけ，からだの中心を感じ，マインドフルな深呼吸をすることから始める)。トラウマについての気持ちに気づ

きましょう。フェルトセンスに注目してみましょう。内側のフェルトセンスにぴったりの色，形，イメージがあるか見てみましょう。安全に体験を維持できる円やマンダラに気づきましょう。円の外側に，トラウマ的な体験にとって，もっと安全で抱えることができるようにするものを，追加できるかどうか感じてみましょう。円の強さを強化するために，まずは円，色，形，素材から取りかかりましょう。円が強固で強いものだと感じられたら，トラウマのフェルトセンスを円の中に入れましょう。トラウマを支え，そして癒すために，フェルトセンスのイメージを，円の外側に追加していきましょう。

第3段階：日常生活との再結合のためのエクササイズ

17-8「資源のツールボックス」（p. 278）を参照。

● スピリチュアリティ ●

■ 17-15　スピリチュアルな人生曲線

注意：安心して幼児期や青年期を振り返ることができる，より機能的な人びとへのエクササイズです。

アート：あなたのスピリチュアルな体験の人生曲線を創ります。

素材：ロール状の紙または巻物の紙，描画素材。

ゴール：過去と現在のスピリチュアルな影響と体験，そして未来への願望を探ります。

フォーカシングの教示：深呼吸して，からだの内側にまで息を吸い込んでいく時間を取りましょう。床や座っている椅子からの支えを感じましょう（目を開けて行うのか閉じるのかについては，セラピストの臨床上の判断で行う）。呼吸とともに，あなたの人生におけるスピリチュアリティを探してみましょう。床，大地そして天国からの支えを感じ，呼吸を感じましょう。ゆっくりと息を吸って，吐いて。子どもだったころに戻っ

第17章　エクササイズの教示

てみましょう。少し時間を取って，子どものあなたが体験したかもしれないスピリチュアルな体験について，じっくり考えてみましょう。その体験は，あなたの宗教教育とつながりがあるかもしれませんし，ないかもしれません。自然のスピリチュアリティを感じる人がいるかもしれません……ブランコに揺られている……満天の星空を見上げている……夕焼け……それとも花々……人生において，なにか壮大なものとつながっていると感じる瞬間……宇宙とのつながりを感じる瞬間……子どものころのスピリチュアルな気持ちを思い出せなかったとしてもかまいません。ただそれを認め，受け入れる空間をつくってあげましょう……からだの内側に注意を向け，問いかけましょう「このスピリチュアルな体験（もしそれを一つ以上もっているなら）の全体の感じは何だろう」……そして，そのフェルトセンスをとらえるイメージがあるかどうか見てみましょう……そのイメージが合っているかどうか確かめましょう。では，とらえたイメージを手離しましょう……そして青年期へ移っていきましょう。10代のころを思い出して，スピリチュアルな瞬間があったか見てみましょう……宇宙や自然そして神とつながる瞬間です……（時間を取る）。何が思い浮かんでも，それを信頼しましょう。そのフェルトセンスをとらえるイメージがあるかどうか見てみましょう……そのイメージが合っているかどうか確かめましょう。では，とらえたイメージを手離しましょう……そして成人へ移っていきましょう。大人になってからの体験を思い出し，そのなかにスピリチュアルな瞬間があったかどうか見てみましょう……成人期に入ってからのスピリチュアリティ全体を感じてみましょう。内側のフェルトセンスにぴったりで，シンボルの役目をするイメージがあるかどうか見てみましょう。では，未来へあなたの想像を働かせてみましょう……これからの人生において，あなたが望むようなスピリチュアリティをもっていると，想像してみましょう……あなた自身と，他の人びとと，自然と，そしてあなたが働きかけるもの何とでも……あなたが望むようなスピリチュアリティをもつと，あなたのからだはどのように感じていますか。内側のフェルトセンス

285

にぴったりのイメージ，色，形があるかどうか見てみましょう……そしてそれが合っているか確かめましょう。合っていたら，この部屋にいることに注意を戻して，ストレッチをしましょう。目を閉じていたなら，ゆっくりと目を開けましょう。人生のスピリチュアリティのフェルトセンスを表す，人生曲線を描きましょう。体験のフェルトセンスを表すように，上向きや下向きに線を描いていくので，描き始めはページの上からでも下からでもかまいません。幼児期，青年期，成人期の，その時々のスピリチュアリティで感じられた体験，そしてこれからの人生であなたが望むスピリチュアリティを表すイメージやシンボル，色，形を用いて，人生曲線に飾りをつけていきましょう。

■ 17-16 今，私がいるところ／スピリチュアルな面で私がいたいところ

アート：今，私がスピリチュアルな面でいるところ，私がいたいところ，そして今のところからそこへどのようにして移っていくかを表す，イメージを描きます。

素材：紙，描画素材。

ゴール：スピリチュアルな成長におけるゴールを明確にし，それに向けたアクション・ステップを明確にします。

フォーカシングの教示：深呼吸して，からだの内側にまで息を吸い込んでいく時間を取りましょう。床や座っている椅子からの支えを感じましょう（目を開けて行うのか閉じるのかについては，セラピストの臨床上の判断で行う）。人生において，スピリチュアルな点で今どこにいるのか，そして今後どこにいたいのかについて，時間をかけて内省しましょう。からだの内側に息が入っていくのに，ついていきましょう。あなたのスピリチュアリティに気づき，それが人生においてどう表されているのかを知りましょう……あなたのスピリチュアリティをどう養い，育てていますか……教会や寺院に祈りを捧げてか，または自然のなかで時間を過ごしてか，

アート表現でか，それとも坐ってする瞑想や動きをともなう瞑想の練習をしてでしょうか。もしくは，あなたのスピリチュアリティは，栄養不足と感じてはいないでしょうか。なんであれ，まずはあなたのスピリチュアリティに注目しましょう……そしてどういうものか，それを受け入れましょう……あなたのスピリチュアリティがどんなふうに感じられているか，からだで感じてみましょう。内側のフェルトセンスにぴったりのイメージや色があるかどうか，感じてみましょう。そしてそれがぴったりかどうか確かめましょう。新たに深呼吸をして，新しい人生を取り込みましょう……あなたが望む方法でスピリチュアリティを育んでいる，そんな人生を送っていることを想像してみましょう。それについて自分に説明してみましょう……今，それらを行っているあなたを見てみましょう……からだの内側に注意を向け，そして問いかけてみましょう，「その全体の感じ，自分が望む方法でスピリチュアリティを育んでいる，そんな人生を送ることはどんな感じなんだろう」。内側のフェルトセンスにぴったりのイメージ，色や形があるかどうか見てみましょう。それが合っていると感じるまで確かめ続け……そして内側に問いかけてみましょう，「私の現在のスピリチュアリティと，望むものとの間にある違いは何だろう」。その答えが浮かんでくるまで待ちましょう。内側に問いかけてみましょう，「最初のフェルトセンスのイメージから，2番目のフェルトセンスのイメージへ移るには何が必要でしょう」（時間を取る）。別の質問もしたくなるかもしれません。「正しい方向で，いい小さな一歩は何だろう」。その答えにただ耳を傾けましょう。できそうなら，この部屋にいることに注意を戻して，ストレッチをしましょう。目を閉じていたなら，ゆっくりと目を開けましょう。アート素材を使って，一つ目から二つ目に移るには何が必要か，そのステップも含めて，二つのイメージを作成しましょう。

■ 17-17　歩行瞑想

アート：歩行瞑想の後，アート素材を使ってフェルトセンスを表現します。

素材：瞑想ベル，オイルパステル，チョークパステル，画用紙。

オプション：水彩絵の具，アクリル絵の具，糸，羽，コラージュの素材。

ゴール：日常の動きに対して，落ち着いて穏やかな状態をもつ練習を行い，マインドフルネスを向上させることです。

フォーカシングの教示：リーダーはクライエントに，ベルの音が聞こえたら，じっくりと呼吸を味わうことを勧めます。次に，リーダーは歩行瞑想を説明します。「ゆっくりと息を吸って，吐いて……注意を呼吸に向けながら片足ずつ脚を持ち上げましょう，脚を浮かしながら動かし，そして地面に下ろしましょう」。ゆっくりとしたペースで行います。短い**ガーサー**（言い回し），つまり言葉が，呼吸やどちらかの脚の動きに合わせて静かに繰り返されます。

　　　左脚：息を吸います，息を吸っていることに気づいています。

　　　右脚：息を吐きます，息を吐いていることに気づいています。

（数回の繰り返しの後，語句を短くしてもかまわない）

　　　左脚：吸います，それに気づいています。

　　　右脚：吐きます，それに気づいています。

（クライエントによって，別の語句に換えてもかまわない。たとえば，次の**ガーサー**にあるような，難しい気持ちに換えて行うこともある）

　　　左脚：息を吸います，私の中に怒りがあることに気づいています。

　　　右脚：息を吐きます，怒りが私の中にいることに気づいています。

（不安や恐れ，寂しさなどの気持ちと置き換えることもできる。数回この**ガーサー**を繰り返せば，穏やかで落ち着いた気持ちを自然に持ち込むことができる）。

　　　左脚：息を吸います，私は落ち着いています。

　　　右脚：息を吐きます，私は穏やかです。

語句を短くします。

　　　左脚：吸います，落ち着いています。

　　　右脚：吐きます，穏やかです。

瞑想後のフォーカシングの教示：深呼吸して，からだの内側にまで息を吸い込んでいく時間を取りましょう。床や座っている椅子からの支えを感じましょう（目を開けて行うのか閉じるのかについては，セラピストの臨床上の判断で行う）。からだの内側に向けた注意についていきましょう。どういうものに出会っても，それにやさしくしましょう。内側に問いかけてみましょう，「瞑想体験の全体の感じはどんな感じだろう」。フェルトセンスが形成されるまで，時間をかけましょう。内なるフェルトセンスにぴったりで，ハンドル表現となるイメージ（言葉，言い回し，ジェスチャー，音）があるかどうか見てみましょう。それがぴったりかどうか確かめてみましょう。もしそれがぴったりでなければ，新しいイメージ（言葉，言い回し，ジェスチャー，音）が浮かぶのを待ちましょう。できそうなら，この部屋にいることに注意を戻して，ストレッチをしましょう……（目を閉じていたなら，ゆっくりと目を開ける）。アート素材を使って，瞑想体験のフェルトセンスのイメージを創りましょう。

カップルと家族

17-18　現在の関係／ありたいと望む関係

アート：現在の関係のフェルトセンスと，あなたがありたいと望む関係のフェルトセンス，そして現在から望むような関係になるにはどうすればいいかを表す，イメージを創ります。

素材：紙，描画素材。

ゴール：カップルや家族関係においてうまく作用していないものは何か，そしてそれぞれのフェルトセンスを明確にし，どのような関係でありたいと望んでいるのかを，目に見える形にします。取り組む課題は，あなたが望む関係になるのを邪魔しているものはなに？　そうなるのに必要なものはなに？　カップル（家族）が達成したいと思っているのは同じゴール？　それとも違うゴール？

第Ⅳ部　フォーカシング指向アートセラピーのエクササイズ

フォーカシングの教示：何度か深呼吸して，からだの内側にまで息を吸い込んでいく時間を取りましょう。床や座っている椅子からの支えを感じましょう（目を開けて行うのか閉じるのかについては，セラピストの臨床上の判断で行う）。現在の関係があなたにとってどのように感じられているか，そしてどのような関係を望んでいるか，探っていきましょう。あなたにとっての関係を説明することから始めましょう。まず，パートナーのどんなところに一番魅力を感じますか……どんなことが問題ですか……どんな変化を望みますか……現在の関係のあり方についての全体の感じは，どういうものですか……からだではどのように感じていますか，からだのどこで感じているのか気づいてみましょう。フェルトセンスにぴったりのイメージ，色，形があるかどうか見てみましょう。それがぴったりか，からだで確かめてみましょう。もしぴったりでなければ，それを手放して新しいイメージが浮かぶのを待ちましょう。（次へ進んでもいいと気持ちが定まっているかクライエントに確認する）そのイメージを息とともに吐き出しましょう。そして，あなたがこうあってほしいと望むとおりの関係がどんなもので，そしてどう感じるか想像してみましょう。イメージ，考え，感覚が生じるままにしましょう。イメージしたとおりで，望んだとおりのあなたの関係の全体の感じを，からだで感じましょう。内側のフェルトセンスにぴったりのイメージ，色，形があるかどうか見てみましょう。それが合っているか確かめてみましょう……そして問いかけましょう。「この関係をもつうえで，私の人生で邪魔しているものはなに？」……からだの答えに耳を傾けましょう……そして尋ねましょう。「私の人生に必要なものはなに？」……「正しい方向で，小さいけれどいい一歩はなに？」……その答えを受け取りましょう。できそうなら，目を開けてアート素材を使い，二つのイメージを作製しましょう。邪魔をしているもの，必要なもの，そしてその一歩も含めて創りましょう。描き終わったら，お互いにそれをシェアしましょう。

第17章　エクササイズの教示

■ 17-19　あなたから必要としているもの／あなたに与えられるもの

アート：まずはそれぞれが，次のもののフェルトセンスのイメージを描きます。①私があなたから必要としているもの，または私が家族から必要としているもの。②シェアリングの後，それぞれに，私があなたに与えられるもののイメージのフェルトセンスを描きます。

素材：紙，描画素材。

ゴール：それぞれのパートナーや家族が必要としているものを，お互いに明確にすること。そしてその関係性に何を与えたいと望んでいるかを，確認すること。

フォーカシングの教示：何度か深呼吸して，からだの内側にまで息を吸い込んでいく時間を取りましょう。床や座っている椅子からの支えを感じましょう（目を開けて行うのか閉じるのかについては，セラピストの臨床上の判断で行う）。パートナー（または家族）からあなたが何を必要としているか，それに気づくことから始めましょう。あなたの内なる欲求に耳を傾ける時間を取りましょう。あなたの内なる欲求の隣に留まっていると想像して，その声に耳を傾けましょう。それらの全体を感じてみましょう。内側のフェルトセンスにぴったりのイメージ，色，形があるかどうか見てみましょう……それがぴったりかどうか確かめてみましょう。ぴったりなら，この部屋にいることに注意を戻して，ストレッチをしましょう……（目を閉じていたなら，ゆっくりと目を開ける）。そして，必要としているもののフェルトセンスを創りましょう（クライエントはまず互いにシェアし，「私があなたから必要としているもの」を聴く。シェアした後，セラピストはクライエントに，もう一度フォーカスしてみることを勧める）……何度か深呼吸して，からだの内側にまで息を吸い込んでいく時間を取りましょう。そこに何があってもやさしくしましょう。たった今，聴いたこと（あなたのパートナー，または家族が必要としていること）を受

け入れてみて，内側に問いかけてみましょう，「私は何を快く与えられるだろうか」（時間を取る）。どういったものが浮かぶかじっくり待ちましょう。からだがどう感じているか注目してみましょう。内側のフェルトセンスにぴったりで，ハンドル表現となるイメージ（言葉，言い回し，ジェスチャー，音）があるかどうか見てみましょう。それがぴったりと感じるか，からだに確かめてみましょう。ぴったりならばストレッチをして，目を閉じていたならゆっくりと目を開け，そしてあなたが快く与えられると思うもののフェルトセンスのイメージを描きましょう。

付録A

スーパービジョンとセルフケア

■ スーパービジョン

　フォーカシング指向アートセラピーや，表現アートセラピーのアプローチを用いた臨床スーパービジョンは，効果的なものです。セラピストとして自分自身のフェルトセンスに気づくことは，逆転移の反応と同様に有用な指針で，直感的な予感や知恵を探るためのガイドとなります。「クリアリング・スペース」は，クライエントと会う前や会った後に，自分の中心に戻るためのセルフケアのツールとして有効です——ちょうどいい距離に臨床の仕事を置くための方法として。フォーカシングのステップや表現アートは，臨床状況における洞察を得るため，あるいは自分自身の壁や抵抗を乗り越えるために利用することができます。

▶示　唆

- ◆**クリアリング・スペース**：面接の前後に行うことができます。
- ◆**逆転移**：クライエントに焦点を当てます。問題点を明らかにし，フェルトセンスを感じて，ハンドル表現を見つけ，表現アートを通してシンボル化し，問いかけと受け取りをします。
- ◆**フォーカシングの問いかけ**：必要なものは何だろう。それを邪魔しているものは何だろう。解決のための良い小さな一歩は。アートで表現してみましょう。

■ **セルフケア**

　フォーカシング指向アートセラピーは，自分自身のセルフケア，あるいはピアグループの一部として使うことができます。ピアグループは，セルフケアのためだけにも，あるいはピア・スーパービジョンと組み合わせることもできます。

▶示　唆

◆**クリアリング・スペース（アート有または無）**：自分の中心に戻り，ストレスを軽減することができます。

◆**ちょっと見てみるフォーカシング**：私はどんな感じかな。アートでフェルトセンスをシンボル化しましょう。

◆**フォーカシング**：何が注意を向けてほしがっているんだろう。ピアグループでグループで時間を分け合いましょう。

◆**リスニング（傾聴），アートへのフィードバック，言語的な応答を統合しましょう。**

付録 B

リソース（資源）

■ アートセラピー

American Art Therapy Association, Inc.
11160–C1 South Lakes Drive, Suite 813, Reston, VA 20191
Phone: 888-290-0878
Website: www.arttherapy.org
Consult website for links to national and international art therapy associations, ethical guidelines, research information, and the use of art therapy evaluation tools for research.

Art Therapy Credentials Board
3 Terrace Way, Suite B, Greensboro
NC 27403-3660
Toll free: 877-213-2822
Website: www.atcb.org
Email: atcb@nbcc.org

Expressive Media Inc.
Website: www.expressivemedia.org
Art therapy films and resources.

International Expressive Arts Therapy Association
PO Box 332399
San Francisco, CA 94132
Phone: 415-522-8959
Website: www.ieata.org

National Coalition of Creative Arts Therapies Associations
c/o AMTA
8455 Colesville Rd., Ste. 1000
Silver Spring MD, 20910
Website: www.nccata.org

▶ジャーナル

Art Therapy, Journal of the American Art Therapy Association.
Inscape, Journal of the British Association of Art Therapists.
The Arts in Psychotherapy.

▶その他のアートセラピーアセスメント関連書

Brooke, S. (2004) *A Therapist's Guide to Art Therapy Assessments: Tools of the Trade.* Second edition. Springfield, IL: Charles C. Thomas.

Cohen, B., Hammer, J. and Singer, S. (1988) "The Diagnostic Drawing Series: a systematic approach to art therapy evaluation and research." *The Arts in Psychotherapy 15,* 1, Special issue: *Assessment in the Creative arts therapies,* 11–21.

Cohen, B., Mills, A. and Kijak, A.K. (1994) "An introduction to the Diagnostic Drawing Series: a standardized tool for diagnostic and clinical use." *Art Therapy 11,* 2, 105–110.

Earwood, C., Fedorko, M. and Holzman, E. (2004) "Screening for aggression using the draw a story assessment." *Art Therapy 21,* 3, 156–162.

Frame, P. (2006) "Assessing a Couple's relationship and compatibility using the MARI® card test and mandala drawings." *Art Therapy 23,* 1, 23–29.

Gantt, L. (2001) "The Formal Elements Art Therapy Scale: a measurement system for global variables in art." *Art Therapy 18,* 1, 50–55.

Hagood, M. (2003) "The use of the Naglieri draw-a-person test of cognitive development: a study with clinical and research implications for art therapists working with children." *Art Therapy 20,* 2, 67–76.

Hays, R.E. and Lyons, S.J. (1981) "Bridge Drawing: a projective technique for assessment in art therapy." *The Arts in Psychotherapy 8,* 3–4, 207–217.

Kaplan, F. (2003) "Art-based assessments." In C. Malchiodi (ed) *Handbook of Art Therapy.* New York: Guilford Press, pp. 25–33.

Oster, G. (2004) *Using Drawings in Assessment and Therapy: A Guide for Mental Health Professionals.* New York: Brunner-Routledge.

Rockwell, P. and Dunham, M. (2006) "The utility of the formal elements art therapy scale in assessment for substance use disorder." *Art Therapy 23,* 3, 104–111.

Silver, R. (1991) *Stimulus Drawings and Techniques: In Therapy, Development, and Assessment.* FL: Albin Press.

Silver, R. (2002) *Three Art Assessments: The Silver Drawing Test of Cognition and Emotion; Draw a Story: Screening for Depression; and Stimulus Drawings and Techniques.* New York: Brunner-Routledge.

Silver, R. (2003) "Cultural differences and similarities in responses to the Silver Drawing Test in the USA, Brazil, Russia, Estonia, Thailand, and Australia." *Art Therapy 20,* 1, 16–20.

▶その他のアートセラピーの歴史関連書

Hogan, S. (2001). *Healing Arts: The History of Art Therapy in the United States.* London: Jessica Kingsley Publishers.

Junge, M. (1991) *A History of Art Therapy in the United States.* Reston, VA: American Art Therapy Association.

Junge, M. and Wadeson, H. (eds) (2007) *Architects of Art Therapy: Memoirs and Life Stories.* Springfield, IL: Charles C. Thomas.

Waller, D. (1991) *Becoming a Profession: The History of Art Therapy in Britain, 1940–82.* New York: Routledge.

付録 B　リソース（資源）

■フォーカシング

The Focusing Institute
34 East Lane
Spring Valley
NY 10977
Phone: 845-362-5222
Website: www.focusing.org
The Focusing Institute lists a wealth of information including articles, trainings, Focusing-Oriented Trainers and Therapists, Focusing Partnerships, Changes meetings, access to the Gendlin Online Library, books, DVDs, tapes, and more.

Focusing and Expressive Arts Institute
Larry Rappaport, PhD, ARTFlBC, REAT
Website: www.focusingarts.com

Focusing Resources: Ann Weiser Cornell
Website: www.focusingresources.com

International Association for Focusing Oriented Therapists
Website: www.focusingtherapy.org/index.html

The Institute for Bio-Spiritual Research
PO Box 741137
Arvada, CO 80006-1137
Phone/Fax: 303-427-5311
Email: lflom@mho.net
Website: www.biospiritual.org

▶心理療法関連サイト

Association of Humanistic Psychology: www.ahpweb.org

The Society for Existential Analysis: www.existentialanalysis.co.uk

World Association for Person-Centered and Experiential Psychotherapy and Counseling: www.pce-world.org

▶ジャーナルと蔵書のサイト

Journal: *The Folio* **(www. focusing.org)**

Gendlin Online Library: www.focusing.org/gendlin

Person-Centered and Experiential Psychotherapies (PCEP): Journal of the World Association for Person-Centerd and Experiential Psychotherapy and Counseling: www.pce-world.org/idxjournal.htm

監訳者あとがき：本書，その著者に出会って

　カナダのモントリオール郊外，ブロモンという小さなリゾートタウンで開催されたフォーカシング国際会議のときだった。僕はこの会議で，初めて本書の著者ローリー・ラパポートさん（Laury Rappaport）に出会った。三宅さん（本書の共同監訳者）から聞いていたとおり，素敵なプレゼンス（臨在）が感じられる個性的な人だった。

　実はローリーとは，それまでに何度もメールで研究や研究指導についてやりとりをしていた。どこか僕自身と重なり合う，あるいは通じるものがあるかのように感じていた。そして偶然の一致だろうか，彼女の論文と僕の論文は，同じ雑誌の同じ号に掲載される予定になっていた。それはイギリスで発行されている国際学会のジャーナル *Person-Centered and Experiential Psychotherapies* だった。

　さらに，これも偶然なのだろうか，同誌の編集長に僕は彼女の前夫，ニール・フリードマン（Neil Friedman）の著書 *Focusing-Oriented Therapy*（iUniverse 社発行）の書評を依頼されていた。ニールは病気で状態が悪かった。編集長にニールの病状が思わしくないから書評を前号に回すなど，発行を急いでくれないか，と僕は交渉していた。しかし，種々の事情でそれは叶わなかった。そのころ，本書にも登場する著明なフォーカシング指向心理療法家ジョーン・クラッグスブルン（Joan Klagsbrun）は，お見舞いにニールの病院のベッドサイドを訪れていた。

　「ジョーンは，アキラが書いた書評をベッドサイドでニールに読んで聞かせたのよ」

　「そうだったの」

　「もちろん，ニールは酸素マスクをしていて何も言えない状態だったけど，

ジョーンが読むのをじっと聞いていて，終わったらニコッとスマイルした，とても美しいスマイルだったそうよ」
「ああ，それは光栄だよ」
こんな会話を交わした。ニールは雑誌に掲載された書評を読むことはなかったが，ジョーンにメール添付で送っていた原稿をジョーンは読み聞かせてくれていた。「美しいスマイル」と聞いて僕は嬉しかった。
　ニール・フリードマンを偲ぶ会がこの会議で執り行われたのは，前夜のことだった。
　昼食の時間になるとメインダイニングは人が多くて，ホテルはバー・ラウンジを昼食のために時間外にオープンしてくれていた。ローリーと二人でバー・ラウンジのテーブルについた。
「カリフォルニアに引っ越してよかったことの一つは，父のお世話ができること」
「お父さんのお世話？」
「そう，もう年老いて少し短期記憶が落ちていて……」
「それって，アルツハイマー？」
「そう」
「いや，僕の母もアルツハイマーで……」
「いくつ，アキラのお母さん？」
「81」
「ハハ，同じね。父も81歳」
「本当？」
「子どもはいるの？」
「うん，息子が1人」
「いくつ？」
「今年21歳」
「ワーなんと不思議。私のところも娘1人，今年21。で，アキラのお父さんは？」

「ああ，もうだいぶん昔，亡くなったよ」
「う～ん」
　ローリーは急に声を細めて，何かを感じ取っているようだった。一瞬の沈黙のあと，彼女はこう言った。
「ねえ，お父さんのこと，もっと話して」
　僕は内心で驚いていた。咄嗟に言葉が見つからなかった。少し動揺したような感じだった。
「ローリー，今，僕の気持ちをスキャンした？　何か感じ取った？」
　ローリーはスマイルして僕をじっと見つめていた。もうこの話題から逃れることはできなかった。僕が父親について，今はどう感じているのか，見てみようと思うと，自然とからだの内側にフェルトセンスが立ち現れていた。
　僕の父親は僕が大学生のころ，まったく突然，この世を去った。会社を経営していたから，わが家はそれから大変なことになった。そのときは，トラウマという用語はまだあまり使われていなかったが，今，思ってみると，それはトラウマと呼んでもいいのかもしれない体験だった。それからかなりの時を経て，僕のなかでは，もうそのことを思い出すことはなかった。
　僕が動揺したのは，父親の話題が出たことではなかった。僕が「もうだいぶん昔，亡くなったよ」と言った声のなかから，ローリーがかすかに何かを感じ取っていた，という事実にドキッとした。彼女の感受性のすごさに驚いた。僕自身がもう意識することがないかすかな心の雲を，彼女はどうして発見できたのだろうか。
　不思議なことがもう一つ起こった瞬間だった。僕が「今，僕の気持ちをスキャンした？　何か感じ取った？」と聞いたとき，彼女は優しく僕を見つめていた。その場の雰囲気に呼応するように，僕のからだの中のフェルトセンスがどこからともなく現れ，胸の下のほうで何かを語り始めようとしていた。「フォーカシングをしましょう」といった技法的な誘いがなくても，彼女がそこに居る，つまりプレゼンス（臨在）を向けることによって，人の心の中が動き出すのは不思議な体験だった。

このあと，二人の会話にそれぞれのからだに感じられるフェルトセンスが加わって，会話はまるでからだのダンスだった。考えたことを話すのではなく，互いのからだのフェルトセンスが刺激され合って動いていた。
　食事が終わると，ローリーは大きなバインダーをショルダーバッグから取り出した。この会議にローリーは本書の下書きを持ってきていた。
「この本，もうすぐ出版されるのよ」
「へえ，おめでとう」
「日本語訳を作るのに興味がある？」
「読んでみないとわからないけど，興味はあるよ」
「私のワークショップには日本人の参加者が多くて，何か通じるものがあるような気がして」
　ローリーはバインダーに綴じた300ページ近い原稿を僕に手渡した。ずっしりと重たかった。
「ああ，重いな，やっぱり」
「そうね。旅行中に渡しても重いだけだよね」
「ああ」
「送るわよ，日本に」
「それはありがたい」
　そう答えたものの，僕は原稿を少し読んでみたくなった。
「ローリー，会議中だけ読ませてくれない？　最終日には返すから，わるいけど，会議が終わってから日本の僕の住所に送ってくれない？　あ，自分で送ってもいいけど」
「いや，いいの。私が送るから」
　僕は原稿に目を通してみたかった。ローリーの感受性やプレゼンスに興味があった。また，フォーカシングの同僚として，彼女がどのようにフォーカシングに関係するネタを仕込んでいるのかを知りたかった。もっと言えば，僕自身をローリーの原稿に重ねてみたい，という衝動もあった。そうすることで，僕とローリーはどこで通じ合っているのか，どう違っているのか，原

監訳者あとがき

稿の著者ローリーと僕の出会いが楽しめるような気がしていた。

ホテル「シャトー・ブロモン」の僕の部屋は，内側に面していた。外の景色は見えなかったが，屋内プールが両開きの窓の下にあった。窓の横には本物の暖炉があった。暖炉の前にはソファーが置いてあった。ソファーに座って，僕は原稿に目を通してみた。

第3章に次のような下りを見つけた。

> その人の全体を受け取りましょう——言葉や気持ち，声のトーン，姿勢，顔の表情，ジェスチャーなど。

人が話す言葉だけじゃない，その人の声や姿勢や，要するにその人を丸ごと感じて受け取る。ローリーはそう心がけていることがわかった。父親のことを言ったとき，僕の声や姿勢には何らかの変化があったのだろうか。そんなに顕著な変化があったとは，僕自身には思えなかった。

> 「ともにいる」ことはプレゼンスを保って，感じられた体験に注意を持ち続けることです。クライエントは自分の体験にプレゼンスを向け，セラピストはクライエントと自分自身の体験の両者にプレゼンスを向けるのです。

「う〜ん」と唸りたくなった。実際に唸っていたかもしれない。つまり，彼女は僕に対してそこに居ようとしていた（プレゼンスを向け），また同時に彼女は自分自身がどう感じているのかにも目を向け，そこに居ようとしていた。

「なるほど，そうか」

僕には納得がいく感じがした。僕が「ああ，もうだいぶ昔，亡くなったよ」と言った瞬間，僕の声や姿勢には何の変化もなかったのだろう。それでも，彼女の中のフェルトセンスは何かに反応して動き出していた。

実は，これと同じようなことを僕もカウンセリングを指導するときに言っている。
「クライエントの話の内容を聴くのではなく，クライエントの体験の流れを感じ取るようにしましょう。そのために，カウンセラーは自分自身の感じに目を向けておきましょう」
　だからローリーに賛成。それでもローリーの感受性の良さは抜群だった。
　パラパラとページをめくっていくと次に目に飛び込んできたのは，教示やエクササイズの多さだった。それらは，ジェンドリンのフォーカシングの教示法に忠実だった。
「かなり具体性があって使える本だ」
　そう思った。でも次の瞬間，その反対も浮かんできた。
「マニュアル的になったらローリーの感受性や個性が表現されないよ」
　クリアリング・スペース，フェルトセンス，ハンドル表現，問いかけと受け取り，というマニュアルでは個性が出ない。アメリカという文化がそれを好むから，そういう発想になってしまうのだろうか。実用性が大切なんだ，この文化では。
　確かに，僕がアメリカでワークショップをするときは，いつもネタに困っている。僕がマニュアルを嫌って，僕自身がマニュアル的なフォーカシングを展開していないからそうなるのだろうか。
「アキラがニューヨークのワークショップで何を教えようとしているのか，よくわからない」
　アメリカの同僚にそう言われたことを思い出した。
「僕はこれを教えます。1, 2, 3」
　僕はどうしても，こんなふうには言えない。ローリーの原稿に登場している6ステップのフォーカシング法を考案したジェンドリンも，「二人の人間の間に何も挟み込んではならない」と書いている。しかも，これはローリーがこの原稿で引用しているのと同じ文献のなかで，だ。ジェンドリンはフォーカシング法を考案したものの，治療面接では，技法は人と人の素直な出会い

を邪魔するものだとも強調している。ローリーもそれに配慮して，この原稿では，フォーカシングの技法を扱った章（第2章）と技法を超える心理療法を扱った章（第3章）は，別々の章立てにしているのだと僕は読み取った。

「僕は後者のほうが好きだな」

気がついてみると僕は，いつの間にか自分をローリーの原稿に重ねていた。

静かな出会いは突如，電話の着信音に邪魔された。

「先生，まだですか」

三宅さんだった。

「私の部屋で今，みんな衣装合わせしてますよ，ハハハ」

「あ，そうだった，衣装合わせの時間だった？」

「そうですよ，もう先生の衣装，できてますよ」

「え，やっぱり姫路城？」

「そうですよ」

「青木君や矢野さんと平野さんもそこにいるの？」

「もうみんなスタンバイ，オーケーですよ」

今夜がこの国際会議最後のイベント,「フォリーズ」という余興大会だった。次年度，この会議を主催する日本チームは，いろいろな衣装を着てステージで大騒ぎをすることになっていた。実行委員長の僕は三宅さんが段ボールで作ってくれた姫路城の衣装を着て，グラサンをかけて，厚紙で作った兜をかぶって，おもちゃのトランペットを吹きながら登壇することになっていた。夜までに衣装合わせや簡単なリハをやっておくことになっていた。

「ああ，もうすぐ行くよ，ちょっと待ってて，あと10分」

「え？，あと10分ですか？」

僕は原稿に没頭していて，今，姫路城の衣装を着る気分にはなれなかった。電話を切った瞬間，ある閃きが浮かんできた。

「あ，その手を使ったのか！」

「6ステップのフォーカシング法という，ある〈形〉が保たれているからこそ本が書けるんだ」

僕の中でそう閃いてきた。感性に任せて本を書いてしまうと，本はまとまりがなくなってしまう。6ステップのフォーカシング法というマニュアルを骨組みとして固定しているからこそ，そこに個性的な肉付けができる。
　そうだとすると，本書にあるマニュアル的な教示の行間を読めば，そこにローリーの個性や感受性が見えてくるはずだ。
　原稿を流し読みしていると，そういうところがいくつか目に入ってきた。

　　　3回目の面接で，アリッサは強い恐怖を感じたとき，どんなに彼女が圧倒され我を失ってしまうかについて話しました。私は，アートで創れる「守ってくれるもの」のイメージをもつことが役立つかもしれないと彼女に話しました。外傷体験からのサバイバーの多くは……（第14章）

　外傷体験のサバイバー云々は，あとから考えたのかもしれないと思った。要するに，その瞬間，セラピスト，ローリーは「守ってくれるもののイメージがこのクライエントには必要なのだ」，あるいは「このクライエントといるときの自分の感じには，守ってくれるものが必要だ」と感じていたに違いない。そう感じられたからこそ，それをクライエントに提案することができた。マニュアルを超えたローリーの感受性はこういうところに見えてくる。
　次のような下りもあった。

　　　「インテークでの質問によってクライエントのスピリチュアリティへの関心度の感覚をだいたいつかみ，それを元に，共同作業でクライエントの感触や私の直感に従って，いつ，どんなふうにスピリチュアリティについて話し合い……」

　ここでも，「直感」が効いている。マニュアルではなく，直感に従って動いているのだ。

僕も同じようなことをよく言っている。フォーカシングを音楽にたとえて説明する。

「音楽を演奏しようと思ったら，まずスケールの練習から始めましょう。ド・レ・ミ・ファ・ソ・ラ・シ・ドの音階です。これらの音が出ないと，音楽は絶対に演奏できません」

だけど，いつも次のように付け加える。

「ところで，ド・レ・ミ・ファ・ソ・ラ・シ・ドのスケールは，音楽ではありません。それをいくら練習しても，音楽を演奏したことにはなりません」

ローリーは本書で同じことをしているように思えた。この本でここまで強調している6ステップのフォーカシング法は，いわば音階の練習だ。だけど，ちょっとしたところにローリーの個性が入っている。

「ローリー・ラパポートが演奏するフォーカシングとアートの共演を聴こう」

これこそが本書の醍醐味だろう。

僕はこの原稿を翻訳する気になっていた。今夜は無理にしても，三宅さんや矢野さん，青木君と平野さんにもそのことを話してみようと思った。最後に，エクササイズの終章に目を通してみた。

ここでは，また違う著者ローリーのイメージが浮かんできた。

そのとき，また電話の響きが静寂を破った。

「もう10分経ちましたよ」

「ああ，ごめん，ごめん。いま行くよ」

「何してるんですか」

「いや，ちょっとローリーの原稿を見ていて……」

「えっ，今ごろ原稿見てるんですか？」

「あ，ああ，すぐ行くよ」

これ以上お待たせしておくわけにはいかない。部屋の鍵をポケットに入れた。サングラスをバッグの中から取り出した。そうしながら，終章のローリーをイメージした。それはスピリチュアリティ（精神界）の指導者のイメージ

だった。エクササイズと書いてあるが，第17章の最後のほうは瞑想指導のようだった。何か，とても奥深いものが流れている感じがした。

　部屋のドアを締めた。ホテルの廊下を歩き出した。瞑想のエクササイズを読んで，僕の中には奥深い，スピリチュアルな，温かいイメージが流れ始めていた。

　気がついてみると，僕のからだは瞑想のような状態に入っていて，歩き方も変わっていた。

　ハッと思い出した。歩き方を変えないといけない。僕はこれから，姫路城の衣装と，兜と，グラサンと，おもちゃのラッパ，という出で立ちで登壇するのだった。瞑想的なイメージと怪しい姫路城ではあまりにも落差があって，滑稽だった。クスッと苦笑して，今度は怪しい姫路城の歩き方を試しながら誰もいないホテルの廊下を進んだ。

監訳者の一人として

池見　陽

　追記：ローリー・ラパポートとの会話の内容は本人の承諾を得て執筆した。

文　献

Allen, P. (2005) *Art is a Spiritual Path*. Boston: Shambhala.
Amodeo, J. (1981) "The complementary effects of meditation and Focusing." *The Focusing Folio 1*, 2, 1–27.
Armstrong, M. (1998) "Treating trauma with Focusing and EMDR." *The Folio: A Journal for Focusing and Experiential Therapy 17*, 1, 25–30.
Beveridge, A. (2001) "A disquieting feeling of strangeness?: the art of the mentally ill." *Journal of the Royal Society of Medicine 84*, 595–599. Retrieved February 2, 2008 from http://www.jrsm.org/cgi/content/full/94/11/595
Browne, W. (1880) "Mad Artists." *Journal of Psychological Medicine and Mental Pathology 5*, 33–75.
Buck, J. (1948) *The H-T-P Technique: A Qualitative and Quantitative Scoring Manual. Journal of Clinical Psychology*, Monograph Supplement No. 5.
Campbell, P. and McMahon, E. (1985/1997) *Biospirituality: Focusing As a Way to Grow*. Chicago, IL: Loyola Press.
Cane, F. (1951) *The Artist in Each of Us*. London: Thames and Hudson. (1983 reprint distributed by Magnolia Street Publishers, Chicago, IL.)
Casarjian, R. (1995) *Houses of Healing: A Prisoner's Guide to Inner Power and Freedom*. Boston, MA: Lionheart Press.
Chodorow, J. (ed) (1997) *Jung on Active Imagination*. Princeton, NJ: Princeton University Press.
Chutroo, B. (2003) *On Focusing and Buddhism*. Retrieved February 2, 2008 from http://www.focusing.org/spirituality/chutroo_buddhism.html
Cornell, A.W. (1990) "Compassion for the Critic." *The Focusing Connection 7*, 4, 2.
Cornell, A.W. (1996) *The Power of Focusing: A Practical Guide to Emotional Self Healing*. Oakland, CA: New Harbinger Publications.
Cornell, A.W. (2005) *The Radical Acceptance of Everything: Living a Focusing Life*. Berkeley, CA: Calluna Press.
Cornell, A.W. and McGavin, B. (2002) *Focusing Instructions: Short Form*. Retrieved on May 1, 2008 from http://www.focusing.org/short_awcbmg.html
Egendorf, A. and Jacobson, L. (1982) "Teaching the very confused how to make sense: an experiential approach to modular training with psychotics." *Psychiatry 45*, 4, 336–350.
Falloon, I.R. (1992) "Psychotherapy of schizophrenia." *British Journal of Hospital Medicine 48*, 164–170.
Farrelly-Hanson, M. (2001) *Spirituality and Art Therapy: Living the Connection*. London and Philadelphia: Jessica Kingsley Publishers.
Franklin, M. (2001) "The yoga of art and the creative process: listening to the divine." In M. Farrelly-Hanson (ed) *Spirituality and Art Therapy: Living the Connection* (pp.97–114). London and Philadelphia: Jessica Kingsley Publishers.
Franklin, M., Farrelly-Hanson, M., Marek, B., Swan-Foster, N. and Wallingford, S. (2000) "Transpersonal art therapy education." *Art Therapy: Journal of the American Art Therapy Association 17*, 2, 101–110.
Friedman, N. (2003) *Focusing Instructions*. Retrieved on February 1, 2008 from http://www.focusing.org/short_friedman.html
Gendlin, E.T. (1970) "A short summary and some long predictions." In J.T. Hart and T.M. Tomlinson (eds) *New Directions in Client-centered Therapy*, pp.544–562. Boston: Houghton Mifflin.
Gendlin, E.T. (1972) "Therapeutic procedures with schizophrenic patients." In M. Hammer (ed) *The Theory and Practice of Psychotherapy with Specific Disorders*, pp.333–375. Springfield, IL: Charles C. Thomas.

Gendlin, E.T. (1980) "Imagery is more powerful with Focusing: theory and practice." In J.R. Schorr, G.E. Sobel, G.E. Robin, and J.A. Connella (eds) *Imagery: Its Many Dimensions and Applications*, pp.65–73. New York/London: Plenum Press.

Gendlin, E.T. (1981a) *Focusing*, 2nd edition. New York: Bantam Books.

Gendlin, E.T. (1981b) "Focusing and the development of creativity." *The Focusing Folio 1*, 13–16.

Gendlin, E.T. (1984) "The client's client: the edge of awareness." In R.L. Levant and J.M. Shlien (eds) *Client-Centered Therapy and the Person-Centered Approach. New Directions in Theory, Research and Practice*, pp.76–107. New York: Praeger. Retrieved February 1, 2008 from http://www.focusing.org/gendlin/docs/gol_2149.html

Gendlin, E.T. (1991) "On emotion in therapy." In J.D. Safran and L.S. Greenberg (eds) *Emotion, Psychotherapy and Change*, pp.255–279. New York and London: Guilford.

Gendlin, E.T. (1996) *Focusing-Oriented Psychotherapy: a Manual of the Experiential Method*. New York: Guilford Press.

Gendlin, E.T. and F. Zimring (1955) "The qualities or dimensions of experiencing and their change." *Counseling Center Discussion Paper 1*, 3. Chicago: University of Chicago Library. Retrieved on February 1, 2008 from http://www.focusing.org/gendlin/docs/gol_2139.html

Goodenough, F. (1975) *Measurement of Intelligence by Drawings*. Manchester, NH: Ayer Publishing.

Grindler Katonah, D. (1999) "Clearing a Space with someone who has cancer." *Folio 18*, 1, 19–26.

Grindler Katonah, D. and Flaxman, J. (2003) *Focusing: An Adjunct Treatment for Adaptive Recovery from Cancer*. Retrieved on January 15, 2008 from http://www.focusing.org/adjunct_treatment.html

Hagood, M. (2000) *The Use of Art in Counselling Child and Adult Survivors of Sexual Abuse*. London: Jessica Kingsley Publishers.

Hanh, T.N. (1991) *Peace is Every Step: The Path of Mindfulness in Everyday Life*. New York: Bantam Books.

Hanh, T.N. (2001) *Anger: Wisdom for Cooling the Flames*. New York: Berkeley Publisher Group.

Hanh, T.N. (2002) *A Pebble For Your Pocket*. San Francisco, CA: Plum Blossom Books.

Haslam J. (1810) *Illustrations of Madness*. London: Rivingtons, Robinsons, Callow, Murray & Greenland.

Hendricks, M. (2001) "Focusing-Oriented/Experiential Psychotherapy." In D. Cain and J. Seeman (eds) *Humanistic Psychotherapy; Handbook of Research and Practice*. Washington, DC: American Psychological Association.

Herman, J. (1992) *Trauma and Recovery*. New York: Basic Books.

Hill, A.K.G. (1948) *Art Versus Illness: A Story of Art Therapy*, 2nd edition. London: G. Allen and Unwin.

Hinterkopf, E. (1998) *Integrating Spirituality in Counseling: A Manual for Using The Experiential Focusing Method*. Alexandria, VA: American Counseling Association.

Horovitz, E. (2002) *Spiritual Art Therapy: An Alternate Path*. Springfield, IL: Charles C. Thomas.

Ikemi, A., Yano, K., Miyake, M. and Matsuoka, S. (2007) "Experiential collage work: exploring meaning in collage from a focusing-oriented perspective." *Journal of Japanese Clinical Psychology 25*, 4, 464–475.

Jaison, B. (2003) *Integrating Experiential and Brief Therapy: How To Do Deep Therapy—Briefly And How To Do Brief Therapy—Deeply*. Toronto: Focusing For Creative Living.

Johnson, D.R. (1987) "The role of the creative arts therapies in the diagnosis and treatment of psychological trauma." *The Arts in Psychotherapy 14*, 7–13.

Jung, C. (1968) *Man and His Symbols*. New York: Dell Publishing.

Jung, C.G. and Campbell, J. (1976) *The Portable Jung*. New York: Penguin Books.

Kellogg, R. (1967) *The Psychology of Children's Art*. New York: Random House.

Klagsbrun, J., Rappaport, L., Marcow-Speiser, V., Post, P., Byers, J., Stepakoff, S. and Kerman, S. (2005) "Focusing and expressive arts therapy as a complementary treatment for women with breast cancer." *Journal of Creativity and Mental Health 1*, 1, 101–137.

Klein, M.H., Mathieu, P.L., Gendlin, E.T. and Kiesler, D.J. (1969) *The Experiencing Scale: A Research and Training Manual*. Madison, WI: University of Wisconsin Extension Bureau of Audiovisual Instruction.

Knill, P. (2004) *Minstrels of Soul: Intermodal Expressive Therapy*. Toronto: Palmerston Press.

Knill, P., Levine, S. and Levine, E. (2005) *Principles and Practice of Expressive Arts Therapy: Towards a Therapeutic Aesthetics.* London: Jessica Kingsley Publishers.

Kramer, E. (1958) *Art Therapy in a Children's Community: A Study of Art Therapy in the Treatment Program of Wiltwyck School for Boys.* Springfield, IL: Charles C. Thomas.

Kramer, E. (1971) *Art as Therapy with Children.* New York: Schocken Books.

Kramer, E. (2000) *Art as Therapy: Collected Papers.* Edited by L.A Gerrity. London: Jessica Kingsley Publishers.

Kurtz, R. (2007) *Body-Centered Psychotherapy.* Mendocono, CA: LifeRhythm.

Kwiatkowska, H.Y. (1978) *Family Therapy and Evaluation Through Art.* Springfield, IL: Thomas.

Leijssen, M. (1992) "Experiential Focusing through drawing." *The Folio 11,* 3, 35–40.

Levick, M. (1983) *They Could Not Talk and So They Drew: Children's Styles of Coping and Thinking.* Springfield, IL: Charles C. Thomas.

Levick, M. (2003) *See What I'm Saying: What Children Tell Us Through Their Art,* 2nd edition. Hong Kong: Regal Printing Ltd.

Linszen, D., Dingemans, P., Lenoir, M., Scholte, W., de Hann, L. and Goldstein, M. (1998) "Early intervention, untreated psychosis and the course of early schizophrenia." *British Journal of Psychiatry 172,* 84–89.

Lombroso C. (1891) *The Man of Genius.* London: Walter Scott.

Lowen, A. (1994) *Bioenergetics: The Revolutionary Therapy That Uses the Language of the Body to Heal the Problems of the Mind.* New York: Penguin Books.

Lowenfeld, V. (1987) *Creative and Mental Growth,* 8th edition. New York: Prentice Hall.

Lydiatt, E.M. (1971) *Spontaneous Painting and Modeling: A Practical Approach to Therapy.* London: Constable.

Lyn, C. (1978) Unpublished Master's thesis. Lesley University, Cambridge, MA, 02139.

Malaspina, D. and Corcoran, C. (2001) *Schizophrenia and Stress.* Retrieved November 5, 2007 from http://www.thedoctorwillseeyounow.com/articles/behavior/stress_11/#back43.

Malchiodi, C. (1997) *Breaking the Silence: Art Therapy with Children from Violent Homes,* second edition. New York: Brunner/Mazel.

Malchiodi, C. (1999) *Medical Art Therapy with Adults.* Philadelphia: Jessica Kingsley Publishers.

Malchiodi, C. (ed) (2003) *Handbook of Art Therapy.* London/New York: Guilford Press.

Marder, D. (1997) "Sarah: Focusing and play therapy with a six-year-old child." *The Focusing Folio 16,* 51–54.

McGuire, K. (2007) *Focusing In Community: How To Start A Listening/Focusing Support Group,* self-published, available at www.cefocusing.com

McNiff, S. (1979) "From shamanism to art therapy." *Art Psychotherapy,* 6, 3, 155–161.

McNiff, S. (1981) *The Arts and Psychotherapy.* Springfield, IL: Charles C. Thomas.

McNiff, S. (1986) *Educating the Creative Arts Therapist: a Profile of the Profession.* Springfield, IL: Charles C. Thomas.

McNiff, S. (1988) *Fundamentals of Art Therapy.* Springfield, IL: Charles C. Thomas.

McNiff, S. (1989) *Depth Psychology of Art.* Springfield, IL: Charles C. Thomas.

McNiff, S. (1992) *Art As Medicine: Creating a Therapy of the Imagination.* Boston: Shambhala Publications.

McNiff, S. (1998) *Trust the Process: An Artist's Guide to Letting Go.* Boston: Shambhala Publications.

McNiff, S. (2004) *Art Heals: How Creativity Cures the Soul.* Boston: Shambhala Publications.

Merkur, B. (1997) "Focusing using art with adolescents." *The Folio 16,* 1–2, 51–55.

Milgram, G. Rabbi (2003) *Judaism and Focusing Technique.* Retrieved February 2, 2008 from http://www.focusing.org/spirituality/judaism.html

Moreno, J.L. (1983) *The Theatre of Spontaneity,* 3rd edition. Horsham, PA: Beacon House Inc.

Morgenthaler, W. (1992) *Madness and Art. The Life and Works of Adolf Wolfli* (transl. A.H. Esman). London: University of Nebraska Press.

Murayama, S. and Yuba, N. (1988) "Clearing a Space with drawing in play therapy." *The Folio 7,* 1. Retrieved on September 1, 2008 from http://www.focusing.org/chfc/article_index.html

Naumburg, M. (1950) *Schizophrenic Art: Its Meaning in Psychotherapy.* New York: Grune & Stratton.

Naumburg, M. (1953) *Psychoneurotic Art: Its Function in Psychotherapy.* New York: Grune & Stratton.

Naumburg, M. (1966/1987) *Dynamically Oriented Art Therapy: Its Principles and Practices.* New York: Grune & Stratton.

Naumburg, M. (1950/1973) *An Introduction to Art Therapy: Studies of the "Free" Art Expression of Behavior Problem Children and Adolescents as a Means of Diagnosis and Therapy.* New York: Teacher's College Press.

Neagu, G. (1988) "The Focusing Technique with children and adolescents." *The Focusing Folio* 7, 4. Retrieved on September 1, 2008 from http://www.focusing.org/chfc/article_index.html

Ogden, P. (2006) *Trauma and the Body: A Sensorimotor Approach to Psychotherapy.* New York: W. W. Norton & Company.

Ogden, P., Minton, K. and Pain, C. (2006) *Trauma and the Body: A Sensorimotor Approach to Psychotherapy.* London and New York: W.W. Norton & Co.

Pinel, P. (1962) *Medical Treatise on Mental Disorder or Mania.* D.D. Davis, trans. New York: Hafner Publishing (original work published 1801).

Preston, L. (2005) *Two Interwoven Miracles: The Relational Dimension of Focusing Oriented Psychotherapy.* Retrieved on February 1, 2008 from http://www.focusing.org/iafots/2%20interwoven%20miracles.doc

Prinzhorn H. (1972) *Artistry of the Mentally Ill.* E. Brocdorff, trans. New York: Springer Verlag (original work published 1922).

Prouty, G. (1977) "Protosymbolic method: a phenomenological treatment of schizophrenic hallucinations." *Journal of Mental Imagery* 2, 332–342.

Purton, C. (2004) *Person-Centered Therapy: The Focusing Oriented Approach.* New York: Palgrave Macmillan.

Rappaport, L. (1988) "Focusing and art therapy." *The Focusing Connection* 5, 3, 1–2.

Rappaport, L. (1993) "Focusing with art and creative movement: a method for stress management." *The Focusing Connection* X, 2, 1–3.

Rappaport, L. (1998) "Focusing and art therapy: tools for working through post-traumatic stress disorder." *The Folio: A Journal for Focusing and Experiential Therapy* 17, 1, 36–40.

Rappaport, L. (2006) Clearing a Space: Expressing the Wholeness Within Using Art (unpublished article). Retrieved January 1, 2005 from http://www.focusingarts.com/pdfs/Clearing_ A_Space.pdf

Reich, W. (1980) *Character Analysis: Third Enlarged Edition.* New York: Farrar, Straus and Giroux.

Reich, W. and Higgins, M.B. (1961) *Reich Selected Writings: An Introduction to Orgonomy.* New York: Farrar, Straus, and Giroux.

Reja, M. (1907) *L'Art Chez les Fous.* [Art by the Mad.] Paris: Société du Mercure de France.

Rhyne, J. (1973) *The Gestalt Art Experience.* Florence, KY: Wadsworth.

Robbins, A. (1986) *The Artist as Therapist.* New York: Human Sciences Press.

Robbins, A. (1989) *The Psychoaesthetic Experience: An Approach to Depth-Oriented Treatment.* New York: Human Sciences Press.

Robbins, A. (1994) *A Multi-Modal Approach to Creative Art Therapy.* London: Jessica Kingsley Publishers.

Robbins, A. (2000) *Between Therapists: The Processing of Transference and Countertransference Material.* Philadelphia, PA: Jessica Kingsley Publishers.

Roger, N. (1993) *The Creative Connection: Expressive Arts as Healing.* Palo Alto, CA: Science and Behavior Books.

Rogers, C. (1951) *Client-Centered Therapy: Its Current Practice, Implications, and Theory.* Boston, MA: Houghton Mifflin.

Rogers, C. (1961) *On Becoming a Person: A Therapist's View of Psychotherapy.* Boston, MA: Houghton-Mifflin.

Rolf, I. (1977) *Rolfing: The Integration of Human Structures.* New York: Harper & Row.

Rome, D. (2004) "Searching for the truth that is far below the search." *Shambhala Sun,* 60–63 and 91–93.

Rubenfeld, I. (2001) *The Listening Hand: Self-healing Through the Rubenfeld Synergy Method of Talk and Touch.* New York: Bantam Books.

Rubin, J. (1978) *Child Art Therapy: Understanding and Helping Children Grow Through Art.* New York: Van Nostrand Reinhold.

Rubin, J. (1984/2005) *Child Art Therapy: Understanding and Helping Children Grow Through Art*, second/third edition. Hoboken, NJ: John Wiley & Sons.

Rubin, J. (1984) *The Art of Art Therapy.* New York: Brunner/Mazel.

Rubin, J. (1987) *Approaches to Art Therapy: Theory and Technique.* New York: Brunner-Routledge.

Rubin, J. (ed.) (1998) *Art Therapy: An Introduction.* New York: Brunner/Mazel.

Rubin, J. (ed.) (2001) *Approaches to Art Therapy: Theory and Technique*, second edition, New York: Brunner-Routledge.

Rubin, J. (2005) *Artful Therapy.* New York: John Wiley & Sons.

Rubin, J. (2009) *Art Therapy: An Introduction*, second edition. New York: Routledge.

Rubin, J. (2009) *Introduction to Art Therapy: Sources & Resources.* New York: Routledge.

Saunders, N. (2003) "Focusing on the light: a modest proposal." *Friends Journal: Quaker Thought and Life Today.* Retrieved February 2, 2008 from http://www.focusing.org/focusing_on_the_light.html

Thevoz, M. (1976/1995) *Art Brut.* Geneva: Editions d'Art Albert Skira.

Tsuchie, S. (2003) "Our internal weather." *Staying in Focus: The Focusing Institute Newsletter 3*, 1.

Turcotte, S. (2003) *Course Handout from the Trauma and Focusing Course.* Retrieved on January 1, 2007 from http://www.focusing.org/turcotte_handout.html.

Ulman, E. and Dachinger, P. (eds) (1996) *Art Therapy in Theory and Practice.* New York: Shocken Books.

Ulman, E. and Levy, C. (eds) (1987) *Art Therapy Viewpoints.* New York: Shocken Books.

Van Hassel J., Bloom, L. and Gonzalez, A. (1982) "Anxiety management with schizophrenic outpatients." *Journal of Clinical Psychology 38*, 280–285.

Wadeson, H. (1980) *Art Psychotherapy.* New York: Wiley.

邦訳文献

Buck, J. (1948) The H-T-P Technique: A Qualitative and Quantitative Scoring Manual. *Journal of Clinical. psychology*, Monograph Supplement No.5.（加藤孝正・荻野恒一訳〈1982〉HTP診断法．新曜社）

Cornell, A. W. (1996) *The Power of Focusing: A Practical Guide to Emotional Self Healing*. CA: New Harbinger Publications.（大沢美枝子・日笠摩子訳〈1999〉やさしいフォーカシング：自分でできるこころの処方．コスモス・ライブラリー）

Cornell, A. W. (2005) *The Radical Acceptance of Everything: Living a Focusing Life*. Berkley, CA: Calluna Press.（大澤美枝子訳〈2007〉すべてあるがままに：フォーカシング・ライフを生きる．コスモス・ライブラリー）

Gendlin, E. T.(1981a)*Focusing*, 2nd edition. New York: Bantam Books.（村山正治・都留春夫・村瀬孝雄訳〈1982〉フォーカシング．福村出版）

Gendlin, E. T. (1996) *Focusing-Oriented Psychotherapy: A Manual of the Experiential Method*. NY: Guilford Press.（村瀬孝雄・池見　陽・日笠摩子監訳〈1998-1999〉フォーカシング指向心理療法 上・下．金剛出版）

Hanh, T. N. (1991) *Peace is Every Step: The Path of Mindfulness in Everyday Life*. NY: Bantam Books.（池田久代訳〈2002〉微笑みを生きる：「気づき」の瞑想と実践．春秋社）

Hernan, J. (1992) *Trauma and Recovery*. NY: Basic Books.（中井久夫訳〈1999〉心的外傷と回復．みすず書房）

Hinterkopf, E. (1998) *Integrating Spirituality in Counseling: A Manual for Using The Experiential Focusing Method*. Alexandria, VA: American Counseling Association.（日笠摩子・伊藤義美訳〈2000〉いのちとこころのカウンセリング：体験的フォーカシング法．金剛出版）

Ikemi, A., Yano, K., Miyake, M., & Matsuoka, S. (2007) Experiential collage work：Exploring meaning in collage from a focusing-oriented perspective. *Journal of Japanese clinical psychology*, 25, 4, 464-475.（池見　陽・矢野キエ・

三宅麻希・松岡成行〈2007〉体験過程流コラージュ・ワーク―コラージュの意味を言い表す過程とフォーカシング．心理臨床学研究，25 **(4)**，464-475．）

Jung, C. G.(1968)*Man and His Symbols*. NY: Dell Publishing.（河合隼雄監訳〈1975〉人間の象徴：無意識の世界．河出書房新社）

Kramer, E.(1971)*Art as Therapy with Children*. NY: Schocken Books.（徳田良二・加藤孝正訳〈1980〉心身障害児の絵画療法．黎明書房）

Lowenfeld, V.（1987）*Creative and Mental Growth*, 8th edition. NY: Prentice Hall.（竹内　清・堀ノ内敏・武井勝雄訳〈1995〉美術による人間形成：創造的発達と精神的成長．黎明書房）

Malchiodi, C.（1997）*Breaking the Silence: Art Therapy with Children from Violent Homes*, 2nd edition. NY: Brunner/Mazel.（角山富雄・田中勝博監訳〈2002〉被虐待児のアートセラピー：絵からきこえる子どものメッセージ．金剛出版）

Naumburg, M.（1966/1987）*Dynamically Oriented Art Therapy: It's Principles and Practices*. NY: Grune & Stratton.（内藤あかね訳〈1995〉力動指向的芸術療法．金剛出版）

Rogers, N.（1993）*The Creative Connection: Expressive Arts as Healing*. Palo Alto, CA: Science and Behavior Books.（小野京子・坂田裕子訳〈2000〉表現アートセラピー：創造性に開かれるプロセス．誠信書房）

Rogers, C.（1951）*Client-Centered Therapy: Its Current Practice, Implications, and Theory*. Boston, MA: Houghton Mifflin.（保坂　亨・諸富祥彦・末武康弘訳〈2005〉クライエント中心療法．岩崎学術出版社）

Rogers, C.（1961）*On Becoming a Person: A Therapist's View of Psychotherapy*. Boston, MA: Houghton Mifflin.（諸富祥彦・末武康弘・保坂　亨訳〈2005〉ロジャーズが語る自己実現の道．岩崎学術出版社）

Rubin, J.（1987）*Approaches to Art Therapy: Theory and Technique*. NY: Brunner-Routledge.（徳田良仁監訳〈2001〉芸術療法の理論と技法．誠信書房）

人名索引

ア 行

アームストロング（Armstrong, M.） 231
アモーディオ（Amodeo, J.） 246
アレン（Allen, P.） 246
イーガンドルフ（Egendorf, A.） 164
池見 陽 *i, iv*, 2
ヴァンダーコーク（Van der Kolk, B.） 233
ウルマン（Ulman, E.） 76
オルト（Ault, R.） 76

カ 行

カザジャン（Casarjian, R.） 176
キャンベル（Campbell, P.） 30, 246
クライン（Klein, M. H.） 12
クラッグスブルン（Klagsbrun, J.） *iii*, 29, 176, 208, 299
グリンドラー・カトーナ（Grindler Katonah, D.） 208
クレイマー（Kramer, E.） 75
ケロッグ（Kellogg, R.） 73
コーコラン（Corcoran, C.） 165
コーネル（Cornell, A. W.） 10, 15, 16, 30, 185, 186

サ 行

サンダース（Saunders, N.） 246
ジェンドリン（Gendlin, E. T.） *iii*, 1, 2, 12, 18, 22, 25, 27, 29, 35, 49, 55, 99, 114, 155, 156, 164, 185, 186, 263-265

シュトロー（Chutroo, B.） 246
ジョーンズ（Jones, D.） 76
ジョンソン（Johnson, D. R.） 231

タ 行

ターコット（Turcotte, S.） 231
ツィムリング（Zimring, F.） 12
土江正司 *ii*, 2

ナ 行

ナウムブルグ（Naumburg, M.） 73, 75
ニアグ（Neagu, G.） 2
ニル（Knill, P.） 2, 265

ハ 行

ハグッド（Hagood, M.） 231
パートン（Purton, C.） 185
ハーマン（Herman, J.） 231, 249, 252
ハン（Hanh, T. N.） 256, 257
ハントゥーン（Huntoon, M.） 76
日笠摩子 *i, iv*, 197
ヒル（Hill, A.） 76
ヒンターコプフ（Hinterkopf, E.） 18, 30, 246
ファレリー＝ハンソン（Farrelly-Hanson, M.） 246
フォロヴィッツ（Horovitz, E.） 247
プラウティ（Prouty, G.） 164
フラックスマン（Flaxman, J.） 208
フランクリン（Franklin, M.） 77, 247
フリードマン（Friedman, N.） *iv*, 30,

299

プリンツホルン（Prinzhorn, H.） *73, 74*
フロイト（Freud, S.） *73, 74*
ベバリッジ（Beveridge, A.） *72*
ヘンドリクス＝ジェンドリン（Hendricks-Gendlin, M.） *iii, 13*

マ 行

マクギャバン（McGavin, B.） *30*
マクマホン（McMahon, E.） *30, 246*
マーダー（Marder, D.） *2*
マックニフ（McNiff, S.） *71, 76, 225*
マラスピーナ（Malaspina, D.） *165*
マルキオディ（Malchiodi, C.） *208, 216, 231*
三宅麻希 *i, iv*
ミルグラム（Milgram, G.） *246*
村山正治 *ii, 2*
メルクール（Merkur, B.） *2*
モレノ（Moreno, J. L.） *275*

ヤ 行

ヤコブソン（Jacobson, L.） *164*

弓場七重 *ii, 2*
ユング（Jung, C. G.） *73, 74, 86*

ラ 行

ライン（Rhyne, J.） *76*
ラパポート（Rappaport, L.） *2, 235*
リージェッセン（Leijssen, M.） *2*
リディアット（Lydiatt, E. M.） *76*
ルービン（Rubin, J.） *vi, viii, 76*
レビック（Levick, M.） *76*
ローヴェンフェルド（Lowenfeld, V.） *73*
ロジャーズ（Rogers, C. R.） *1, 49*
ロジャーズ，ナタリー（Rogers, N.） *225, 265*
ロビンズ（Robbins, A.） *76*
ローマ（Rome, D.） *246*

事項索引

ア 行

アウェアネス（気づき） *247*
アクティヴ・イマジネーション *86*
アセスメント *89, 90*
アート *72*
 作品としての—— *81*
 プロセスとしての—— *81*
アートセラピー *vi, vii, 1, 3, 70, 100, 101*
アートセラピー協会 *76*
アートセラピスト *70*
アート素材 *91, 124, 135*
アート的リフレクション *105*
アート様相 *262-265*
アール・ブリュット *74*
安全 *281*
安全感 *244*
いい感じのところ *31, 133, 247, 266*
EMDR *48*
痛み *210, 218-220, 222-225, 229, 230*
 ——のフェルトセンス *224*
ウエット・オン・ウエット *82*
ウェルネス *208, 217, 223, 230*
ウェルビーイング *209*
受け取る *35*
絵日記 *211, 213-215, 217*
奥にいるその人 *50, 89, 103, 262*
音楽 *265*

カ 行

外傷後ストレス *244*
ガーサー（短い言い回し） *257, 288*
家族 *289, 291*
家族なぐり描き（Family Scribble Drawing） *85*
カタルシス *78, 235*
カップル *289*
からだへのアウェアネス *282*
がん *208-210, 216*
カンバーセーション・ドローイング *85, 94, 198, 200-202*
気功 *254*
虐待 *236, 240, 243*
共感 *49, 51*
具体イメージ *142, 143*
クリアリング・スペース *30, 122, 128, 135, 208, 210-212, 223, 230, 247, 248, 265, 266*
グループ壁画（Group Mural） *85*
刑務所 *176, 177*
ゲシュタルト *87, 88*
健康 *208, 230*
小石瞑想 *256, 257*
後景にある気持ち *31, 132, 266*
呼吸 *288*
呼吸瞑想 *254, 256*
コラージュ *ii, 270, 271*

サ 行

サイコドラマ *266*
座禅 *254, 256*
サポートグループ *208-210*
シェアリング（分かち合い） *86*
ジグザグ *156*
自己一致 *49, 51*
自己覚知 *274*

自己像　273
指定イメージ　135, 139, 140
シンボル化　22
ストーリーテリング　87
ストレス　166, 167
ストレス軽減　164, 166, 172
ストレスマネジメント　165
スーパービジョン　293
スピリチュアリティ　246, 248, 254, 261, 284-287
スピリチュアルな人生曲線　284
精神科デイケア　164
精神力動的心理療法　66
整理されたこころのスペース　31
生を前進させる方向性　27, 34, 235, 244, 250
積極的傾聴　49, 55
セラピーとしてのアート　75, 80, 81
セラピーにおけるアート　75, 80, 81
セルフ・エンパワーメント　282
セルフケア　176, 178, 209, 210, 214, 293, 294
双極性障害　164, 173
ソーシャル・アトム　275

タ　行

第1段階：安全の確立　232, 236
第2段階：想起と服喪追悼　233, 238
第3段階：日常生活への再結合　236, 242, 252
太極拳　254
体験過程スケール（The Experiencing Scale）　12
体験過程的リスニング　55, 56, 105
体験過程流コラージュワーク（ECW）　i
対話　87, 88
立会人　78, 235
チェンジズ・グループ　13, 14

ちょっと見てみる導入　213, 214
ちょっと見てみるフォーカシング　111, 122, 151, 155, 161, 201, 212-214
ちょっと見てみるフォーカシング導入　217
治療関係　50, 262
問いかけ　33, 34
——と受け取り　267
統合失調感情障害　164, 168
読経　254
ともにいる　17, 21, 53, 234
トラウマ　231, 234, 236, 242, 243, 252, 281, 283, 284
——の3段階回復モデル　231, 249
トラウマ回復　252
トラウマ体験　243, 244
ドラマ　266

ナ　行

名前の描画　180
粘土　85, 95, 96

ハ　行

パーソンセンタード・アプローチ　2
パーソンセンタード・セラピー　48, 49
パートナーシップ　14
ハンドル表現　22, 23, 32
非指示的イメージ　135, 137
響かせる　32
批評家　185-196
表現アート　85, 262
表現アートセラピー　48, 262, 264, 267, 293
フェルトシフト　11, 24-27, 155, 201
フェルトセンス　2, 3, 10, 18-20, 32, 51-54, 98, 201
フォーカシング　1, 3, 10, 11, 100, 101,

123
フォーカシング研究所（The Forcusing Institute）　*iii*, 13
フォーカシング国際会議　197
フォーカシング指向アート心理療法　248
フォーカシング指向アートセラピー　1-3, 102, 123, 293
フォーカシング指向心理療法　1, 2, 48
フォーカシング指向表現アートセラピー　262
フォーカシング的態度　15, 51-53, 104, 107, 110, 223, 247
フォーカシング法　2, 29, 123
服喪追悼　282
ブリーフセラピー　48
プレゼンス（臨在）　53, 247, 262
プロセス対作品　80
文化　197, 204, 205
歩行瞑想　254, 287, 288

マ 行

マインドフル・アウェアネス　20, 224, 226, 230
マインドフル座禅瞑想　256
マインドフルネス　254

マインドフルネス瞑想　252, 255, 256
マンダラ　283, 284
マントラ　254
道筋　263-265
ミラーリング　106
迎え入れる　16
無条件の肯定的関心　49, 51
ムーブメント　254, 265
瞑想　249, 252, 254, 258, 289
メール・エクササイズ　256, 258
モード間の移行　85
モード間の表現アートの移行　125

ヤ 行

やさしい好奇心　17
やさしくする　16, 21, 208
ヨガ　254

ラ 行

ライティング　267
ラウンド　59
力動指向的アートセラピー　75
力動的心理療法　48
リスニング（傾聴）　1, 245, 262
リフレクション　105, 240

■訳者紹介（50音順）

青木　剛（あおき　つよし）
　担当章：第 2 章，第 3 章
　2006 年　香川大学教育学部卒業
　2008 年　関西大学大学院社会学研究科博士課程前期課程修了
　現　在　関西大学大学院心理学研究科博士課程後期課程在籍

大貫絵莉（おおき　えり）
　担当章：第 14 章，付録 A
　2008 年　信州大学人文学部卒業
　2010 年　関西大学大学院社会学研究科博士課程前期課程修了

河﨑俊博（かわさき　としひろ）
　担当章：第 11 章，第 12 章
　2008 年　関西大学文学部総合人文学科卒業
　2010 年　関西大学大学院社会学研究科博士課程前期課程修了

平野智子（ひらの　ともこ）
　担当章：第 13 章，第 17 章
　2008 年　関西大学文学部総合人文学科卒業
　2010 年　関西大学大学院社会学研究科博士課程前期課程修了
　現　在　関西大学大学院心理学研究科博士課程後期課程在籍

藤井雄一（ふじい　ゆういち）
　担当章：第 9 章，第 10 章
　1992 年　同志社大学法学部法律学科卒業
　2010 年　関西大学大学院社会学研究科博士課程前期課程修了

星　光子（ほし　みつこ）
　担当章：第 15 章，第 16 章
　2008 年　関西大学社会学部産業心理学専攻卒業
　2010 年　関西大学大学院社会学研究科博士課程前期課程修了

三宅麻希（みやけ　まき）
　担当章：謝辞，まえがき，序章，第1章，第7章，第8章
　〈監訳者紹介参照〉

矢野キエ（やの　きえ）
　担当章：第4章，第5章，第6章
　2006年　神戸女学院大学大学院人間科学研究科博士課程前期課程修了
　現　在　大阪キリスト教短期大学幼児教育学科助教，関西大学大学院文学研究科博士課程後期課程在籍

■監訳者紹介

池見　陽（いけみ　あきら）
1979 年　ボストン大学文学部卒業
1980 年　シカゴ大学大学院社会科学研究科博士課程修了
1988 年　産業医科大学・医学博士
北九州市立医療センター（旧北九州小倉病院），産業医科大学，岡山大学，神戸女学院大学を経て，
現　在　関西大学臨床心理専門職大学院教授
主著訳書　『心のメッセージを聴く』講談社現代新書 1995 年,『フォーカシング指向心理療法（上・下）』（共監訳）金剛出版 1997-98 年,『セラピープロセスの小さな一歩』（共著訳）金剛出版 1999 年,『僕のフォーカシング=カウンセリング：ひとときの生を言い表す』創元社 2010 年　ほか

三宅麻希（みやけ　まき）
2002 年　神戸女学院大学人間科学部卒業
2008 年　関西大学大学院文学研究科教育学専攻博士課程修了，関西大学・博士（文学）
現　在　関西大学文学部非常勤講師

ローリー・ラパポート
フォーカシング指向アートセラピー
――からだの知恵と創造性が出会うとき

2009 年 5 月 10 日　第 1 刷発行
2011 年 3 月 25 日　第 3 刷発行

監訳者　池見　　陽
　　　　三宅麻希
発行者　柴田敏樹
印刷者　日岐浩和

発行所　株式会社 誠信書房
〒112-0012　東京都文京区大塚 3-20-6
電話 03（3946）5666
http://www.seishinshobo.co.jp/

中央印刷　イマキ製本所　　落丁・乱丁本はお取り替えいたします
検印省略　　　　　　　無断で本書の一部または全部の複写・複製を禁じます
ⒸSeishin Shobo, 2009　　　　　　　　　　　Printed in Japan
ISBN 978-4-414-41437-0 C3011

マンガで学ぶ
フォーカシング入門
からだをとおして自分の気持ちに気づく方法

ISBN978-4-414-40020-5

村山正治監修／福盛英明・森川友子編著

長年フォーカシングを研究し実践してきた執筆者たちが，フォーカシング未経験の一般の人にもわかるように，マンガやイラストを駆使して易しく解説した画期的な入門書。

目　次
1　ようこそフォーカシングの世界へ──みーやんのフォーカシング・イントロダクション
2　さあ，フォーカシングを学ぼう──にゃん太郎くんがナビゲートします。フォーカシングの手引き
3　フォーカサー体験をしてみよう──ペアフォーカシングによる練習の実際
4　リスナーをやってみよう
5　ペア・フォーカシングでの練習がうまくいかないとき
6　フォーカシングをめぐる工夫
7　日常にどうフォーカシングを生かすか
8　勉強はまだまだ続く
付録　フォーカシングの歌 "Ciearing a space" 誕生秘話〈歌詞・楽譜付き〉

B5判並製　定価（本体1900円＋税）

対人援助のための
アートセラピー

ISBN978-4-414-40045-8

山上榮子・山根 蕗著

コラージュ，描画，風景構成法，箱庭療法，粘土など芸術を媒介とした非言語的治療を実践するアートセラピスト。イギリスで本格的な技法を学んだ著者らは心理臨床や高齢者医療の現場でアートセラピーの有効性を実感する。言語表現に向かないトラウマをかかえるクライエントにも適したセラピーの入門書。

目　次
第1章　さまざまなアートセラピー実践
　いじめを受けた10歳男子
　不登校男子中学生──言葉とイメージによる表現
　社会恐怖の女子学生──キャンパス・カウンセリング／他
第2章　イギリス・アートセラピーの概要
　アートセラピーとは何か
　イギリス・アートセラピーの歴史と現在／他
第3章　イギリス・アートセラピーの実際
　アートセラピーの受理から集結まで
　さまざまな指示的方法
　イギリスにおける実習事例／他
第4章　イギリス暮らし絵日記

A5判並製　定価（本体2800円＋税）